Thomas Grasberger

Stenz

Die Lust des Südens

Diederichs

Stenz. Die Lust des Südens
erscheint auch als Hörbuch.

MIX
Papier aus verantwortungsvollen Quellen
FSC® C014496

Verlagsgruppe Random House FSC® N001967
Das für dieses Buch verwendete FSC®-zertifizierte Papier *Munken Premium Cream* liefert Arctic Paper Munkedals AB, Schweden.

Umschlaggestaltung: Weiss Werkstatt, München
Druck und Bindung: GGP Media GmbH, Pößneck
Printed in Germany
ISBN 978-3-424-35087-6

www.diederichs-verlag.de

Inhalt

Einleitung oder: Worum es überhaupt (fast immer) geht

Dieses Buch handelt von der Liebe. Oder genauer gesagt von der Liebe in Baiern. Also quasi vom Bavarian Lover und seinen mehr oder weniger natürlichen Habitaten zu verschiedenen Zeiten – womit nicht (nur) Tages- oder Jahreszeiten gemeint sind, sondern auch historische Epochen. Selbstverständlich kommt in diesem Zusammenhang auch die Bavarian Loverin nie zu kurz; und zwar nicht nur als Passantin, die vom Stenz im Schwabinger Straßencafé begutachtet wird, sondern als weibliche Hauptrolle. Ohne sie geht gar nichts! Nie! Weder im Buch, noch im Leben. Das weiß niemand besser als der Stenz.

Der Begriff »Stenz« soll übrigens aus dem Rotwelschen stammen und einen Stock oder einen Wanderstab bezeichnen. Also etwas, das von Hand zu Hand geht. Womit neben der Anspielung auf das spezifisch männliche Körperteil auch die weitere Bedeutung im Sinne erotischer Vagabondage metaphorisch schön umrissen ist. Der Stenz ist also ein Frauenheld und daher recht häufig auch ein Meister in der Kunst des Flirtens. Das Wort »Stenz« weist wohl nicht zufällig eine enge klangliche Verwandtschaft auf zur »Stanz«. »Er macht einer Schönen die Stanz, den Cour, den Hof«, schreibt der bairische Schriftsteller Georg Queri (1879–1919), der beim Sprachwissenschaftler und Bibliothekar Johann Andreas Schmeller (1785–1852) im *Bayerischen Wörterbuch* nachgeschaut hat. Queri beschreibt in seinem Standardwerk *Kraftbayrisch* die Lieblingstätigkeiten der bairischen Burschen, die gern anbandeln möchten, folgendermaßen: »Auf die Stanz gehn, auf der Stanz sein: ans Kammerfenster gehn, aber auch zu irgendeinem andern Vergnügen gehn.«

Dieses Buch könnte also gut und gerne auch »Stanz« heißen, denn es geht ja um das, was sich zwischen dem Stenz und seiner Geliebten abspielt, nämlich um Liebe, Lust und Leidenschaft – im weiteren Sinn. Dass der Stenz gern auf die Stanz geht, versteht sich von selbst; dass er dabei manchmal eine halbseidene Figur ist, überrascht nicht, wenn man bedenkt, dass »stenzen« so viel bedeutet wie »betrügen« oder »anführen«; oder laut Schmeller im eher scherzhaften Sinn auch so viel wie »entwenden, stehlen, schnipfen oder wegpflücken«. Der Stenz kann also manchmal auch ein kleiner Dieb, ein Gauner sein. In jedem Fall aber ist er eine schillernde Figur, die recht unterschiedliche Seiten zeigt; nicht jeder Stenz ist so harmlos und sympathisch wie der Monaco Franze, der in diesem Buch natürlich auch vorkommt. Die Palette reicht vielmehr vom geckenhaften Kleinstadt-Casanova bis zum urbanen, selbstverliebten Flaneur, vom Hallódre (= einem leichtsinnigen jungen Mann) und dem mit langem a gesprochenen Baze (= einem Tausendsassa, der aber auch durchaus ein richtiger Lump und Gauner sein kann) bis hin zum kleinkriminellen Zuhältertyp, der im bairischen Süden gern als Strizzi (sprich: Striezi) in Erscheinung tritt. Das *Wörterbuch der deutschen Umgangssprache* aus dem Jahr 1955 kennt den »Stenz« nur als den Zuhälter. Im Süden ist man da etwas nachsichtiger – der Begriff ist hier vielschichtiger, hat mehrere Bedeutungen. Und es ist wohl kein Zufall, dass man in München gleich mehreren sympathischen Stenzen ein Denkmal gesetzt hat.

Dieses Buch ist gedacht als eine kleine Kulturgeschichte der Lust und Leidenschaft in Baiern (ohne Anspruch auf Vollständigkeit) – wobei Baiern, wie schon beim *Grant – Der Blues des Südens,* meist mit -ai geschrieben wird und sich im weiteren Sinn auf den bairischen Sprach- und Kulturraum bezieht (außer natürlich, wenn's politisch wird und der Freistaat gemeint ist). Auf literarischen, historischen, ethnografischen und alltäglichen Streifzügen geht das Buch im Wesentlichen der Frage nach: Wie hält es der Baier mit der Liebe? Keine Angst bzw. keine falschen Hoffnungen: pornografisch wird's eher selten! Zwischen den Buchdeckeln verbirgt sich kein Kamasutra auf Bairisch, auch kein erotischer Wanderführer. Wenn der eine oder andere lebenspraktische Tipp mit dabei sein sollte, dann ist er – inspiriert von antiken Vorbildern – zu verstehen als ganz bescheidene »Ars armatoria Bavariae«, die sich immer wieder den drei zentralen Fragen widmet: Wo kann (oder konnte) man in Baiern ein Mädchen kennenlernen? Wie kann (oder konnte) man ihre Liebe gewinnen? Wie behält (oder behielt) man sie? Und ergänzend liefert das Buch natürlich auch mehr oder weniger brauchbare Informationen hinsichtlich des Problems »Wie wird (oder wurde) man sie wieder los?«. Die Beispiele sind übrigens keinesfalls alle zur Nachahmung empfohlen; es tun sich nämlich manchmal wahre Abgründe der Leidenschaft auf.

Auf der Suche nach den Jagdgründen des ewigen Stenzes werden wir nicht nur in die Schlafkammern von Bauernmägden vordringen, sondern auch in die Kemenaten adliger Liebhaber und in die Zellen bairischer Klöster (wo seit alters her so manches Ringen mit dem Unterleibhaftigen veranstaltet wird). Der Leser wird die magischen Rituale der Bauernerotik ebenso kennenlernen wie den ewigen Stadt-Stenz und sein Straßencafé sowie die modernen Formen des »Fensterlns«, die im Zeitalter des Hochhauses gar nicht mehr anders sein können als digital. Selbst da sind Abstürze schon schmerzhaft genug.

Kurzum, es geht um Liebesfreud' und Liebesleid in vielen möglichen, stets jedoch bairischen Varianten. Aus Gründen der Redlichkeit sei darauf hingewiesen, dass das weite Feld von Liebe, Lust und Leidenschaften nicht in all seinen Varianten beackert werden konnte und sollte. Dies hat nichts mit der Diskriminierung Andersliebender zu tun, sondern ist allein auf den eingeschränkten Blick des Autors als heterosexueller Mann zurückzuführen. Es wird gebeten, diesen Geburtsfehler zu entschuldigen. Zunächst soll jedoch eine ganz grundsätzliche Frage beantwortet werden, nämlich: Warum ist der Baier eigentlich immer noch nicht ausgestorben?

Ist der Baier grundsätzlich geschlechtlich?

Der Mensch lebt nicht vom Grant allein – nicht einmal der männliche Mensch, und nicht einmal im bairischsprachigen Süden. Denn der Grant schafft zwar bekanntlich den erforderlichen Abstand zu unliebsamen Zeitgenossen; wahre menschliche Nähe aber entsteht nur dort, wo der Grant aufhört und geselligere Formen des Daseins – wie zum Beispiel Liebe, Lust und Leidenschaft – regieren. So weit, so gut! Aber was haben Liebe, Lust und Leidenschaft mit bairischen Männern zu tun? Diese Frage mögen sich bairische Frauen gelegentlich stellen. Vor allem aber stehen ortsfremde Damen manchmal ratlos vor solchen bairischen Mannsbildern, die ihnen ein ewig' Rätsel bleiben. Und zwar nicht nur dann, wenn diese sich, in lustige Gewänder gehüllt, schenkelklatschend und schnaderhüpfelnd vor jenen im Kreise drehen. Nein, auch der nach mitteleuropäischen Maßstäben konventionell gekleidete Baier, der ruhig stehen bleibt und nicht jodelt, kann mitunter zum Mysterium werden.

So hat unlängst eine in der Liebeskunst nicht völlig unerfahrene Mittfünfzigerin aus der Wiesbadener Gegend zugegeben, keinerlei erotische Erfahrungen mit Südmännern gesammelt zu haben, weil sie sich gar nicht vorstellen könne, dass Liebe, Lust und Leidenschaft auch nur im entferntesten etwas mit Baiern und seinen eigentümlichen männlichen Bewohnern zu tun haben. Diese ablehnende Einschätzung der Wiesbadenerin ist bedauerlich (oder auch nicht). Verwunderlich aber ist sie keinesfalls. Das lässt sich sogar wissenschaftlich belegen.

Füttert man beispielsweise die Suchmaschine einer großen

Bibliothek mit den Begriffen »Lust« und »Bayern«, kann es einem passieren, dass die ersten drei Treffer auf ein Büchlein verweisen, das den vielversprechenden Untertitel trägt »Genießen unter freiem Himmel in den Landkreisen Altötting und Mühldorf«. Das klingt interessant und erotisch reizvoll – also mehr oder minder, je nach Jahreszeit. Bei genauerem Hinschauen merkt man freilich schnell, dass es sich bei dem Treffer keineswegs um eine Einführung in naturnahes Liebesspiel auf südostbairischem Rasen handelt, sondern schlicht und ergreifend um einen Biergartenführer; was ja an sich auch keine ganz schlechte Sache ist. Nur, wenn halt jemand nach einer ganz bestimmten »Lust« gesucht hat, also mehr einer fleischlichen, und zwar einer, die nichts mit Wurstsalat, Spareribs oder Grillhendl zu tun hat, dann wird er (oder sie) – und für diese Behauptung muss man kein ausgewiesener Kenner der erwähnten Landkreise sein – mit dem Biergartenführer eher schlecht bedient sein. Er oder sie wird darin nämlich nichts Einschlägiges finden, weil es sowohl in Altötting als auch in Mühldorf meist recht sittsam zugeht – zumindest in Biergärten; also, jedenfalls bei Tageslicht und während der regulären Öffnungszeiten. Das gilt – mit all den erwähnten Einschränkungen – auch für den Rest Bayerns.

Was aber kann man daraus ableiten? Dass Lust und Bayern nicht zusammengehören? Dass Leidenschaft nicht ins Bairische zu übersetzen ist? Dass in bairischen Betten deshalb nichts los ist? Ein voreiliger Betrachter könnte zu diesem Ergebnis kommen – und würde es vielleicht mit dem in Bayern tief verankerten katholischen Glauben erklären und mit dem immer noch weit verbreiteten Nationalgetränk; schließlich soll der Hopfen im Bier in sexueller Hinsicht eher beruhigend wirken. Jedenfalls glaubten das schon die Mönche des Mittelalters zu wissen.

Ob das so auch wirklich stimmt? Wir werden noch sehen, dass Katholizismus und Keuschheit nicht zwingend ein siamesisches Zwillingspaar ergeben müssen. Und was den Hopfen angeht? Neuerdings preisen bairische Wellness-Landgasthöfe die erotisierende Wirkung von Humulus lupulus – da räkelt sich dann auf dem Plakat eine schöne Nackte im hölzernen Badezuber und blickt versonnen auf ihre Dolden (also die der Hopfenpflanze), weil die nicht nur schön machen, sondern auch entspannen und gegen üble Laune helfen sollen. Sagt man. Freilich – Biergarten hin, Biergarten her –, allzu viel sollte man sich in erotischer Hinsicht von solchen Hopfen-Kuren nicht erwarten. Aber auch ohne Räkel-Reklame muss die Frage erlaubt sein, ob der Baier vielleicht doch gar nicht so lustfeindlich und prüde ist, wie ihm oft unterstellt wird. Ob also Bigotterie und Bierseligkeit doch nicht die einzigen Kardinaltugenden der bairischen Menschen sind? Oder ob es am Ende gar so etwas wie eine bairische Erotik gibt?

Langsam, langsam! Die geäußerten Zweifel sind ja nicht ganz unberechtigt. Wer schon einmal in einschlägigen Wörterbüchern geblättert hat, fragt sich, welcher – vermutlich bairische – Hirnschwammerl auf die Idee gekommen ist, so etwas Wunderbares wie eine weibliche Brust mit Begriffen aus der Forst- und Landwirtschaft zu belegen, Begriffen wie »Holz vor der Hütte« oder »Milchgeschirr«. Oder anders gefragt: Was kann Erotik in einem Landstrich bedeuten, in dem ein BH gelegentlich als »Krickerlhalter« oder »Tuttengeschirr« firmiert; eher technisches Gerät also, das die sogenannten »Gaudi«- oder auch »Spielnockerl« im Zaum zu halten hat? Wer waren die infantilen Schöpfer solcher Begriffe? Etwa jene Kulturschaffenden, die sich auch um die bairische Filmkunst verdient gemacht haben – mit Werken wie *Liebesgrüße aus der Lederhos'n* oder *Oktoberfest, da kann man fest*? Der bairische Mann: stets brünstig und potent wie ein Stier? Das sind vermutlich nur die Wunschträume älterer Herren, deren prostatischer Humor gelegentlich mit ihnen durchgegangen ist.

Was aber ist mit jenen Wortschöpfungen, die schon lange vorher im Umlauf waren? Wie konnte eigentlich ein Volk überleben, das die weiblichen Geschlechtsorgane lange Jahrhunderte mit dem Begriff »Unkeuschheit« belegte und damit alles Sexuelle verdammte und verbannte? Haben also doch jene Norddeutschen recht, die kritisch fragen, was Liebe, Lust und Leidenschaft mit Baiern zu tun hat, für die es anscheinend nur bigotte Prüderie oder brunzdummen, präpotenten Lederhosenklamauk gibt?

Georg Queri, dem wir in diesem Buch noch häufiger begegnen werden, weil er in eroticis durchaus Wichtiges geschrieben hat, dürfte mit seinem Ratschlag recht haben: »Da muß man sich schon gut umgesehen haben in der Welt: bis Sankt Barthlmä, bis Chieming, bis Rottach und bis in die Scharnitz muß man gekommen sein, dann kann man reden über Land und Leut'.« Also, auf geht's! Machen wir uns auf die Suche nach »Stenz und Co.«.

Der Lover auf dem Land

Bavariandertaler oder: Wie alles anfing (wahrscheinlich)

Boy meets girl! Bua trifft Madl! Es ist die uralte Story, tausendmal erzählt, tausendmal verfilmt oder auf die Bühne gebracht – und doch ist es immer wieder eine neue Geschichte, so neu wie der erste Mensch am ersten Tag. Leider wissen wir nur allzu wenig über die ersten Tage der bairischen Menschheit. Zumindest was die Liebe angeht. Wir können also nur spekulieren darüber, wie sich der frühe Bavarian Lover damals seinem potenziellen Gschpusi genähert hat. Vermutlich war unser Bavariandertaler so verschieden nicht von jenem Lechner-Xaverl, der in Oskar Maria Grafs Geschichte *Die Werbung* die erste und wohl einzige Sprechrolle seines Lebens bekommen hat. Lang schon, ganz lang, wollte der Xaverl nämlich etwas loswerden. Der Pleininger-Resl wollte er es sagen, aber er hat es halt nie so recht herausgebracht, der Lechner-Xaverl, weil er ein bisserl maulfaul war und schüchtern obendrein. Eines Abends jedoch, nach der sechsten Maß, da ist er aufgetaut, der Xaverl. Richtig Mut hat er plötzlich bekommen, durch das Bier, auch wenn er bald schon bedenklich schwankte und mitunter auch fest rülpsen musste. Jedenfalls auf dem Heimweg, gleich hinter den letzten Häusern des Dorfes, da hat der Xaverl das Gespräch geschickt in die richtigen Bahnen gelenkt.

»I müaßt dir wos sogn, Resl!«
»Wos denn?« fragte die.
»I red net gern«, war Xaverls Antwort. Sie gingen wieder eine ziemliche Strecke. Der Bursch rülpste etliche Male und stapfte stramm weiter.
»I hob's net mit'n Red'n«, sagte er wiederum, und weil die Resl auch nichts sagte, schwieg er abermals. Sie kamen jetzt in den Kergertshauser Forst und gingen auf der Landstraße. Ganz einschichtig hallten ihre Schritte in der Stille. Er war stumm und sie war stumm. Der Xaverl blieb auf einmal aufschnaubend stehen, drehte sich zur Resl hin und sagte:
»Soit i'n außatoa?«

Diese Geschichte lässt einige Fragen offen. Zum Beispiel, was die Pleininger-Resl geantwortet hat. Und ob der Lechner-Xaverl »ihn« auch wirklich »herausgetan« hat? Wir wissen es nicht. Nun könnte Xaverls Wortkargheit ja vielleicht sogar Strategie gewesen sein, weil er unter Umständen ein geistiger Vorfahre von Karl Kraus war, für den die besten Frauen stets jene waren, mit denen man am wenigsten spricht. Wie auch immer. Im Falle unserer Bavariandertalerin aus *Das bayerische Dekameron* dürfen wir wohl schon davon ausgehen, dass sie dem wortkargen Ansinnen ihres Bavarian Lovers nicht grundsätzlich ablehnend gegenüberstand; wir dürfen sogar mit einer gewissen Berechtigung vermuten, dass sie die Sache selbst in die Hand genommen und so ihrem linkischen Lover etwas auf die Sprünge geholfen hat. Denn andernfalls wäre es ja wohl nie zur Fortpflanzung der Baiern gekommen. Der Stamm wäre ausgestorben, bevor er je wirklich die Bühne der Weltgeschichte betreten hätte. Er wäre sozusagen im Mannesstamm erloschen, und das mitten im bairischen Urwald.

Man stelle sich das nur einmal vor: Kein Königreich Bayern, kein Ludwig eins, kein Ludwig zwei, kein Weißbier, kein Oktoberfest, kein FC Bayern, keine CSU! Oh mei! Der pure Wahnsinn – wenn man bedenkt, von welchen Zufälligkeiten die Weltgeschichte manchmal abhängt. Doch zurück zu unserem Liebespaar im dunklen Walde. Auch stenzen will gelernt sein. Der frühe bairische Stenz jedenfalls war anfangs noch etwas unbeholfen; er hatte noch nichts von der schneidigen, geschmeidigen und bisweilen verwegenen Eleganz des jungen Wilderers, vor dem nichts Weibliches sicher ist, gemäß dem Leitsatz: »I butz ois weg, was ned bei drei auf de Baam drom is.« Auch fehlte ihm noch der beredte, elegante Charme des späten Baiern, der sich gern in solch royalen Sätzen äußert: »Ja mei, nun gut, ich mein – so is Fußball halt, gell.«

Der Zugang des jungen Bavaro-Stenzes zum Erotischen war noch von einem unverstellten Materialismus geprägt. Romantische Sentimentalität war bei ihm nur als Spurenelement festzustellen. Dennoch war auch diese Seite in ihm schon angelegt, selbst wenn es zugegebenermaßen eine noch eher pralle, derbe Sinnlichkeit war, die den Bavarian Lover antrieb – und bis in unsere heutigen Tage hinein manchmal antreibt. Der Fremde blickt gelegentlich mit Erstaunen und Bewunderung auf diese »Männer aus den Bergen, in kurzen Lederhosen, mit bloßen Knien wie Fußballer, in kurzen, kleinen bestickten Jacken, Gamsbärte auf ihren grünen Hüten«. So hat sie der englische Schriftsteller D. H. Lawrence in seinem autobiografischen Romanfragment *Mr. Noon* jedenfalls beschrieben. Als Lawrence, ein Propagandist der freien Liebe, kurz vor dem Ersten Weltkrieg mit der Frau seines früheren Professors durchbrannte, kam er auch ins Oberbayerische, wo er allerorten »ein Funkeln und Knistern von Energie« verspürte und deshalb alles wunderbar fand, insbesondere die Eingeborenen: »Er liebte die winterrosigen, so robust wirkenden

Männer aus dem Alpenvorland, mit ihren harten, schönen Knien wie Highlanders, ihren großen, blauen Augen und ihrer merkwürdig schönen Gestalt, Form und Figur.«

Was für Mannsbilder, diese Goaßlschnoizenden und Watschentanzenden Naturburschen mit ihren strammen Wadeln – letztere sind ja laut Nestroy ein Hauptmerkmal der Menschheit, denn »in der ganzen Naturgeschichte gibt es kein Vieh, was ein'n Wadl hat«. Nur das bairische Urvieh! Wer schon einmal einen dünnwadligen Norddeutschen in Lederhosen gesehen hat, weiß, was an dieser Stelle gemeint ist. Und wer sich daneben einen kernigen Trachten-Stenz aus Holzkirchen, Tölz oder Otterfing vor Augen führt, wird wohl kaum bestreiten, dass auch der bairische Mann von heute in seiner Substanz nicht nur weitschichtig verwandt sein muss mit dem Bavariandertaler aus dem Kergertshauser Forst!

Aber wie mag er en détail ausgesehen haben, unser brünftiger Liebes-Yeti von damals? Ein Prügel Mannsbild muss er in jedem Fall gewesen sein. Man kann sich nur zu gut vorstellen, wie es ganghoferte, wenn so ein Naturbursch durch den Bergwald stapfte: »Er hatte Beine wie Säulen und Arme wie Dreschflegel. Und wenn er den Arm bog oder beim Gehen die Knie so hart durchdrückte, hatte man immer die Vorstellung, das sind eiserne Scharniere mit fest angezogenen Schrauben. Die Schultern waren unverhältnismäßig breit und wuchtig. Kegelförmig strammten sich aus ihnen die dicken Sehnen gegen den Hals hinauf. Eine schmale scharfe Nase mit ungewöhnlich beweglichen Nüstern stach heraus, die erweiterten Augen blitzten wie polierter Stahl.« Eiserne Scharniere mit fest angezogenen Schrauben? Augen wie polierter Stahl? Das klingt eher nach Bairisch-Frankenstein. So etwas Ähnliches mag der erfundene Egidius Trumpf, der Urmensch aus der Feder Ganghofers, möglicherweise auch gewesen sein. Meister Ganghofer versichert sogar hoch und heilig, dass es diesen Gidi im wirklichen Leben gegeben hat. Aus Fleisch und Blut, geboren in Lenggries, Mitte des 19. Jahrhunderts, sei der Gidi trotz »seiner haarigen Wildheit« immer »ein guter Kerl« gewesen, der sich als junger Bursch im Siebzger Krieg sexuell selbst verwirklicht habe: »Was der Urmensch damals in Frankreich trieb, das nennt man mit einem Terminus der heutigen Kaffeehausphilosophie: sich ausleben! Und es hatte nichts Unwahrscheinliches, wenn man aus seinen Erzählungen den Schluß zog, daß die Französinnen in den Quartierdörfern diesem übermütigen Kraftkerl nachrannten wie die neugierigen Kinder dem Bärentreiber.«

Das bairische Urviech war also schon eine Art Proto-Stenz. Schnell vergessen war sie, seine anfängliche Schüchternheit. Fortan kam er schleunigst zur Sache. Von des Gedankens Blässe noch nicht allzu sehr angekränkelt und vom *Unbehagen in der Kultur* (Sigmund Freud) auch nur selten gequält, haben sittlich-moralische Probleme unseren bairischen Urmenschen vermutlich nicht um den Schlaf gebracht. Naja, und wie Bärentreiber halt manchmal so sind, schreckte der Gidi nicht einmal vor Beischlafdiebstahl zurück – behauptet Ganghofer. »Ganz heimlich holt er sein Messer heraus und macht einen flinken Schnitt. Und als die freundliche Pariserin mit einem schelmischen ›Au revoir, Monsieur!‹ davonhuscht, klappert und klingt es nicht mehr. Was da geklungen und geklappert hatte, das blieb im grauen Erwachen des Tages bei Egidius Trumpf zurück.«

Nun ja, der frühe bairische Mann! Immer charmant, immer galant. Und hinterfotzig obendrein. Die Preußen haben es ja schon im 18. Jahrhundert geahnt: »Die Baiern sind rohe Kinder der Natur, unverwöhnt, voll Trieb, voll Kräfte, die nur recht geleitet zu werden bedürfen.« So hat es jedenfalls einer der Polemischsten unter den preußischen Aufklärern und Baiernhassern geschrieben: der Berliner Verleger und Reiseschriftsteller Friedrich Nicolai (1733–1811) in seiner *Reise von München nach Augsburg 1781*.

Übrigens, der Gidi hat seine Strafe bekommen. Er ist jämmerlich versunken und ertrunken. Eines Sonntags im frühesten Frühjahr um Mitternacht, da wollte er über den noch gefrorenen Königssee nach Bartholomä marschieren. Es herrschte Föhn. Aber Gidi hat – was für einen Naturbursch'n schon eine echte Schand ist und eventuell auch ein Zeichen von Entfremdung – die Zeichen der Natur nicht erkannt. Das Eis trug nicht mehr und – so heißt es bei Ganghofer am Ende: »Sie fanden nur einen zwiebelgelben Hut. Sonst nichts.«

Nun ist ein zwiebelgelber Hut gar nicht so wenig; zumindest für Archäologen. Denn die finden in der Regel noch viel weniger. Daher können wir leider auch nicht sagen, was der bairische Ur-Stenz im erotischen Einsatz früher anhatte. Eventuell nur einen zwiebelgelben Hut – und sonst nichts? Wie auch immer. Die archäologische Befundlage für das frühe Stenztum ist eher dünn. Umso wichtiger ist die Konsultation der bedeutendsten frühbairischen Geschichtsquelle, der Lex Baiuvariorum.

Stenz im Stammesrecht

Die *Lex Baiuwariorum*, das bairische Stammesrecht, berichtet uns nicht nur aus dem Rechts- und Wirtschaftsleben, sondern ist auch ein spannendes Zeugnis mittelalterlicher Kultur und Gesellschaft in Baiern. Als Gesetzessammlung ist die *Lex* zwischen dem sechsten und achten Jahrhundert entstanden. Sie regelte bis ins zwölfte Jahrhundert hinein mit 23 Artikeln grundlegende juristische Dinge und Verfahren. Artikel neun zum Beispiel beschäftigt sich mit »Frauen und ihre(n) Rechtsfälle(n), die sich häufig zutragen«. Hier wird naturgemäß auch die Sache des frühen bairischen Stenzes verhandelt:

> **Wenn einer beim Weibe eines andern liegt, die eine Freie ist, wird er darüber ertappt, mit dem Wergeld jenes Weibes soll er gegenüber dem Ehemann büßen. Und wenn er im Bett zusamt dem Weibe umgebracht wird, so liege er statt der Buße selbst, die er dem Ehemann hätte zahlen sollen, tot in seiner Schandtat ohne Rache. Und wenn er mit einem Fuße in das Bett gestiegen ist, von dem Weibe aber gehindert, nichts weiter tat, der soll mit 15 Schillingen büßen, weil er zu Unrecht ein fremdes Ehebett betreten hat.**

Es ist unschwer zu erkennen, dass die aushäusige Stenzerei damals gesellschaftlich nicht besonders hoch angesehen war. Schon gleich gar nicht, wenn es ein Knecht war, der auf die Stanz ging; am Ende gar noch bei einer »freien Frau«. In so einem Fall haftete der Herr, »weil er seinen Knecht zu wenig in der Zucht gehalten hat«. Überhaupt war Zucht ein Schlüsselwort jener Zeiten! »Der unzüchtige Griff« – so lautete bei den frühen Baiern der Spezial(be-)griff dafür, wenn ein Stenz auf der Stanz zur Sache kam.

> **Wenn einer aus böser Lust an eine Freie Hand anlegt, sie sei eine Jungfrau oder das Weib eines andern, was die Bayern »unzüchtigen Griff« nennen, der büße es mit 6 Schillingen.**

Die *Lex Baiuwariorum* als mittelalterlicher Bußgeldkatalog bestraft diverse Vergehen von ungestümen Stenzen. Hat einer zum Beispiel einer Frau das Kleid hochgehoben (und zwar über Kniehöhe), zahlt er zwölf Schillinge für die »Kleidzerrung«. Reißt er ihr mit dem sogenannten »Walcwurf« die Kopfbedeckung vom Haupte, kostet es ebenfalls zwölf Schillinge. Genauso viel übrigens, »wenn er einer Jungfrau in Geilheit Haare vom Kopf reißt«. Was ja auch wirklich eine Unverschämtheit ist, wo doch seit Anbeginn der Schöpfung bekannt ist, wie schwer Frisörtermine zu bekommen sind.

Noch extremere Grobheiten der Stenze werden natürlich mit noch höheren Strafen belegt: zum Beispiel Jungfrauenraub (gegen ihren Willen und – damals fast noch wichtiger – gegen den ihrer Verwandtschaft) kostet vierzig Schillinge, die an die Verwandten zu zahlen sind, und weitere vierzig, die an den Fiskus gehen. Man könnte das als eine Art »Grobe-Stenz-Steuer« bezeichnen.

Aber auch der charmante Stenz, der mit seiner friedlichen Werbung erfolgreich war und auf ein williges Fräulein traf, musste unter Umständen mit saftigen Geldstrafen rechnen:

> **Wenn einer mit einer Freien unter deren Zustimmung Unzucht getrieben hat, sie aber nicht zum Weibe nehmen will, der soll die Tat nur mit 12 Schillingen büßen, weil sie noch nicht verlobt, noch auch von ihren Verwandten einem Mann angetraut war, sondern sich freiwillig hat schänden lassen.**

Die Tarife für den mittelalterlichen Stenz waren stark gestaffelt. Je nach Status der Frau. Wer einer verheirateten »Freigelassenen« beiliegt, zahlt vierzig Schillinge; für eine freigelassene Jungfrau zahlt er acht, für die verheiratete Magd eines anderen zwanzig Schillinge; für eine Magd, die noch Jungfrau ist, hingegen nur vier. Letztere scheint also die optimale Option für den preisbewussten erotischen Raubritter gewesen zu sein.

Manchmal freilich muss oder will auch der mittelalterliche Stenz seine Eroberung wieder entsorgen. Das allerdings kostete. In der *Lex Baiuwariorum* heißt es dazu: Wer seine Frau loswerden will, und zwar nur aus Widerwillen, also »ohne dass sie einen Fehler an sich hat«, der büßt ihren Verwandten mit 48 Schillingen.

Lässt der Stenz eine Braut sitzen, mit der er sich verlobt hat, und sucht sich danach eine andere, die er auch heiratet, dann zahlt er 24 Schillinge an die Verwandtschaft der Sitzengelassenen. Obendrein muss er hoch und heilig schwören, dass er nichts gegen die alte Braut und ihre Bagage hat, sondern sich halt nur in die neue verschaut hat. Kurzum: er muss ein Mords-Gschiss veranstalten, damit es nicht am Ende noch zu einer Vendetta zwischen den Familien kommt. Stenze haben es manchmal schon sehr schwer!

Zum Beispiel beim Brautraub. Und zwar sogar dann, wenn die fremde Ehefrau im Laufe des Raubzugs auf den Geschmack gekommen sein sollte. Nach dem Motto: »Bittschön, Herr Räuber, weiterrauben! Und mich ja nicht an meinen faden Karl-Heinz zurückgeben!« Es hilft nichts, die Sache ist strengstens verboten. Ob sie will oder nicht, die Gute musste zurückgegeben werden; obendrein kostet solch ein Ausflug aus dem ehelichen Pferch den Brauträuber 80 Schillinge.

Auch als Heiratsschwindler war der Stenz im alten Baiern gar nicht gern gesehen. In der *Lex* heißt es:

Wenn einer eine freie Frau verführt, gleich als ob er sie ehelichen wollte, sie dann aber auf dem Wege verläßt, was die Bayern »Truglüge« nennen, der büße es mit 12 Schillingen.

Liest man nur in der *Lex Baiuwariorum*, könnte man den Eindruck haben, dass es mitunter recht munter zuging im mittelalterlichen Baiern. Und dass der frühbairische Stenz ein ganz schlimmer Grobian gewesen sein muss. Das ist natürlich so nicht richtig. Meistens war der bairische Stenz recht ausgewogen. Nämlich …

A bisserl so und a bisserl so – das wahre Wesen des Homo Bavaricus

Der bairische Ur-Stenz ist von Haus aus ein ambivalentes und widersprüchliches Wesen. Manchmal ist er ein bisserl so und dann wieder eher das Gegenteil: nämlich ein bisserl so! Im Prinzip kann man an dieser Stelle fast alle denkbaren Gegensatzpaare einbauen; wie es einem gerade einfällt und gefällt. Denn über den Baiern ist schon fast alles gesagt worden, und selbstverständlich war alles hundertprozentig richtig, denn der bairische Stenz hat garantiert immer beide Seiten – und zwar von allem.

Nehmen wir nur den Lechner-Xaverl. Gewiss, es stimmt schon, er war ein grobgeschnitzter und maulfauler Lackel. Und doch hat dieser Lechner-Xaverl das Pleininger-Reserl erst gefragt, bevor er ausgepackt hat. Ein Anflug von Zartgefühl und Einfühlungsvermögen war beim Homo Bavaricus also durchaus *in nuce* vorhanden; sie haben sich – wenn auch nicht zur bairischen Leitkultur – so doch zu einem konstanten Wesensmerkmal des bairischen Mannes herauskristallisiert. Und wenn an dieser Stelle irgendwer, insbesondere eine Frau, auflachen sollte, dann sei hier der Berliner Friedrich Nicolai zitiert, dem man bestimmt keine Lobhudelei gegenüber bairischen Mannsbildern vorwerfen kann. Und doch schrieb Nicolai: »Die Baiern sind grob, aber nicht hart; derb, aber nicht grausam; dreist und keck, aber nicht verwegen.« Wie schon gesagt: Das stimmt! Hundertprozentig! Und das Gegenteil natürlich auch!

Der Historiker Benno Hubensteiner präzisiert den Charakter des bairischen Mannes und seine Widersprüchlichkeiten, wenn er schreibt: »Neben Jähzorn steht Bedächtigkeit, neben handfester Grobheit innere Weichheit, neben gewachsener Kultur breite Ungehobeltheit. (...) all diese Gegensätze charakterisieren den Bajuwaren schlechthin: sie machen seine innere Spannung aus, und sie lösen sich wieder in seinem großzügigen Temperament.«

Ein Mysterium also, dieser bairische Mann? Ein ewig' Rätsel? Ja, schon irgendwie. Das zumindest meinte auch der Landeshistoriker Karl Bosl: »Grobheit und Grazie, Fülle und Schlankheit wohnen unvermittelt nebeneinander, Heißblütigkeit, Jähzorn, Draufgängertum paaren sich mit Zurückhaltung, Bedächtigkeit, innerer Bewegung. Der Bayer ist nicht konsequent in seinem Denken und Handeln, er lässt die Dinge gerne an sich herankommen und will am Alten nicht rühren.« Dafür aber gelegentlich an DER Alten, wenn sie ihn denn herankommen lässt.

Was bedeutet das jetzt für unseren Bavarian Lover? Um es kurz und bündig zu sagen: Er kann immer beides – Country und Western! Zärtlich und wild, cool und leidenschaftlich. Dabei kommt es nur drauf an, in welcher Situation er sich gerade befindet! Man kommt nicht umhin zu konstatieren, dass er fast wie ganz normale andere Männer reagiert. Und doch weicht er gelegentlich ab, ist manchmal heißblütig und verwegen wie ein Hauzenberger Steinhauer nach der vierten Maß. Ein andermal ist er gutmütig und gelassen wie ein Murnau-Werdenfelser Zugochse im stundenlangen Hochgebirgseinsatz. Mitunter wird er auch gachnarrisch, ja jähzornig bis rachsüchtig (dazu später mehr!). Aber eines ist er immer, unser Baier (und jetzt bitte nicht lachen, liebe Damen): schön ist er. Also, irgendwie zumindest. Jedenfalls ist er meist kraftstrotzend und lebensfroh, rotwangig-vital und fidel vor sich hin juchzend – ja, ja, so ist er; zumindest wollte das 19. Jahrhundert die kernigen bairischen Hochlandbewohner auf diese Weise ins Klischee pressen.

Dass solche Klischeemaschinen sogar heutzutage noch fleißig rattern, möchte man kaum glauben. Und doch kommt es vor, dass selbst bayerische Medien einen feinfühligen Schriftsteller und Schauspieler wie Josef Bierbichler beim Live-Interview in die Ecke des animalischen, bairischen Kraftmenschen zu drängen versuchen. Was sich eine literarisch gebildete und durchaus nicht unerfahrene Fragestellerin beim Afro-Amerikaner oder Papua-Neu-Guineer zu Recht nie zu fragen und sagen getraut hätte – beim Baiern geht's. Nach dem Motto: »Ja mei, er hat's halt im Blut, der Seppl!« Und wenn er sich dagegen wehrt: Dann hat er halt grad seinen bairischen Seppl-Grant.

Wie viel die Baiern selbst beigetragen haben zur Klischeebildung – darüber kann man trefflich diskutieren. Trotz all der Stereotype des 19. Jahrhunderts sah die Wirklichkeit allerdings schon damals ganz anders aus. Zumindest, wenn wir den Berichten heimischer und zugereister Ethnografen trauen dürfen. Denn …

Das Schönste am bairischen Mann

... war schon immer die bairische Frau. Da sind sich eigentlich alle einig. Die Einheimischen wie die Zugereisten. Was vielleicht daran liegen könnte, dass die bairischen Männer bei den völkerkundlichen Beauty-Contests stets nur im hinteren Mittelfeld landeten: »Unter dem gemeinen Volke bemerkt man viel runde Köpfe und Bierwänste«, schreibt der Berliner Aufklärer Friedrich Nicolai und meint damit natürlich die bairischen Männer, welche der Schriftsteller Johann Kaspar Riesbeck (1754–1786) aus Höchst am Main als die mitunter »drolligsten Figuren der Welt« bezeichnet: »mit aufgedunsenen Wänsten, kurzen Stampffüßen und schmalen Schultern, worauf ein dicker runder Kopf mit einem kurzen Hals sehr seltsam sitzt, und in diese Form pflegt gemeiniglich der Bayer zu fallen, wenn er mehr oder weniger Karrikatur seyn soll«.

Das war gemein, sehr gemein sogar, hat es den Bavarian Lover doch in seiner Männer-Seele verletzt, denn er ist ja, wie wir bereits gesehen haben, nicht (nur) grobschlächtig, sondern auch sehr sensibel. Zumindest manchmal. Vielleicht hätte man dem Frankfurter Würstel Riesbeck und dem Preußen Nicolai einfach mal einen Extra-Scharfen aufstreichen sollen, damit die Herren wissen, wie drollig der putzige Baier tatsächlich sein kann. Aber was soll's? Da steht er drüber, der Bavarian Stenz; schließlich wurden ja nicht alle bairischen Männer denunziert, und im Zweifelsfall findet sich jeder einzelne in der weiteren Beschreibung Riesbecks trefflich beschrieben. Dort heißt es nämlich: »Man findet sehr viele schlanke und wohlgebaute Männer, die man in jedem Betracht schön heißen kann.« Genauso ist es, sagt sich der Baier. Und für alle ästhetischen Grenzfälle gilt hierzulande ganz besonders jene ewige Wahrheit, die der österreichische Schriftsteller Friedrich Torberg seiner weisen Tante Jolesch in den Mund gelegt hat: »Was ein Mann schöner is wie ein Aff, is ein Luxus.«

Luxus hin, Affe her – viel wichtiger als die Schönheit des Stenzes ist ein anderer Aspekt der Stanz, den ebenfalls der Ethnograf Riesbeck entdeckte, als er seinerzeit schon die bairischen Frauen sehr lobte: »Die Weiberleuthe gehören im Durchschnitt gewiß zu den schönsten in der Welt. Sie fallen zwar auch gerne etwas dick ins Fleisch, aber dieses Fleisch übertrifft alles, was je ein Maler im Inkarnat geleistet hat. Das reinste Lilienweiß ist am gehörigen Ort wie von den Grazien mit Purpur sanft angehaucht. Ich sah Bauernmädchen so zart von Farbe und Fleisch, als wenn die Sonne durchschiene. Sie sind sehr wohlgebaut, und in ihren Gebehrden viel lebhafter und runder als die Mannsleute.«

Der fachmännische Blick des hessischen Fleischbeschauers mag dem Einzel-Bayern zu weit gegangen sein: in toto nahm man das Lob gern an, schließlich sahen es ja auch die einheimischen Autoren des 18. Jahrhunderts nicht viel anders: »Das Frauenzimmer wird unter das schönste in Deutschland gezählt«, schreibt beispielsweise der Münchner Historiker und Schriftsteller Lorenz von Westenrieder im Jahr 1783 in seiner *Beschreibung der Haupt- und Residenzstadt München im gegenwärtigen Zustande*. Und Johann Pezzl, Schriftsteller und Bibliothekar aus dem niederbairischen Mallersdorf, schreibt um 1800 über die bairischen Frauen: »Die andere Hälfte des Menschengeschlechts ist, nach dem Geständnis der meisten In- und Ausländer hübscher als in den meisten deutschen Provinzen. Der Hauptsammelplatz der baierischen Schönheit ist München und ich habe Ihnen schon oben gesagt, daß dort eine außerordentlich große Menge schöner Mädchen und Weiber sey, wovon natürlich der Aufenthalt des Hofes, eines zahlreichen Adels und die große Freyheit im Genuß sinnlicher Dinge die Ursache ist, so, daß eine Menge junges Volk nach München kömmt, und dort mit seinem Schönheitspfund zu wuchern trachtet. – Die Landmädchen sind meistens kurze, dicke Dingerchen, mit rothen Backen, die von Gesundheit und Munterkeit strotzen, und sich wie im Paradiese befinden, wenn sie Sonntags ihren Schatz Vormittags nach der Kirche und Nachmittags auf den Tanzboden begleiten können.«

Pezzl muss ein Insider gewesen sein. Denn wie jeder anständige Stenz kannte auch er die Hotspots seiner Zeit, insbesondere die berüchtigten Tanzböden, deren pure Existenz Hochwürden Herrn Pfarrer noch jedes Wochenende fast in den Wahnsinn getrieben hätte. Was dem radikalen, antiklerikalen Aufklärer Pezzl gerade recht gewesen sein dürfte.

Ganz besonders angetan hatten es ihm die Straubingerinnen, was auch kein Wunder war, denn sein Geburtsort Mallersdorf lag nur 30 Kilometer von Straubing entfernt. Der erotische Lokalpatriotismus des Klosterbäckersohns, der vorzeitig das Noviziat des Benediktinerklosters Oberaltaich verließ, dürfte also nicht nur dem Studium mehr oder weniger heiliger Bücher entsprungen sein. Pezzl schreibt mit dem Kennerblick des niederbayerischen Land-Stenzes, der sich ganz den Feldstudien und der teilnehmenden Beobachtung verschrieben hat: »Die Mädchen von Straubing und um Straubing sind fast durchgehend sehr schön. Sie haben etwas weniger Fett als die Passauerinnen und etwas mehr Geist. Nichts ist reizender, als wenn man an einem Tage, wo sehr viel Bauernvolk in der Stadt sich zu versammeln pflegt, nach Straubing kommt. Lieber Karl! Wirklich, du würdest nicht wissen, wohin du dein Aug wenden solltest, wenn du so auf allen Seiten die niedlichsten und nettesten Bauernmädchen vor dir und neben dir herumspazieren sähest. Sie sind fast alle wohlgewachsen, haben einen kernhaften Körper und die gesündeste und blühendste Gesichtsfarbe. Du siehst keine Leidenschaft in ihren Mienen als den simplen Ausdruck der Natur und den Genuß eines frohen, zufriednen, mangel- und kummerlosen Lebens. (...) Wahrlich, es müßte das Eis in deinem Herzen auftauen, und du würdest dabei aller deiner Stadtdamen mit ihrem schwammigen Fleische und ihren aufgetragnen Farben vergessen. Dabei halten die Mädchen auf Ehre, und obgleich einige umliegende Kavaliere sich Mätressen von ihnen holen, so vermag doch ein Städter überhaupt nicht viel bei ihnen, und wenn sie eines dergleichen ausgemergelten Siechlings gewahr werden, so höhnen sie seiner. Sie halten sich lieber an die Bauernjungen, starke und gesunde Burschen.«

Der Land-Stenz macht also den Stich bei der Straubinger Zenz! Und wer jetzt meint, dass es immer nur in Niederbayern so wild zugegangen ist, der hat noch nichts von den wilden Alpenbewohnerinnen gehört. Der deutsche Ethnologe Albert Friedenthal, der sich an einer populärwissenschaftlichen, frauenfeindlichen und rassistischen Anthropologie der Frau versuchte, die 1911 unter dem Titel *Das Weib im Leben der Völker* bereits in zweiter Auflage erschien, schreibt: »An Temperament, Lebenslust und unermüdlicher Vergnügungssucht übertrifft die Älplerin alle deutschen Stämme. Bigotterie und ein enger Horizont, ohne Pfiffigkeit auszuschließen, sind ihre weniger erfreulichen Eigenschaften. Von ihrem Vergnügen an sinnlichen Genüssen macht sie kein Hehl.« Woher Friedenthal seine frauenfeindlichen und rassistischen Weibs-Weisheiten wohl hatte? Multiple Choice-Fragebogen? Teilnehmende Beobachtung? Oder Undercover-Recherche mit Ganzkörper-Einsatz?

In jedem Fall ist es angesichts so vieler temperamentvoller, lebenslustiger und unermüdlich vergnügungssüchtiger Weiber natürlich kein Wunder, dass der Baier als Sexualwesen durch und durch verdorben war. Der bairische Mann konnte gar nicht anders, er musste Stenz werden. Schließlich lebte er ja ...

Im Land der losen Sitten

Und dort konnte man als liebestoller Stenz seiner Leidenschaft so richtig nachgehen, denn schon im Baiern des 18. Jahrhunderts ging es ausgesprochen unmoralisch zu. Zumindest wenn wir dem Berliner Aufklärer Friedrich Nicolai trauen dürfen. Dem freilich ging es vor allem um den Nachweis, dass im katholischen Bayern trotz oder besser gesagt wegen der verbreiteten Bigotterie und der »drückenden Macht der Klerisei« recht lose Sitten herrschten: »Der Umgang beider Geschlechter ist ziemlich frei. Müßiggang und kräftige Nahrung verführt zu Ausschweifungen, und die Bigotterie hindert sie nicht. Die ungeheure Anzahl unehelicher Kinder ist der offenbarste Beweis davon. Diese Ausschweifungen werden auf mancherlei Weise schädlich. Mir wurde von einem glaubwürdigen Manne versichert, daß im Jahre 1774 allen Ärzten und Wundärzten anbefohlen worden sei, ein Verzeichnis der in München mit venerischen Krankheiten behafteten Personen zu übergeben, und man habe über 3000 befunden; und doch ist leicht zu erachten, daß viele nicht angegeben worden sind.«

Die venerischen, also die Geschlechtskrankheiten, juckten die bairischen Stenze und ihre Liebchen offenbar wenig. Johann Pezzl, der auf seiner *Reise durch den bairischen Kreis* im Jahr 1784 auch durch Augsburg streifte, traf dort offenbar auf ausgesprochen sinnenfrohe und trinkfreudige Menschen in Wirtschaften, wo der örtliche Stenz stets ein leichtes Spiel hat. »Alles füllt sich dort den Bauch mit dem ziemlich schlechten Bier und vergißt während dem sein häusliches Elend. Die Mädchen gehen schwarmweise ohne Chapeau (Hut) in die öffentlichen Wirtshäuser und Gärten und trinken auf ihren eignen Konto mit den Mannsleuten um die Wette. Stubenmädchen und Kammerjungfern in französischem Putze lassen sich von ihrem Anbeter willig zu einem Krug Bier fahren, wenn sie nur einen Amanten (Geliebten) haben.«

Stubenmädchen und Kammerjungfern in französischem Putze – das hätte wohl auch dem gebürtigen Augsburger Bert Brecht gefallen, der nicht nur ein bedeutender Dramatiker und Lyriker war, sondern auch ein großer Stenz vor dem Herrn. Die poetische Gebrauchsanweisung für die gelungene Stanz liefert Brecht in seinem Gedicht *Über die Verführung von Engeln*:

Engel verführt man gar nicht oder schnell.
Verzieh ihn einfach in den Hauseingang
Steck ihm die Zunge in den Mund und lang
Ihm untern Rock, bis er sich naß macht, stell
Ihm das Gesicht zur Wand, heb ihm den Rock
Und fick ihn. Stöhnt er irgendwie beklommen
Dann halt ihn fest und laß ihn zweimal kommen
Sonst hat er dir am Ende einen Schock.
Ermahn ihn, dass er gut den Hintern schwingt
Heiß ihn dir ruhig an die Hoden fassen
Sag ihm, er darf sich furchtlos fallen lassen
Dieweil er zwischen Erd und Himmel hängt –
Doch schau ihm nicht beim Ficken ins Gesicht
Und seine Flügel, Mensch, zerdrück sie nicht.«
(zitiert nach Steffen Jacobs, 2008)

War Baiern also immer schon jenes lebenslustige Land der Engel, in dem die Zahl der Stenze stets recht groß war? Und wo diese auch in Würde altern konnten, sprich: mit entsprechendem erotischen Grundeinkommen ausgestattet waren? Früher nannte man solch ältere Junggesellen Hagestolze. Sie scheuten die Ehe wie der Teufel das Weihwasser. Heute würde man sagen, sie waren Single aus Überzeugung! Und die gab es auch schon zu Johann Pezzls Zeiten: »Auch Leute, die ihre hinlänglichen Einkünfte haben und Weib und Kind hinlänglich ernähren könnten, nehmen aus Bequemlichkeit keine Weiber und behelfen sich mit Beischläferinnen und schmähen über den Ehestand, rühmen den Genuß ihrer Freiheit und sammeln sich dadurch immer mehr Anhänger.«

Der Genuss der Freiheit war wohl immer schon eines der Hauptmotive für einen echten Stenz. Mag schon sein, dass die Reisebeschreibungen des 18. Jahrhunderts nicht frei von protestantischer Überheblichkeit des Nordens gegenüber dem katholischen Süden waren und ein durch allzu vehementen aufklärerischen Eifer verzerrtes Bild vom sittlichen Zustand Baierns zeichneten. Umso interessanter ist es, was bairisch geprägte Einheimische über das Thema Stenz und Stanz schreiben. Anton Westermayer (1816–1894) aus Deggendorf war ein katholischer Geistlicher, Schriftsteller und Zentrums-Abgeordneter im Reichstag und obendrein ein bekannter Prediger, nicht nur im Dom zu Regensburg, an der Münchner St. Michaels-Hofkirche oder als Stadtpfarrer zu St. Peter in München. Westermayer wirkte Mitte des 19. Jahrhunderts auch auf dem Land. Er kannte seine Baiern also zur Genüge. Und er wurde nicht müde, in seinen Bauernpredigten immer wieder vor dem Stenz zu warnen. Denn der lauert überall. Und hat fast immer Erfolg. Und was ist das End' vom Lied? »Mein Gott! Da kommt manche am Fronleichnamsfest, bei Leichen und sonstigen feierlichen Gelegenheiten und hat das Jungfrauen-Kränzlein auf dem Kopfe, während sie dasselbe mit lachendem Mund schon in den Kot getreten hat; manche hat ein weißes Kleid an, und wer weiß, wie viele Flecken und Makel es bereits bekommen hat, die man nicht sieht.« Bauernpfarrer Westermayer richtete seine Rede an junge Menschen, in der Hoffnung, bei ihnen noch etwas ausrichten zu können: »Meidet die Bekanntschaften, die zu nichts führen, als zur Sünde; meidet möglichst den Tanzboden, auf dem sie gewöhnlich geknüpft werden!« Der Tanzboden galt als jener Ort, wo der Stenz des ländlichen Raums seine Liebes-Gspassetln zur Aufführung bringen konnte. Nicht selten mit Erfolg.

Liest man die Predigten des Geistlichen Westermayer gegen den Strich, bekommt man eine lebendige Vorstellung davon, was sich nach dem Tanz-Event auf nächtlichen Wegen, insbesondere aber Irrwegen abspielte und somit anderntags in den Beichtstühlen der ländlichen Pfarreien zur gnädigen Vergebung vorgetragen werden musste. Der Herr Pfarrer konnte ein Lied davon singen. Und dieses Lied ging so: »Wie oft sagt man es euch, ihr ledigen Leute, meidet den vertrauten Umgang mit Personen des anderen Geschlechtes! Geht um des Himmels willen nicht vom Tanz oder Bier miteinander heim! Geht nicht allein miteinander über Feld und Wald, weder bei Tag noch bei Nacht!« Well spoken, Hochwürden! Und doch half alles Predigen nicht! Boy meets girl! Bua trifft Madl! Der Lechner-Xaverl mag des Pleininger-Reserl. Und umgekehrt. Was folgt, ist die uralte Geschichte, die schnell erzählt ist: »N'naaaa, n'neeed«, sagt das Reserl g'schamig. Aber da war's auch schon zu spät; wieder einmal waren die weisen Worte des Herrn Pfarrer unerhört im Dunkel der Nacht verklungen: »Flieht, nur die Flucht kann euch retten!« hatte Hochwürden am vergangenen Sonntag noch gemahnt. Vergebens.

Freilich, noch bis ins 20. Jahrhundert hinein war die soziale Kontrolle, der so ein bairischer Bauern-Playboy und seine Geliebte unterworfen waren, sehr ausgeprägt. Was Lena Christ in ihren *Erinnerungen einer Überflüssigen* über ihren Dorfpfarrer mit dem schneeweißen Haar schrieb, dürfte wohl auch andernorts in Baiern gegolten haben. Recht zornig konnte er werden, wenn er bei der Predigt mit gar scharfen Worten die Verfehlungen seiner Pfarrkinder rügte; vor allem das Kammerfensterln: »Hatte ein Bursch oder ein Mädel gebeichtet, daß sie beieinander gewesen waren, so wurde das am darauffolgenden Sonntag vor der ganzen Gemeinde von der Kanzel herab gegeißelt, und leicht konnte man erraten, wer gemeint war.«

Rechtliches und Geschlechtliches

Wo der Herr Pfarrer allein nichts mehr ausrichten kann und schier verzweifelt, da muss die Obrigkeit dem frechen Treiben der Stenze Einhalt gebieten. Zumindest hat sie es immer wieder versucht. Der absolutistische Staat mischte sich in alle Lebensbelange seiner Bürger, um sie zu bevormunden. Schon das Landgebot von 1598, in dem sich der tiefkatholische bairische Herzog Maximilian um die Moral seiner Untertanen kümmerte, warnte vor dem Heimgarten oder Hoagascht. Solche musikalischen Veranstaltungen und geselligen Nachbarschaftstreffen nahmen oft den Charakter geschlechtlicher Werbeveranstaltungen an. Sie seien deshalb, so hieß es, der Inbegriff des sittlichen Niedergangs. Auch das Bairische Landrecht von 1616 sah härteste Strafen gegen Fensterln, Heimgartln und Tanzen außerhalb der erlaubten Zeiten vor. Sex vor der Ehe galt als »Leichtfertigkeit« und wurde von der weltlichen Obrigkeit bis zum Jahr 1808 bestraft. Heiraten freilich war auch verboten – zumindest den mittellosen Leuten. Ein Widerspruch, der kaum aufzulösen war. Der Druck stieg stetig!

1635 regelte ein Erlass der bairischen Kirchen- und Sittenpolizei den moralisch einwandfreien Umgang in Haus und Hof. So hatten die Haus- und Familienväter dafür zu sorgen, dass ihre

Dienstboten beiderlei Geschlechts nicht in einem Zimmer schlafen sollten. Nachts waren die Haustüren zu verschließen, damit ihre »Hausgenossen nicht bei der Nacht das Haus verlassen oder jemand in das Haus heimlich hereinbringen können«. Was freilich leichter gesagt als getan war. Denn mitunter herrschte ein reges Treiben, obgleich das Herumtreiben in Wirts- und Tanzhäusern und das nächtliche »Gässlgehen« oder »ins Gassl gehen«, also das Fensterln, bei Strafe verboten waren. Nach Ansicht der Obrigkeit nahmen solche Ausschweifungen rapide zu. Alle Strafbestimmungen halfen nichts; der Stenz und seine Geliebte blieben zu allen Zeiten Sieger! Zwar nicht unbedingt moralische, aber faktische!

Ärger gab es natürlich immer wieder; zum Beispiel für Bauern, die keine getrennten Schlafplätze für Mägde und Knechte bereitstellten. Schliefen die Dienstboten in einem Raum, konnte der Bauer wegen Förderung von Unzucht bestraft werden, was nicht selten vorkam. Auch das gemischte Baden beiderlei Geschlechts in Flüssen, Bächen und Badstuben war nicht gern gesehen und wurde alsbald verboten, zumal es den badenden Herrschaften nicht allein um Reinlichkeit zu gehen schien. Auch unsittliche Reden und Gebärden fielen der staatlichen Verfolgung anheim. Die Tugendherrschaft der Bairisch-Taliban hat eben alle Lebensbereiche umfasst. Im 18. Jahrhundert rügte man selbst an allerhöchster, nämlich kurfürstlicher Stelle »Zügellosigkeit und (…) Uebermuth der Dienstboten und Tagwerker«.

Auch die Bauern jammerten gern über den Sittenverfall, insbesondere in der »Menscherkammer«, also im Zimmer der Mägde. Dort gehe es zu »wie in einem Bienenkorb«. Vermutlich klagte der Bauer besonders laut, wenn sein eigener Schwänzeltanz von der Bienenkönigin unerhört geblieben war. Lustig ging's also zu im katholischen Baiern, obwohl für unsittlichen Lebenswandel Leibstrafen sowie Ehren- und Schandstrafen vorgesehen waren; Pranger, Halseisen, Geige, Karrenziehen und ähnliches wurden erst 1848 abgeschafft. Getreu, fleißig und gehorsam hatte sich der Dienstbote zu verhalten – so wollte es die Dienstordnung. Keinesfalls durfte er ohne Bewilligung seines Dienstherrn zu Tänzen und öffentlichen Belustigungen gehen. Wer trotz Verwarnung einen liederlichen Lebenswandel pflegte, sollte mit Arrest bestraft oder gar ins Arbeitshaus eingewiesen werden. Männliche Dienstboten, die sonst nichts weiter angestellt hatten, sollten zum Militär abgeschoben werden, damit sie Disziplin lernen. Stumpfsinniges Marschieren war so ziemlich das Gegenteil jenes aufreizend schlendernden Ganges eines jungen Land-Stenzes auf der Balz, der die Hände in den Hosentaschen vergraben und die Augen keineswegs immer geradeaus gerichtet hatte, sondern vielmehr links und rechts – wo halt grad ein resches Madl zu sehen war.

Das Haberfeldtreiben

Wo aber beide, der Herr Pfarrer und die Obrigkeit, versagten, da nahm das Volk die Sache gelegentlich selbst in die Hand. Das sogenannte Haberfeldtreiben war als Rügebrauch vor allem im bairischen Oberland üblich, also in der Gegend um Tölz, Tegernsee, Miesbach und bis hinauf nach Ebersberg und hinüber nach Rosenheim. Die Haberer versammelten sich meist außerhalb eines Dorfes, jedoch in Rufweite des zu Schmähenden, dessen Verfehlungen lautstark angeklagt wurden. Manchmal waren es wirtschaftliche und soziale Missstände, die einem habgierigen Großbauern oder einem verbrecherischen Dünnbierbrauer oder irgendeinem anderen korrupten Vertreter der Oberschicht vorgehalten wurden. Manchmal erwischte es sogar den Pfarrer, der zum Beispiel bei der Beerdigung eine ungerechtfertigte Verdammungsrede über den Verstorbenen gehalten hatte. Etliche hundert Männer mit Sensen, Dreschflegeln, Heugabeln und Äxten zogen johlend und pfeifend durchs Dorf und sangen Trutzlieder auf die Geistlichkeit, heißt es in Lena Christs *Erinnerungen einer Überflüssigen*: »Vor dem Pfarrhof angelangt, schlugen sie dort die Fenster ein, beschmierten die Türen mit Schmutz, hieben die Obstbäume um oder rissen sie aus; sogar den Heustadel wollten sie in Brand setzen, doch zündete es nicht.«

Meist ging es beim Haberfeldtreiben jedoch um sittliche Verfehlungen, vor allem junger, unverheirateter Frauen, die nicht selten »leichtfertig« schwanger geworden waren. Solch gefallene Mädchen, heißt es nach einer von zahlreichen Theorien, seien früher von den Burschen des Dorfes mit der Peitsche durch ein Haber(=Hafer-)feld getrieben worden, wobei der Verführer selbst auch mitmachen musste. Die Haberer – meist Bauernburschen, Handwerker oder Landarbeiter – veranstalteten mit ihren geschwärzten oder vermummten Gesichtern ein lautstarkes und recht derbes Kesseltreiben. Im 18. und 19. Jahrhundert sind an die 130 solcher Haberfeldtreiben aktenkundig geworden; in Wirklichkeit hat es wohl viel mehr dieser öffentlichen Versammlungen gegeben, die bald schon zu Spektakeln mit hunderten von Teilnehmern ausarteten. Als die Obrigkeit von 1840 an versuchte, dem Treiben mit drakonischen Strafen Einhalt zu gebieten, gaben sich die Haberer eine straffe Geheimorganisation mit eigener Geheimsprache und verpflichteten sich per Habererеid zum Stillschweigen – bei Todesstrafe. Wie diese Sittlichkeitsmafia vorging, lässt sich recht anschaulich in Georg Queris *Bauernerotik und Bauernfehme in Oberbayern* nachlesen. Die Selbstjustiz der vermummten Banden, die in derben Liedern die sexuellen Verfehlungen ihrer Mitbewohner besangen und mit Pritschen, Kuhschellen, Rasseln und Ketten einen Mordsradau veranstalteten, war nicht nur oft genug heuchlerisch und scheinheilig, sondern mitunter sogar obszön und in ihren Auswüchsen manches Mal richtiggehend verbrecherisch.

Das Ganze hatte etwas von einer Hexenjagd, aber eingeheizt wurde nicht nur den Frauen, die sich etwas zu Schulden kommen ließen, sondern durchaus auch den beteiligten Herren der Schöpfung. So mancher Stenz auf Abwegen hat nämlich bei den Haberern sein Fett weggekriegt. Zum Beispiel in Dietramszell Ende Oktober 1886. Da war der Bauer B. dran, ein rechter »Hurenstingl«, der sich gern mit der Näherin Z. auf dem Haberstock niederlegte. Oder jener Bursche, den man »nachts am sichersten bei den Dirnen in der Kammer finden« konnte. Auch in Egmating kam es in der Nacht vom 12. auf den 13. September 1892 zu einem Treiben, bei dem der G.-Wirt der Notzucht mit seiner Tochter geziehen wurde. Die daraus entstehenden Kinder würden immer den Handlungsreisenden angehängt, spotteten die Haberer, die zu der deutlichen Schlussfolgerung kamen: »Einen solchen Vater soll man ins Zuchthaus bringen, dann könnt er statt seiner Tochter den Scheißkübel springen.«

Beim Haberfeldtreiben in Valley 1897 wurde einem gewissen K. sogar Sodomie unterstellt; er soll auf dem Melkstühlchen stehend das Kälbermachen gleich selber ausprobiert haben. In der Regel aber waren es ganz normale Stenze, die man beim »Aussigrasen«, also beim Fremdgehen erwischt hatte. Entscheidend war für die Haberer der Standesunterschied. Was Knecht und Magd untereinander trieben, interessierte weniger; viel eher das Verhältnis von Bauer und Magd oder von Knecht und Bäuerin.

Hier eine Anmerkung für nicht-bairische Leser: Die Dirn war die Dienstmagd, und nicht, wie man nördlich der Donau meinen könnte, eine Dirne. Auch das Dirndl (= Mädchen) hat damit nichts zu tun. Aber für manch übergriffigen bairischen Hausherren scheint dieser Unterschied nicht wirklich klar gewesen zu sein. Oft genug betrachtete der Bauer seine Angestellten als Freiwild. In Queris Übersetzung der Habererverse vom Tegernseer Treiben 1892 heißt es zum Beispiel: »Der Y. lebt mit seiner Frau auch nicht gar gut, weil er immer ein klein wenig ehebrechen tut. Wenn der eine sieht, dann überkommt ihn der Gram, die Mägde, Zimmermädchen und Köchinnen, alles packt er zusammen, und wenn er eine schwer bekommt, so tut er sie chloroformieren, dann kann er sie mit seinem Sauschweif viel leichter klistieren.«

Queri selbst kam übrigens auch ins Visier der Polizei, weil er nach jahrelangen Recherchen diese bis dato nur mündlich überlieferten Habererverse veröffentlicht hatte. Offenbar befürchtete man staatlicherseits ein Wiederaufleben der Haberfeld-Tradition. Denn es gab ja durchaus Verteidiger dieser Praktik. Queri berichtet von einem Kooperator, der sich bei der Regierung fürs Haberfeldtreiben einsetzte, weil es der Unsittlichkeit durch öffentliche Beschämung Einhalt gebiete. Der geistliche Herr wandte sich in seinem Schreiben gegen ledige Wolllüstlinge und natürlich gegen Ehebrecher/innen, gegen die man auf andere Weise streng vorgehen sollte, dann würde sich das Problem des Treibens von alleine lösen, denn: »Wo keine Ehebrüche oder sonst kein allbekannt unkeuscher Lebenswandel von Erzeugung mehrerer Kinder, da kein Haberfeldtreiben.«

Das Haberfeldtreiben war bald so gut wie ausgestorben, sein Anlass hingegen nicht. Allen Drohungen und Strafen zum Trotz blieben uneheliche Kinder auf dem Land ein ganz alltägliches Phänomen. Anfang des 19. Jahrhunderts stammte jedes vierte Neugeborene von Eltern ohne Trauschein. Man redete nicht viel darüber, aber schon die bloße Existenz unehelicher Kinder war eine Schande; ihr sozialer Status dementsprechend sehr gering. Dass es sie dennoch in so großer Zahl gab, war kein Wunder, denn Dienstboten und anderen Habenichtsen war das Heiraten seit Mitte des 16. Jahrhunderts verboten. Nur wer ein bestimmtes Vermögen vorweisen konnte, durfte sich vermählen. Noch bis 1918 brauchte man fürs Heiraten in Bayern eine amtliche Genehmigung. Solch rigide Bestimmungen führten natürlich dazu, dass entweder gar nicht oder erst spät geheiratet wurde. Die Moralhüter beklagten den Sittenverfall! Zu Recht! Es herrschten beste Bedingungen für die Stenze aller Altersklassen. Das belegen sogar amtliche Berichte.

Klagen vom Gesundheitsamt

Das fortschrittsgläubige 19. Jahrhundert wollte alles ganz genau wissen. Deshalb sollten die Landgerichtsärzte aus verschiedenen Teilen Bayerns mehr oder minder genaue Berichte nach München schicken. Diese sogenannten Physikatsberichte, die zwischen 1858 und 1861 entstanden, informierten den bayerischen König über fast alle Lebensumstände seiner Untertanen. Sie gewähren uns heute einen wunderbaren Einblick in den bairischen Alltag Mitte des 19. Jahrhunderts. Da werden Städte, Dörfer und Landschaften beschrieben, wirtschaftliche, geologische, klimatische oder landwirtschaftliche Daten geliefert, und obendrein viele weitere Fragen beantwortet: Welche Bürger sind arm, wer besitzt wie viel? Wie kleidet man sich in der jeweiligen Gegend, wie wohnt man, was isst man? Wie hält man's mit Religion und Aberglauben? Und nicht zuletzt: Wie steht es um Moral und Sittlichkeit? Gerade diesbezüglich kamen des Öfteren Klagen vom Physikat, also vom Gesundheitsamt.

So heißt es zum Beispiel im Jahr 1860 aus dem niederbayerischen Landgericht Deggendorf: »Leider nehmen beide Geschlechter nach eingetretener Pubertät durch zu frühe Befriedigung der Geschlechtslust, wozu der frühe Wirthshaus- u. Tanzmusikbesuch Gelegenheit giebt, grossen Schaden an diesem ihren kräftig entwickelten Körperbau.« Der Berichterstatter konstatiert nämlich im Deggendorfer Bezirke »eine nicht unbedeutende Geschlechtsausschweifung unter den nicht Verheiratheten; an unehelichen Kindern ist kein Mangel.« Auch Syphilis trete gehäuft auf. Ursache all dieser Übel sei die Entsittlichung, und zwar nicht nur unter ehelosen Jugendlichen, sondern auch zum Teil bei den Verheiratheten. Der königlich bayerische Berichterstatter macht den materialistischen Zeitgeist für diesen Verfall verantwortlich; insbesondere das Schwinden der Religion habe furchtbare Folgen: »Besonders ist die weibliche Jugend unter der ärmeren Klasse anzuklagen, die häufig der Geschlechtsausschweifung, oft des Geldes wegen sich hingibt theils aus Noth, theils aus Trägheit u. Abscheu vor jeder ordentlichen Beschäftigung.«

Auch der Physikatsbericht für das Landgericht Ingolstadt glaubt bei den Bauernbuben eine »vollkommene Entsittlichung« zu erkennen. »Nicht minder roh und frivol sind die Landmädchen. Früh schon beginnen die Geschlechts-Sünden und vorzeitiger als ehedem werden sie menstruirt. Nicht selten gewahrt man bei den reiferen Dirnen, besonders auf den Tanzplätzen, eine Schamlosigkeit und Frechheit, die jedes sittliche Gefühl empört. Eine mächtige Beihülfe hiezu liefert das tiefeingewurzelte höchst verderbliche Kammerfensterln.«

Die Chancen für Ingolstädter Stenze dürften also um 1860 nicht schlecht gewesen sein. Die Weiblichkeit hatte wohl auch gerade angefangen, mehr aufs Äußere zu achten: »Ehedem waren die Haare der Weiber ein Knäul von verwirrten Haaren, in denen zahlreiches Ungeziefer nistete, und selbst die Mädchen schoben ihr ungekämmtes, zottlichtes, in einen Büschel zusammengedrehtes Haar unter die Haube oder das Kopftuch; jetzt aber trifft man sie mit gereinigten und geflochtenen Haaren, so viel es ihre Arbeiten gestatten, selbst an Werktagen zu Hause und auf dem Felde an.«

Dennoch mussten sowohl der Lover auf dem Land als auch seine potenzielle Angebetete eine gewisse Widerstandsfähigkeit in hygienischen Fragen mitbringen: »Obgleich die jungen Bauernburschen und Mädchen viel auf äußerlichen Putz halten, so ist doch die Leibwäsche nicht immer diesem äußerlichen Glanze entsprechend.« Wohl dem, der sein Liebesglück in den Ortschaften entlang der Donau und ihrer Nebenflüsse suchte. Und fand. Denn dort hatten »die jungen Leute eine große Vorliebe zum Baden und Schwimmen«, was hygienische Standards hob, sittliche hingegen gelegentlich drückte.

Moralisch Bedenkliches war im Jahr 1860 auch aus dem Landgericht Aibling zu hören. Vergnügungssüchtig, schreibt der Landarzt aus dem Kreis Aibling, seien die Leute: Viel essen, viel trinken, viel tanzen, viel feiern, aber nichts sparen wollten sie. Zahlreiche Jahrmärkte und Tanzmusiken, die oft bis Mitternacht dauern, sorgten dafür, dass Knecht und Dirne tanzen gehen, während die Bauersleut' die Stallarbeit machen müssen: »Nichts wirkt mehr entsittlichend auf das bairische Landvolk«, heißt es aus Aibling, »als diese sogenannten Freimusiken, wo in spaeter Nacht die von Bier berauschten Massen unter Trompeten-Geschmetter, untermischt mit satanischem Pfeifen und heulendem Jauchzen, herumtaumeln – wirklich scheußliche, einer civilisirten Bevölkerung unwürdige Orgien, und nur dazu dienend, den bayrischen Nationalcharakter als roh und unbändig zu bezeichnen.«

Maßhalten wollte der Aiblinger Stenz offenbar lieber bei der Arbeit, aber nicht beim Feiern. Gute Ernährung und ein weitgehend sorgenfreies Dasein führten – laut Physikatsbericht – zu jener Lebensenergie, die »in Verbindung mit der erschwerten

Ansässigmachung und Verehelichung die Geschlechtsausschweifung« begünstigt: »Keuschheit ist daher keine hervorragende Tugend unter den Landleuten hiesiger Gegend, und manchmal muß sich der Bauer, wenn er eine Dirne dingen will, dazu verstehen, ein oder zwey uneheliche Kinder derselben mit in seine Haushaltung aufzunehmen.«

»Armes Aibling!« – ist man versucht zu sagen, wäre es nicht überall im Land dasselbe gewesen. So trieb der nimmermüde Stenz auch in der Dachauer Gegend gern sein Unwesen und griff dabei auf eine alte bairische Kulturtechnik zurück. Im Dachauer Physikatsbericht von 1861 heißt es: »Um das häufige nächtliche Kammerfenstergehen, was auf die Sittlichkeit und Arbeitsamkeit einen sehr großen verderblichen Einfluß übt, zu beschränken, wäre es sehr zu wünschen, daß die Schlafkammern der Mägde nicht zu ebener Erde angelegt würden.«

Die Kunst des Fensterlns und ihre Grenzen

Ob die ewige Stanz des ewigen Stenzes allein mit architektonischen Mitteln in Form von möglichst erdferner Bebauung zu verhindern gewesen wäre, darf mit Fug bezweifelt werden. Denn die Libido verleiht bekanntlich Flügel, und auch wenn's zum Fliegen – zumindest aufwärts – nie ganz reichen mag, so ist die Aussicht auf einen kleinen Abstecher in den irdischen Himmel stets hinreichend gewesen, um beim Fensterln ein oder zwei, vielleicht sogar drei Stockwerke elegant zu überwinden. Immerhin war ja auch die Leiter schon seit längerem erfunden. Freilich, ganz ungefährlich war er noch nie, der Einsatz dieses technischen Hilfsmittels zur Überwindung von Höhenunterschieden im Dienste einer aktiven Reduktion von Hormonstaus aller Art.

Das weiß man spätestens seit Oskar Maria Grafs Geschichtensammlung *Das bayrische Dekameron*.

Da war zum Beispiel das Missgeschick des Hilfslehrers Wabensdorfer, der nicht von hier, sondern von dort war und daher auch ziemlich hochdeutsch sprach, sich jedoch brennend für die heimischen bairischen Bräuche interessierte; insbesondere für das Fensterln. Er tat dies nicht nur aus rein akademischem Interesse, sodass er nach eingehender theoretischer Recherche eines Tages auch praktisch sein Glück versuchte, dabei allerdings über die Wein- und Stachelbeerstauden hinunter direkt auf einen Mistkarren stürzte und am Ende seiner Brauchtumsforschung – stinkend, blutend und schlotternd vor Angst und Kälte – auch noch seinen heimischen Informanten Schweigegeld zahlen musste, damit die peinliche Geschichte nicht ortsbekannt wurde. Allein dieses Abenteuer des Hilfslehrers Wabensdorfer macht deutlich, warum das Fensterln spätestens seit der Einführung des Geschosswohnungsbaus keine rechte Zukunft mehr hatte. Fensterln im Zeitalter des Hochhauses ist zwar denkbar, aber nicht ratsam.

Das belegt auch die Graf'sche Geschichte mit dem eigentümlich anmutenden Titel »Das Sauohr«. Der verhinderte Stenz hieß in diesem Fall »Erdinger-Simmerl«; er war der Sohn des zweitgrößten Bauern von Rieming und hatte der Wanninger-Marie das Heiraten fest versprochen. Die Katze im Sack zu kaufen, war der Simmerl jedoch nicht willens. Die Marie ihrerseits wollte die gute Heirats-Partie nicht mehr vom Haken lassen, allerdings am Ende auch nicht womöglich entjungfert sitzen gelassen werden. Und so schützte sie sich und ihre Jungfräulichkeit mit dem »Ohrwaschl einer geschlachteten Sau«, und – wie es zugegeben recht anschaulich bei Oskar Maria Graf beschrieben steht – sie hörte auf ihre besorgte Mutter, die da wohlmeinend riet: »Und do nimmst des Ohrwaschl und tuast ös vor dei Unkeischheit.«

Dergestalt gerüstet lud Marie also zum nächtlichen Stelldichein den Simmerl, der über die Aussicht auf eine erotische Probefahrt höchst erfreut und aufgeregt am folgenden Abend anrückte:

Er nahm die lange Leiter aus der Wagenremise und stieg zur Marie hinauf. Alles verlief glatt: Das Fenster war offen, der Bursch kraxelte hinein und kurz darauf lag er bei der Marie im Bett, die Häuslerstochter sträubte sich gar nicht, und er konnte das, was er gefordert hatte, in aller Gemütlichkeit einbringen. Mittendrinnen aber hörten die zwei unterhalb, aus der Wanninger'schen Ehekammer, einen höllenmäßigen Krach. Der Häusler kam polternd und fluchend über die Stiege herauf – eins, zwei, drei, sprang der Simmerl aus der Marie ihrem Bett, schloff aus dem Fenster, sauste über die Leiter hinab und hörte schon, wie der Wanninger droben auf seine Tochter einschimpfte. Er hob den Kopf. Droben war Licht. Er lief hinter den Prügelhaufen und sah, wie der Häusler seinen Kopf aus dem Fenster steckte und herabbrüllte, die Leiter krachend umstieß, daß sie in weitem Bogen ins Vorgärtl sauste ...

Zum Glück war der Simmerl schon herunten, als die Leiter umfiel. Eine Hochhausfassade in München-Neuperlach wäre er vermutlich nicht so schnell heruntergekommen. Oder – horribile dictu – noch viel, viel schneller. Es ist daher leicht einzusehen, dass das Fensterln in Zeiten des Wolkenkratzers nicht wirklich anzuraten ist. Denn wer würde bei der erotischen Flucht schon gern einen Lift nehmen müssen, um vom 23. Stock herunterzukommen. Noch dazu mit einem offenen Hosentürl, an dem ein

Schweineohr baumelt. Da können Sie noch so wortreich erklären, dass der Mensch schon im Neolithikum aus diversen Alltagsgegenständen Fruchtbarkeits- und Stammesamulette gebastelt und sich vor den Hosenlatz gehängt hat. Keiner wird Ihnen zuhören! Und dass Ihr lässig vor sich hin baumelndes Schweineohr eine Sonderform des bairischen Charivaris ist, werden Sie einem Polizeibeamten vermutlich nicht einmal dann erklären können, wenn er besonders brauchtumsbewusst ist.

Also, Obacht geben beim Fensterln! Wer allerdings heutzutage noch unbedingt Höhenluft braucht, um in Schwung zu kommen, weil er sich als erfahrener Bergstenz in der Nachfolge von Ludwig Thomas oder Ludwig Ganghofers reschen Wilderern und feschen Jagern sieht und sich daher vor allem an weiblichen Juchzern, Jauchzern oder Notschreien von Sennerinnen auf der Alm ergötzen kann, der melde sich halt in Gottes Namen bei den Singlegruppen des Alpenvereins zur geführten Wanderung an. Obendrein kann er dann noch beim Jodelkurs der Volkshochschule vorbeischaun. Derart ausgebildet kann er als »juschreiender, Schnaderhüpfl improvisierender Jaga-Bursch« einschlägige Almsituationen nachspielen. Solche also, die Joseph Friedrich Lentner schon im 19. Jahrhundert beschrieben hat: »Ledige Burschen, meist die Werber oder Liebhaber der Sennerinnen sprechen ziemlich häufig zu; was ein frischer Bub ist, läuft mindestens einmal die Woche gewöhnlich Samstags Abends zu seinem Dirntl auf die Alm. Benachbarte Holzer suchen auch die Hütten heim; beliebte Gäste sind die Jäger. Reisende werden mit vorzüglicher Gefälligkeit empfangen und gastfreundschaftlichst beherbergt. Ob dieses männlichen Zuspruches ist jedoch die Unsittlichkeit nicht größer als andernwärts.«

Es kann also auch in luftiger Höhe zu erotischen Schneiderfahrten kommen, das heißt, es geht einer leer aus, obwohl er sich weit hinauf gewagt hat. Liebesfreud' und Liebesleid liegen halt für den Stenz zu allen Zeiten nah beieinander. Schmerzhafte Stürze aus mittlerer Höhe waren da nur eines von vielen möglichen Problemen. Nicht selten kam es an Samstagabenden zu Streitereien vor bestimmten Anwesen, an deren Fassade gleich mehrere Steighilfen gleichzeitig zu stehen gekommen waren; dort also, wo ein gewisser amouröser Stau entstand, arteten Bewerbungsgespräche gern in blutige Raufereien aus. Außer man konnte schnell laufen. Aber das mit dem schnell Laufen war auch nicht jedermanns Sache. So lässt Georg Queri in *Die Schnurren des Rochus Mang* den Eidaxen Wastl erzählen, »wie sie ihm einmal nachgelaufen sind von der Pechler Nanndl ihrem Kammerfenster weg, da hat ihn einer um den andern eingeholt. Und hat ihn ein jeder verdroschen.« Auch nicht schön! Weshalb der kluge Stenz erstens solche Wettrennen vermeidet und zweitens an Samstagabenden den Luftraum vor den Kammerfenstern lieber anderen überlässt, um sich klugerweise an den restlichen Tagen der Woche schadlos zu halten und sein Glück zu versuchen. Mit oder ohne Leiter!

Erfreulicherweise kam das Fensterln erst spät aus der Mode. Der Physikatsbericht für das Landgericht Mühldorf belegt noch im Jahr 1862, dass der junge Mensch dort durchaus noch traditionsbewusst war und der Erhaltung der alten Kulturtechniken etwas zu Gute hielt: »Zu den Hauptvergnügungen der jungen Burschen auf dem Lande muß das nächtliche Kammerfenstergehen gerechnet werden.« Klar, was hätten sie auch sonst immer tun sollen, die Bavarian Lover? Heiterkeit war ihre Sache nicht, schreibt der Mühldorfer Berichterstatter. Solange sie also nicht stritten und rauften, sich beschimpften und gegenseitig die Schädel spalteten, »saßen sie im Wirthshause ziemlich trübselig beisammen«. Es war halt sonst nichts los. Ja dann, in Gottes Namen, pack ma's halt wieder. Oder um im Jargon des Physikatsberichts zu bleiben: »Der außereheliche Geschlechtsgenuß war ein alltägliches Vorkommniß, die Zahl der außerehelichen Kinder beträchtlich.«

Der alltägliche Kampf des Land-Stenzes war also auch immer einer gegen das Ennui des ruralen Daseins, gegen die »Idiotie des Landlebens« (Karl Marx) und ihre diversen bigotten Ausdünstungen. Selbst im kreuzkatholischen Land zwischen Isen und Salzach nahm der Stenz diesen Kampf auf. Der Ethnograf Bayerns, Joseph Friedrich Lentner, schreibt Mitte des 19. Jahrhunderts über die Altöttinger Gegend: »Das Mitbringen und Legitimiren außerehelicher Kinder bei Heirathen von beiden Seiten des Brautpaares, wenn diese auch von ganz verschiedenen Vätern und Müttern herrühren, ist hier so gang und gebe, daß bei Aufnahme der Ehepakten ohne Weiteres Braut wie Bräutigam gefragt werden: ›wie viel habt ihr Kinder?‹«

Waren die Drudscherl vom Land und ihre Dschamsderer also tatsächlich in moralischen Fragen so lax? Ludwig Thoma meint schon. In einem Essay mit dem Titel *Bauernmoral* in der Halbmonatsschrift *März* formuliert er sogar einen ehernen Gegensatz zwischen Stadt und Land. Einerseits sei da die rigide Sexualmoral des städtischen Bürgertums samt ihrer Kehrseite, der Prostitution; andererseits der freie Sexualverkehr vor der Heirat auf dem Land. Das war sicherlich zugespitzt und maßlos übertrieben, denn es ist gewiss nicht immer so liberal zugegangen, auf dem Land. Eine »Hahnaschlager Kreszenz« jedenfalls, wie sie uns Georg Queris in *Die Schnurren des Rochus Mang* vorstellt, hatte bestimmt nicht viel zu lachen, wenn sie mit dem fünften Kind schwanger war, wo die Gemeinde schon für vier sorgen musste, »weil sie nie einen Vatern weiß«. Und doch ist das bairische Land keineswegs prüde, was sich auch in der Literatur des Stammes niederschlägt. So lässt Oskar Maria Graf gleich sechzehn Stenze aufmarschieren, als im fiktiven niederbayerischen Marktflecken Aching ein sogenannter Theodor-Verein gegründet wird. Vom

Oberförster Jegerlochner, über den Friseur Atzlinger bis zum Bäckermeister Sesselbacher und nicht zu vergessen den Gendarmeriekommandanten Heuberger – um nur einige zu nennen – sind lauter honorige Herrschaften Mitglieder im Club. »Vereinszweck« ist ein Bub namens Theodor. Genauer gesagt, es ging um die Alimente für den Buben – pro Mann vier Mark im Monat, pünktlich am Ersten zu zahlen von jedem Vereinsmitglied, an eine »resche, prall gewachsene Person« namens Wally, die im »Grünen Baum« Kellnerin war.

Ob Grafs Vereinsgeschichte nun wahr ist oder nicht – sie hätte sich jederzeit so ähnlich abspielen können. Eines ist klar – faul war er nie, der bairische Land-Stenz. Kein Wunder, schließlich heißt es ja: »Wie der Herr, so's Gscherr.« Und die Wittelsbacher Herren waren in Liebesdingen beileibe vorbildliche Obertanen!

Stenz Royal

Kann ein König ein Stenz sein? »Unmöglich!«, schallt es von ganz rechts hinten, wo die paar versprengten Royalisten unter unseren Lesern plötzlich aus ihrem politischen Dornröschenschlaf erwachen, um lauthals zu protestieren: »Unmöglich! Niemals!« Denn der Adel habe schließlich immer schon gewusst, was sich gehört. Eben, könnten wir den Königstreuen hier entgegenhalten. Aber wir wollen nicht in billige Polemik verfallen. Drehen wir die Frage einfach einmal um, was nicht zwangsläufig auf dasselbe Ergebnis hinausläuft, weil in dieser Reihenfolge der »Stenz« vorne steht, also vor dem »König«, womit die Stenz-Essenz, die in (fast) jedem männlichen Wesen steckt, etwas deutlicher zum Tragen kommt. Also: Kann ein Stenz adlig sein? Ein Kurfürst sein? Oder gar ein König? Bevor wir die Antwort geben, lassen wir vor unserem geistigen Auge die adligen Ahnengalerien vorbeiziehen, und gleichen sie ab mit der Stenz-Definition des Münchner Regisseurs Helmut Dietl: »Von etwas windiger Eleganz, der jeweils herrschenden Mode immer einen Schritt vorausstolzierend, hat der Stenz die Pflege seines Haupthaares sowie die Pflege seiner Schuhe (von denen er unzählige besitzt) zu kultischen Handlungen entwickelt.« Wir kommen also zwangsläufig zu dem Ergebnis, dass die europäische Adelswelt das natürliche Biotop für den Stenz vieler Jahrhunderte war. Meistens war er »cool und lässig«, unser Adels-Stenz, »der jeweils herrschenden Mode immer einen Schritt vorausstolzierend«, stets »die Pflege seines Haupthaares und seiner Schuhe« fest im Blick, und natürlich auch die Umgangsformen, beziehungsweise das, was man zu seiner Zeit und in seinen Kreisen gerade dafür hielt.

Aber das sind nur die Äußerlichkeiten; modische Accessoires sozusagen, seiden oder manchmal auch nur halbseiden. Entscheidend für unsere Antwort ist die Jagd! Schon ein kurzer Blick in die Geschichtsbücher reicht, um zu sehen, dass die Jagd immer schon zu den adligen Lieblingsbeschäftigungen gehörte. Und zwar nicht nur die auf Vierbeiner, sondern auch die andere. Wobei die Zweibeiner nicht zwangsläufig vom anderen Geschlecht sein mussten, aber meist wohl waren.

»Jemanden die Stanz machen« bedeutet so viel wie »jemandem den Hof machen« – das werbende Verhalten des Stenzes und die höfische Welt des Adels gehören also bis in die Wurzelspitzen der Sprache hinein zusammen: Und obgleich wir uns durch und durch der Republik verpflichtet fühlen, wollen wir an dieser Stelle ein kleines Loblied auf unseren adligen Stenz anstimmen. Erstens aus Gründen der historischen Gerechtigkeit, denn er war es ja schließlich, der sich über die Jahrhunderte hinweg tapfer in die Bresche warf. Und zweitens wird in keinem anderen politischen System dem Adel mehr gehuldigt als in der Republik und dort insbesondere in der Demokratie. Lassen Sie uns also für ein paar Seiten richtig anständige Demokraten sein … und des Adels gedenken!

»Vorhang auf« – für Ludwig eins

Nein, nicht vom Bayernkönig des 19. Jahrhunderts soll hier die Rede sein; zu dem kommen wir später. Es ist ein anderer wichtiger Wittelsbacher, den wir an den Anfang unseres amourösen Reigens stellen wollen. Der bairische Herzog Ludwig I. (1173–1231), den man den Kelheimer nennt, weil er in Kelheim einem Attentat zum Opfer fiel, war ein kraftvoller und kämpferischer

Mann, dem es gelang, aus den relativ kleinen wittelsbachischen Besitzungen zielstrebig einen Territorialstaat Baiern zu schaffen. Ihm verdanken wir die Gründung so wunderbarer bairischer Städte wie Landshut, Straubing und Landau. Als Ludwigs Widersacher Graf Albert III. von Bogen starb, hielt der Herzog um die Hand der Witwe Ludmilla an. Sie war die Tochter des Böhmenherzogs Friedrich, obendrein sehr schön und auch gar nicht dumm. Sie ahnte zum Beispiel, dass Ludwig nicht nur ein abgedrehter Machtpolitiker war, sondern auch ein rechter Stenz. So jedenfalls wird es uns vom bairischen Geschichtsschreiber Veit Arnpeck (1440–1495) überliefert: Herzog Ludwig I., gerade mal 30 Jahre alt und somit im besten Stenz-Alter, beantragte jedenfalls eine Probenacht mit der feschen böhmischen Prinzessin. Ludmilla ihrerseits befürchtete, dass der Schwerenöter nur Probe fahren will, ohne anschließend den Kaufvertrag zu unterzeichnen. »So was freilich ziemt sich nicht«, sagte sich die schlaue Schöne, »deshalb muss zumindest eine mündliche Vereinbarung unter Zeugen her!« Aber woher Zeugen nehmen in so einem intimen Augenblick? Ludmilla verfiel auf einen Trick. Gott sei Dank gab es seinerzeit diese schweren alten Vorhänge vor den Betten. Ludmilla hatte den ihren mit drei schön gemalten Rittern verziert. Eines Abends lud sie also ihren Herzens-Herzog zu sich ein; die beiden landeten prompt in der Kiste, aber noch bevor der virile Baier richtig randurfte, nötigte ihm die böhmische Witwe einen Schwur ab: »Bei allen drei Rittern auf meinem Bett-Vorhang! Schwör, dass Du mich heiratest!«

Der Kelheimer murmelte irgendwas ins Kopfkissen: »Ja, ja, ist schon recht!« Aber das reichte der Prinzessin nicht. »Was hast g'sagt? Red deutlich!«, hakte Ludmilla nach. Nun sind Kelheimer, die deutlich reden, eher selten, könnte man an dieser Stelle einwenden. Aber das wäre erstens ungerecht und zweitens historisch auch nicht ganz richtig, denn der Herzog sagte laut und eindeutig vernehmbar: »Ja, ich schwör's ja, bei alle drei damischen Ritter!« Kaum hatte er das gesagt, da zog die Ludmilla, das Luder, den Vorhang zurück und sagte: »Gell, ihr habt's es alle g'hört!« Worauf die drei Ritter, die keineswegs nur gemalt waren, sondern aus Fleisch und Blut, eifrig nickten und unisono bestätigten: »Ja, genau, mia hammas g'hört, was er g'schworen hat, der Ludwig! S'Heirat'n hat er g'schworen!« Der Herzog war baff. Damit hatte er nicht gerechnet. Aber er hielt sein Wort und führte ein Jahr später die schlaue Gräfin vor den Altar. Ein frühes Beispiel dafür, dass der Stenz keineswegs immer schlauer ist als die Frauen, die er verführen will.

Trois maîtresses à la fois! oder: Oane geht no!

Nicht alle bairischen Herzöge und Kurfürsten waren Stenze und Hallodris. Es waren sogar ausgesprochen fromme Männer unter ihnen; Max II. Emanuel (1662–1726) gehörte bestimmt nicht dazu. Anders als sein Großvater Maximilian oder sein Vater Ferdinand Maria, die beide sehr gläubige, bescheidene und gottgefällig lebende Fürsten waren und den Münchner Hof zu einer Art Kloster machten, war Max II. Emanuel ein Schürzenjäger von besonderer Güte. Vor seiner Heirat hatte er so viele Affären, dass man sich in diplomatischen Kreisen bereits um die Gesundheit des 18-Jährigen sorgte, denn für die Syphilis, die sogenannte Franzosenkrankheit, gab es damals noch kein Heilmittel. Die »Libertet« des jungen Fürsten, also sein ausschweifender Lebenswandel, beschränkte sich auch dann nicht auf nur eine Mätresse, als er endlich unter der Haube war. Bald schon fing er an, sich mit seiner Gattin Maria Antonie zu langweilen und wieder auf die Jagd zu gehen. Als er mit Freunden 1686 zum Faschingfeiern nach Venedig fuhr, schickte ihm der Schwiegerpapa in Wien, Kaiser Leopold I., einen Pater als Aufsicht mit, damit es der junge Kurfürst nicht allzu sehr krachen ließ in der diesbezüglich recht verrufenen Lagunenstadt an der Adria. Max Emanuel war in diesem Zusammenhang keine Ausnahme, schreibt Britta Kägler in *Frauen am Münchner Hof (1651–1756)*: »Sobald der Reiz des Neuen verschwunden und die Anfangsphase der kurfürstlichen Ehe durchlaufen oder der ersehnte Sohn geboren worden war, wandten sich die bairischen Kurfürsten häufig (wieder) verstärkt ihren Mätressen zu.«

Vor allem Max II. Emanuel liebte die flotte Fahrt auf dem erotischen Liebeskarussell: »Bitte rasch zusteigen, meine Damen, die Fahrt geht gleich weiter, der Fürst wartet nicht gern!« So ähnlich könnte die Durchsage gelautet haben. Mätressen waren in der lebenslustigen Barockzeit übrigens längst kein sittliches Problem mehr, auch dann nicht, wenn sie öffentlich als Geliebte auftraten. Nur, dass Max Emanuel halt nicht nur eine einzelne aktuelle Mätresse hatte, sondern zeitweise gleich mehrere parallel. Erobern, besitzen, fallen lassen, neue Eroberung machen! Ein echter Jäger! Und diesbezüglich kaum kurierbar. Da konnte sich der bairische Adel das Maul zerreißen, wie er wollte. Der pfalz-neuburgische Gesandte schreibt damals an seinen Herzog: »Max Emanuel lebt annoch in völliger libertet mit allerhandt excessen, so seiner Reputation, und Gesundheit schaden, iedermann doliert, ist betruebt, und Herzog Max seufzet, es khans aber niemandt abstellen, oder anderen; dan wan man ihme etwas abrathet, so ihme nit gefalt, antworthet er khein Worth darauf, sondern schweigt still, und machts hernach ärger als vorhero, er lasst nit wissen woh er hinreiten wolle, bis er schier aufsizt.« (Zitiert nach B. Kägler)

Das Wohin war ihm vielleicht auch gar nicht so wichtig.

Hauptsache: Aufsitzen! Max Emanuel war der Schrecken aller Väter, denn wo der junge Kurfürst auftauchte, sorgte man sich in Adelskreisen um die – sofern noch vorhandene – Jungfernschaft der Töchter und mehr noch um den Ruf der Familie. Denn als Kurzzeit-Mätresse, die bald wieder fallen gelassen wird, hat so eine verlassene Geliebte bald einen schweren Stand; und ihre Familie ebenso. Man könnte sich also durchaus vorstellen, dass es am Ende des 17. Jahrhunderts in München manchmal hieß: »Doads de Dechda weg, da Kurfürst kimmt!« Oder in Adelskreisen eher: »Trois maîtresses à la fois, drei Geliebte auf einmal! Ja, kriegt der Mann denn nie genug?«

Die Antwort lautete: Nein! Einmal Stenz, immer Stenz! Selbst als 38-Jähriger scheint sich Max Emanuel noch nicht wirklich gebessert zu haben. Der französische Erzbischof und Schriftsteller François Fenélon bezeichnete den bairischen Kurfürsten zwar als Mann mit Esprit, verurteilte ihn aber als »schwach in der Lebensweise und verderbt in den Sitten«, nicht zuletzt wegen seiner Mätressenwirtschaft.

Dabei hatte Schäferstund' durchaus Gold im Mund – zumindest für die langjährigen Geliebten des Fürsten. Anders als die zahlreichen namenlosen Gschpusis durften fest installierte Mätressen mit finanziellen und anderen Gunstbeweisen des First Lover im Staat rechnen. Und obendrein mit der gesellschaftlichen Anerkennung in höfischen Kreisen. Mademoiselle de Montigny und Agnes Louchier etwa, die fest installierten Mätressen des Baiern-Kurfürsten, waren nie nur Beischläferinnen, sondern politisch und kulturell sehr einflussreich. Allerdings wurde eine Mätresse in Baiern nie zu einer öffentlichen Institution am Hofe, vergleichbar etwa mit der französischen Madame de Pompadour in Paris. Dafür sorgte schon die bairische Kurfürstin. Zum Beispiel Therese Kunigunde, die zweite Frau Max Emanuels. Sie wurde nicht müde, ihrem Mann deftige Ehe-Szenen zu machen wegen seiner Affären. Er konnte sich also nur heimlich mit seinen Mätressen treffen; die Kurfürstin durfte auf keinen Fall davon erfahren. Ganz alltägliche Probleme eines ganz normalen Stenzes also? Fast, denn immerhin konnte sich Max Emanuel – neben den drei Kindern aus erster Ehe, und den neun, die er mit Therese Kunigunde hatte – noch mindestens drei weitere Kinder von zwei Mätressen leisten. Die waren nicht schlechter versorgt als die ehelichen. Max Emanuels Lieblingssohn etwa stammte aus der langjährigen Beziehung mit seiner Geliebten Agnes Louchier.

Freilich, auch ein Stenz braucht manchmal ein geregeltes Leben, und wenn es nur mit der Geliebten ist. Die wiederum musste natürlich standesgemäß versorgt werden. Am besten mit einem Herrn, der keine großen erotischen Ansprüche stellte, weil er selbst »stenzmäßig« unterwegs war. Damit waren gleich mehrere Fliegen auf einmal geschlagen, und es war eine Ehrensache, dass der Kurfürst sich persönlich einmischte, wenn es darum ging, einen solchen standesgemäßen Ehegatten für die eigene Geliebte zu finden. Natürlich beteiligte er sich dann auch großzügig an den Hochzeitskosten. Findige Historiker haben ausgerechnet, dass der Anteil, mit dem Max Emanuel 1715 die Hochzeit seiner Mätresse Mademoiselle de Montigny sponserte, etwa 4,6 Prozent der bairischen Staatseinnahmen ausmachte, während die soziale Lage der bairischen Bevölkerung alles andere als rosig war. Sie litt erst ein Vierteljahrhundert unter der Herrschaft ihres liebes- und machthungrigen Kurfürsten, danach unter der grausamen Besatzung durch die Habsburger, und von 1714 an wieder unter jenem Kurfürsten, der aus dem Exil auftauchte, um erst einmal ein Zwanzigstel des Staatshaushaltes für die eheliche Versorgung seiner Geliebten auszugeben. »Hund' warn's scho, die Wittelsbacher«, mag da mancher sagen. Andere tun sich eher schwer mit der Verklärung des Barockzeitalters in Baiern. Aber kehren wir zurück zu den schönen Dingen des Lebens.

Zum Beispiel zu den Schäferstündchen von Karl Albrecht (1697–1745). Der Thronfolger und Jung-Stenz war ganz der Sohn Max Emanuels und vergnügte sich vorzugsweise mit seinen zahlreichen Geliebten im Swimmingpool des Herrn Papa. Platz genug war vorhanden, denn die Badenburg im Nymphenburger Schlosspark war so groß wie eine durchschnittliche Zweizimmerwohnung heute. Ausgestattet mit holländischen Fliesen, Stuckmarmor und einem Deckenbild voller Nymphen und Najaden galt sie als erstes beheizbares Hallenbad der Neuzeit. Die Herrschaften mussten also nicht frieren, und man war schnell einsatzbereit, ohne die Damen voll in die Hofgesellschaft integrieren zu müssen. Außer natürlich, wenn sie ohnehin schon im Haus waren – zum Beispiel als Hofdamen oder Kammerfräulein der eigenen Frau, Mutter, Schwester oder Schwägerin. Karl Albrecht hat wirklich nichts ausgelassen, was mit Wein und Weib in Verbindung zu bringen war. Wenn sonst schon nichts – den zweifelhaften Ehrentitel »violenter junger Tollhans« hatte er sich redlich und vor allem selbst erarbeitet. Historiker, die akribisch die Briefwechsel, Schenkungen und Verzeichnisse illegitimer Kinder im kurbairischen Hofkalender geprüft haben, kommen zu dem Ergebnis: Karl Albrecht hatte so viele Geliebte, dass eine vollständige Auflistung der Damen schier unmöglich ist. Übrigens, sein Bruder Clemens August soll ihm diesbezüglich nicht nachgestanden haben. Die Tatsache, dass er als Kurfürst und Erzbischof von Köln eigentlich ein Kirchenmann war, erwies sich nicht als gravierendes Hindernis. Doch zum Themenkreis »Stenz sakral« kommen wir an anderer Stelle.

Immer des Gschiss mit der …

… Elli natürlich! Dieser Satz ist ein Klassiker – wenn schon nicht der Weltliteratur – so doch der bayerischen Fernsehgeschichte. Die Elli (unvergleichlich dargestellt von Gisela Schneeberger) ist die Ex-Geliebte des »Monaco Franze« in der gleichnamigen Fernsehserie des Bayerischen Rundfunks. Die Elli ist hartnäckig, sie duldet keine neuen Göttinnen neben oder gar über sich, beziehungsweise neben oder über dem Franze. So was ist für einen echten Stenz natürlich ein Hemmnis, der Franze hatte also richtiggehend ein amouröses Entsorgungsproblem. »Wohin mit der Elli?« lautete die Frage. Schluss machen, klar. Aber wie? Was soll man denn sagen, wenn der »primus fervor amoris« erloschen ist; oder anders formuliert: wenn der Franze die Elli halt endgültig satt hat, sie ihm aber dauernd auflauert. Zum Beispiel, wenn der Monaco mit seiner neuen Flamme in der Stammpizzeria verabredet ist. Das ist ein wahres Gschiss d'amour!

Und solch ein Gschiss ist nicht leicht zu beheben. Es hat die Stenze aller Zeiten beschäftigt und manchmal sogar gequält. Zum Beispiel den Pfälzer Kurfürsten Karl Theodor (1724–1799), der 1777 das Herzogtum Baiern erbte, nachdem die bairische Linie ausgestorben war. Karl Theodor bestimmte München zu seiner neuen Residenz; zurück blieb seine unglückliche Gemahlin, die Kurfürstin Elisabeth Augusta. Die beiden hatten – gelinde gesagt – kein gutes Eheverhältnis. Eigentlich nie, aber seit dem Tod des gemeinsamen Kindes wurde es von Jahr zu Jahr unersprießlicher. Erotische Abenteuer und außereheliche Liebschaften waren bald die Regel. Dass Karl Theodors Mätresse Françoise Després-Verneuil 1764 einen Sohn zur Welt brachte, verbitterte die kinderlos gebliebene Kurfürstin aufs Äußerste. Aber die Verneuil und das Kind starben schon kurze Zeit später an Schwindsucht. Karl Theodor suchte sich eine neue Mätresse und fand eine sehr junge Frau namens Josefa Seiffert. Sie gebar ihm 1768 eine Tochter. Wieder litt die Kurfürstin, weil die Jungmutter immer mit dem Kinderwagen vor ihrem Fenster auf und ab schob. Als die Seiffert 1771 starb, war der Kurfürst zunächst vor Trauer am Boden zerstört. Und tröstete sich fortan mit wahllosen Geliebten. Er floh in sexuelle Abenteuer und scheute auch nicht davor zurück, die Hofdamen seiner Gattin anzubaggern. Eine der Auserwählten hieß Baronesse von Leutrum. Die Kurfürstin war überhaupt nicht amused über diese Affäre ihres Mannes, sie wollte die Baronesse in die Wüste schicken. Da allerdings intervenierte der Kurfürst. Er war seinerseits ziemlich erbost über die Frechheit seiner Frau und nahm die Kündigung des adligen Dienstfräuleins wieder zurück. Die Leutrum blieb, zwar nicht mehr als Hofdame der Fürstin, dafür aber als Geliebte des Fürsten.

Mag gut sein, dass Karl Theodor diese Entscheidung bald schon bitter bereute. Denn eines nicht allzu fernen Tages hatte er die Leutrum satt und wollte sie loswerden. Aber alles gute Zureden half bei der Baronesse nicht. »Ich bleib in Mannheim«, stellte sich die Geliebte stur, sie wollte einfach nicht vom Hof gehen. Wie die Elli vom Monaco Franze. Aber da kam dem Kurfürsten die rettende Idee: Die Alte wird kurzerhand delogiert, wie man in Österreich sagen würde. Auf Deutsch – und etwas weniger charmant – bedeutet das: Zwangsräumung!

Die Leutrum ahnte wohl schon, was da auf sie zukommt, deshalb sperrte sie sich in ihr Zimmer ein. »Tür aufbrechen!« lautete der Befehl des Kurfürsten. Für so etwas hatte man seinerzeit natürlich seine Leute, da musste man nicht selbst zum Brecheisen greifen. Der sogenannte Hoffourier war zuständig »für die Gäste, welche bey einem fürstlichen Hofe ankommen, wie auch für die Quartiere der bey Hofe wohnenden Personen sorget«, wie es in der *Oeconomischen Encyclopädie* (1773–1858) von J. G. Krünitz heißt. Der Hoffourier war aber nicht nur für die ankommenden, sondern auch für die hoffentlich bald abreisenden Gäste zuständig. Also auch für die Baronesse Leutrum! Deshalb besorgte er sich einen Diener als Mitstreiter, öffnete die Tür, trat ins Zimmer und – wummms! – da hatte er schon – Pardon! – eins mitten in seinem Hoffourier'schen Angesicht. Und zwar schmerzhafterweise mit dem Schlüsselbund! Baronesse Leutrum war also offensichtlich eine sehr leidenschaftliche Frau. Und sie schonte auch den Diener des Hoffouriers nicht. Der bekam nämlich einen Leuchter auf den Schädel! Wie viele Personen letztendlich mitgewirkt haben bei der endgültigen Delogierung der Baronesse, ist nicht überliefert; zwei dürften wohl nicht gereicht haben, da die Dame sich mit Händen und Füßen wehrte.

Durch diesen unbotmäßigen Auftritt verwirkte die Baronesse fortan jeden Anspruch auf eine Pension, die ihr als kaltgestellte Mätresse zugestanden hätte. Das freilich brachte die junge Frau erneut in Rage. Sie sann auf Rache. Eines Tages, als Karl Theodor wieder einmal nach Baiern reiste, folgte ihm die Baronesse. Verkleidet als Mann lauerte sie dem Kurfürsten bei einem seiner Morgenspaziergänge im Nymphenburger Park auf. Das war dann doch zu viel. Wer weiß, was dieser Person noch alles eingefallen wäre? Man bewilligte ihr lieber eine Pension, damit sie endlich Ruhe gab. Immer dieses Gschiss mit der Leutrum!

Der Frauensammler oder Schönheit als politisches Programm

Stenze sind zwar Männer, aber trotzdem lernfähig. Manchmal wenigstens! So etwas wie mit der Leutrum ist den Wittelsbachern vermutlich nicht mehr passiert! Ärger wegen der Weiber hat es später trotz allem noch jede Menge gegeben. Womit wir beim royalen Oberstenz wären – bei König Ludwig I. (1786–1868). Er war der Mann fürs Schöne! Schönheit war für ihn ein politisches Programm, denn der Monarch hatte früh erkannt, dass eine Mittelmacht wie Baiern im Konzert der europäischen Staaten nie die erste Geige spielen konnte. Deshalb beschloss er, das bis dato eher verschlafene München als Kunst- und Architekturmetropole international ganz vorn zu positionieren. Ludwig I. betrieb aktive Kulturförderung und gestaltete die von ihm in Auftrag gegebenen Bauwerke persönlich mit. Ein Athen an der Isar – das war das Ziel. Und so entstanden die im griechischen Stil errichteten Bauten des Königsplatzes – die Glyptothek, die Propyläen, die Antikensammlung. Aber auch der Odeonsplatz mit der Feldherrnhalle nach dem Vorbild der Loggia dei Lanzi in Florenz. Oder die Ludwigstraße samt Siegestor, das dem Konstantinsbogen in Rom nachgebildet ist.

Wie auch immer, an der Isar hat nicht nur das Schöne stets Saison, sondern auch die Schöne. Und das weiß niemand besser als der Stenz. Spätestens wenn die ersten Sonnenstrahlen im Spätwinter zaghaft die Pflaster der Stadt erwärmen, genießt der frost- und stilsicher verpackte Münchner Stenz im Straßencafé seinen ersten Freiluft-Cappuccino und grüßt hinauf zum Schutzpatron aller Stenze, zu König Ludwig auf dem Pferde. Mitten am Münchner Odeonsplatz sitzt Majestät recht erhaben auf seinem Ross, links und rechts neben sich zwei Pagen, die Tafeln tragen – »GERECHT« und »BEHARRLICH« steht drauf. Beides trifft auf Ludwigs Umgang mit schönen Frauen zu – denn beharrlich war er in dieser Hinsicht bis ins hohe Alter hinein; und gerecht auch, weil er in Frauenfragen keinerlei Stammes- oder Standesunterschiede gelten ließ. Hauptsache schön! Ludwig war also zumindest in dieser Hinsicht Demokrat und Internationalist, wie wir noch sehen werden.

Schaut man sich diesen Ludwig hoch zu Ross genauer an, erkennt man, dass er von seinem Reiterstand auf den Odeonsplatz hinuntergrüßt, wo die Schönen der Stadt flanieren und wo der Stenz im Straßencafé schon auf Beute lauert. Der freundliche Blick des Königs ist für diesen Stenz wie eine Aufforderung: »Gemma, gemma, meine Herren! Nur nicht müde werden!«

Der Stenz erkennt also das Startsignal, wirft einen ersten Blick hierhin, ein Lächeln dorthin, ein kurzes Nicken hinüber zum Nachbartisch, wo das hübsche Fräulein sitzt; sein Augenzwinkern kommt vielleicht noch ein wenig zaghaft, er muss sich halt erst noch warmflirten, unser Stenz. Denn ihm steckt die Winterstarre noch in den Gliedern. Das »Dolce far niente« als Grundlage für alle Stenzereien will ausgiebig geübt sein: das Flanieren vor Publikum in den gut gefüllten Straßencafés der Maxvorstadt, das legere Lustwandeln durch den zauberhaften Hofgarten oder der kleine, unschuldige Frühlingsflirt vor historischem Ambiente in Deutschlands prominenter Singlehauptstadt. Der Begriff Singlehauptstadt ist bewusst gewählt, auch wenn immer wieder Statistiken auftauchen, aus denen hervorgeht, dass zum Beispiel in Hannover viel mehr alleinstehende Menschen wohnen. Aber »allein in Hannover« hat vermutlich mehr mit Einsamkeit zu tun als mit Singledasein. Deshalb bleibt der Titel München vorbehalten.

Jedenfalls wollen all die genannten Stenzereien stets fleißig trainiert werden, mit der nötigen Lässigkeit, versteht sich. Denn der Stenz ist Teil der bairischen Italianità und ihrer ganz besonderen Choreographie. »Nördlichste Stadt Italiens« zu sein, das war eben nie nur Spaß, sondern von jeher ein Auftrag. Wie zahlreiche Wittelsbacher vor ihm war auch König Ludwig I. ein großer Italienfan. Schon als 18-Jähriger reiste er nach Venedig und verliebte sich – zunächst nur in die Kunst. Ob es die anregende Wirkung des Weines oder der Duft der Pinien war, die ihm die

Sinne trunken machten, im Land, wo nicht nur die Zitronen blühen, sondern manchmal auch die Bäckchen glühen? Vor lauter Leidenschaft! Vermutlich war es doch vor allem eines: Amore! Der italienische Gott der Liebe! Er hatte schon oft seine Pfeile abgeschossen – mitten hinein ins Herz prominenter bairischer Stenze. Und Stenzinnen! Denken wir nur an Theodelinde im sechsten Jahrhundert. Die Herzogstochter schnappte sich einen Italiener, also etwas genauer gesagt einen Langobarden-König, obwohl sie ja eigentlich mit einem Merowinger verlobt war. Der Drang nach Süden war halt stärker. Ob es wirklich eine Liebesheirat war?

Aber wen kümmert schon ein Ehebund? Den Nürnberger Künstler Albrecht Dürer offenbar nicht, denn der reiste im Oktober 1494 – drei Monate nach seiner Vermählung – ganz allein nach Italien. Dürer hatte ein ausgeprägtes Interesse an menschlichen Körpern beiderlei Geschlechts. Wen oder was er da in Italien genau studiert hat? Gute Frage! Manche seiner Biografen vermuten, dass sich der Meister damals viel im italienischen Rotlichtmilieu herumgetrieben hat. Syphilis und Unfruchtbarkeit sollen die Folge gewesen sein. Nun ja, was tut ein Stenz nicht alles für die Kunst!

Kunst- und italienbegeistert war auch der bairische Kurfürst Ferdinand Maria. Er heiratete im Jahr 1650 als 14-Jähriger die gleichaltrige Henriette Adelaide von Savoyen. Ohne sie vorher gesehen zu haben. Ganz schön riskant, möchte man meinen. Aber bei einer Prinzessin aus Turin kann man solch ein Risiko schon mal eingehen. Das bairisch-italienische Blind Date hatte für München übrigens ausgesprochen positive Folgen. Die Turinerin brachte den Barock nach Baiern, ließ Schloss Nymphenburg bauen, die Theatinerkirche errichten – und rauschende Feste in der Residenz veranstalten.

All diese Italienbegeisterung mag auch Ludwig I. schon im

Gepäck gehabt haben, als er über die Alpen reiste und bald nicht nur der Kunst verfiel, sondern auch einer Frau. 1805 lernte der 18-jährige Ludwig in Neapel die amerikanische Diplomatentochter Mary Livingston kennen und verliebte sich so sehr, dass er aus dieser Erfahrung sein Lebensmotto ableitete: »Ich lieb in jungen und alten Jahren.« Ein Vorsatz, dem Ludwig treu blieb – wenn er es auch sonst nie war. Unzählig waren seine Frauenbekanntschaften: Primadonnen in Paris, hübsche Gräfinnen in Warschau, ungarische Adlige, Würzburger Opernsängerinnen, bodenständige Münchner Madel. Egal ob blond, ob schwarz oder braun – der kunstsinnige Monarch liebte sie alle. Hübsch mussten sie halt sein. Dabei war der Stenz royal selbst gar nicht so attraktiv. Er redete stets laut, weil er schlecht hörte, und er stotterte. Nicht die besten Voraussetzungen für einen erfolgreichen Royal-Playboy, möchte man meinen. Dazu kam, dass er verheiratet war. Aber er war halt König, und so wurde die Liste seiner Liebschaften bedeutend länger als es seiner braven Gattin Therese von Sachsen-Hildburghausen recht sein konnte. Dass ihre Hochzeit 1810 eine Zweckheirat war, hatte der Kronprinz ihr schnell klargemacht. Schon die Hochzeitsnacht verbrachte der Wittelsbacher aushäusig. Trotzdem zeugte er mit Therese neun Kinder und machte ganz nebenbei der Damenwelt Europas den Hof. Praktisch rund um die Uhr war Ludwig im Liebesrausch – er fasste seine Gefühle in Verse, aus Liebesglut wurde Lyrik. Keine große Kunst zwar, aber eine andauernde, wie Ludwigs Gedicht *An die Liebe* zu entnehmen ist:

Ohne Liebe wäre nicht die Erde,
Ohne Liebe selbst der Himmel nicht;
Liebe, welche sehnend ich begehrte,
Du allein bist meines Lebens Licht.

Deine Feuerstrahlen laß mich saugen,
Nicht an Zukunft denken, nicht zurück,
In dein Glutenmeer entzückt mich tauchen,
Fühlen, fühlen nur in dir mein Glück.
Bloß die Liebe kann die Liebe lohnen,
Nur dem Herzen schenket sich das Herz;
Ohne sie sind eine Last die Kronen,
Ach! es heilt kein Thron des Herzens Schmerz.

Ludwig war verliebt ins Verliebtsein. Gelegentliche Gewissensbisse wegen der »entzückten Glutenmeertaucherei« oder des aushäusigen Saugens am Feuerstrahl (respektive sonstwo) ließ sich der brave Katholik mithilfe kirchlicher Gutachten von der Seele theologisieren. Auch das ist ein Stück katholisches Bayern, wo zwischen Beichtstuhl und Spendenquittung gern mal ein Gentlemen's Agreement gefunden ist. Ein kleines Paradies für Stenze also! Weshalb der Reigen für Ludwig leichten Herzens weitergehen konnte. Mal waren es Bürgermädel, mal Prinzessinnen, mal dauerte es kurz und mal länger – wie mit Marianna Florenzi (1802–1870) aus Perugia. In 3000 Liebesbriefen von Marianna und 1500 Antwortschreiben Ludwigs tauschten die beiden Gedanken und Gefühle aus, und in 400 gemeinsamen Nächten noch manch anderes: Marianna wurde schwanger und brachte den gemeinsamen Sohn Vico zur Welt (der offiziell dem Gatten der Marquesa als Sprössling zugesprochen wurde). »Italien mit Teutschland zart vereinet« dichtete der bairische Poetry-Stenz, der in Liebesdingen stets global dachte und handelte, für seine Mariannina:

Nur eins und auf das Höchste mannichfaltig
Ist's Schöne, bist du, Schönste ja von Allen;
Gefällst, entzückst, nicht suchend zu gefallen,
Du, deren Inneres ist so gehaltig.

»Gehaltig« war sie in der Tat, die bezaubernde Marchesa. Sie war nämlich nicht nur schön, sondern vor allem auch blitzgescheit. Als eine der ersten Frauen hatte sie in der ersten Hälfte des 19. Jahrhunderts Naturwissenschaften an der Universität Perugia studiert. Sie übersetzte philosophische Werke und schrieb eigene Bücher. 1850 etwa machte sie sich *Einige Gedanken über den Sozialismus und Kommunismus*; das Buch landete wie schon andere ihrer Werke prompt auf dem kirchlichen Index verbotener Bücher. Ludwig war fasziniert von dieser gefährlichen Frau. Er hatte Marianna Florenzi bereits 1824 von Heinrich Maria von Hess und 1828 von Joseph Karl Stieler porträtieren lassen, die beiden Gemälde befinden sich heute übrigens in Schloss Nymphenburg bzw. in der Neuen Pinakothek in München. Neben Marianna ließ der oberste Landesherr auch viele weitere seiner Geliebten malen und in der Schönheitengalerie auf Schloss Nymphenburg verewigen. Obwohl er sich nicht allen seinen Damen gegenüber so generös erwies, blieben die meisten Mätressen trotzdem demütig und gefügig – bis über das Verfallsdatum hinaus. Denn König Ludwig wusste seine Auslaufmodelle geschickt zu entsorgen, er entwickelte eine Art erotisches Recyclingverfahren. Manche Geliebte bekam als Abwrackprämie nur ein Gebetbuch mit königlicher Widmung, andere wurden handwarm an irgendeinen Kammerdiener, Leibjäger oder Finanzbeamten zu baldigster Verehelichung weitergereicht. Der oberste Landesherr als oberster Liebhaber sorgte sich eben um seine Schäflein. Eine Frucht des Ludwig'schen Liebesreigens soll übrigens auch der spätere Münchner Erzbischof Antonius von Thoma gewesen sein, der 1829 in Nymphenburg – offiziell als Sohn eines Leibjägers – zur Welt gekommen war. Ach ja, die Leibjäger, gell.

Natürlich war Ludwigs Mätressenwirtschaft bald schon landesweit bekannt. Seine Angetraute Therese litt im heimischen goldenen Käfig, was dem Monarchen ziemlich egal war – er war halt ein echter autokratischer Tyrann, nicht nur gegen seine Untertanen, sondern auch daheim. Und geizig war er wohl obendrein, denn Therese, so ist überliefert, musste um jeden neuen Wintermantel betteln. Ludwig brauchte sein Geld eben anderswo. Für Prachtbauten wie die Pinakothek, die Feldherrnhalle oder das Siegestor. Und natürlich für seine Mätressen. Der Tänzerin Lola Montez, die selbst nicht mehr ganz taufrisch war, als sie des alten Königs Leidenschaft mit entblößtem Busen zu entfachen vermochte (so wurde es wenigstens kolportiert), opferte Ludwig nicht nur Geld, teuren Schmuck und ein Haus in bester Lage, sondern am Ende im Liebesrausch sogar seinen Königsthron.

Die Lola-Affäre hatte das konservative bairische Bürgertum schwer erbost. Alle seine vorherigen Liebschaften waren nämlich privater Natur. Jetzt aber wurde es politisch. Lola Montez – angeblich eine spanische Tänzerin, die in Wahrheit Gilbert hieß und von einem schottischen Offizier abstammte – machte sich den König gefügig. Der 60-Jährige sollte sie sogar zur Gräfin Landsfeld erheben. Damit verscherzte es sich Ludwig endgültig mit den konservativ-katholischen Kreisen. Es kam zu Studentenunruhen, die Menge drohte das Haus der Mätresse zu stürmen. Ludwig griff persönlich ein, um Schlimmeres zu verhindern, und am Ende musste er seine Geliebte aus München fortschicken. Kurz danach trat der König, der 23 Jahre lang als Autokrat herrschte, in den Wirren der 1848er-Revolution, die aus Frankreich herübergeschwappt war, zurück. Ludwig war am Ende tief verletzt in seinem Monarchenstolz. Aber nicht in seinem Mannesstolz. Sein Lieblingshobby, die Liebe, hat er nie aufgegeben, auch wenn sich der nimmermüde Stenz royal am Ende doch eher als alter Depp erwies. Längst abgedankt durch Volkes Gnaden, bäumte er sich – als 72-Jähriger – noch einmal richtig auf und machte der 20-jährigen Hofdame seiner Tochter Avancen. Vergeblich. Diesmal bekam der schwerhörige Ex-König endgültig einen Korb. Aber was sollte er denn sonst machen? Er war halt ein Liebesjunkie, bis zum Schluss, wie er in seinem Gedicht *Liebesklage* offenherzig zugegeben hat:

Lieben muß ich, immer lieben,
Sei's auch meines Lebens Grab,
Lieben werde ich noch drüben,
Sinkt zur Gruft das Herz hinab.

Als dieses Herz, das so oft und heftig für schöne Frauen raste, am 29. Februar 1868 in Nizza zu schlagen aufhörte, war von Ludwig längst testamentarisch verfügt, dass es an einem besonderen Ort, einem Gnadenort, aufbewahrt werden soll: »Mein Herz hat, dem Brauch gemäß, zu denen meiner Regierungsvorfahren nach Alt-Ötting zu kommen.« Mit den konservativen Katholiken war er also wieder ausgesöhnt. Und die Münchner hatten ihm auch längst verziehen. »Errichtet aus Dankbarkeit von der Stadt München« heißt es auf dem Reiterstandbild am alten Odeonsplatz. Und so steht er also dort oben, der alte Stenz und grüßt herunter, so als wollte er sagen: »Ein kleiner Flirt mit einer Hübschen im Straßencafé? Warum nicht! Schöne Kunst und schöne Frauen waren bei mir ja immer Teil der Staatsräson.«

Der verhinderte Stenz

Er war so schön, dass die Frauen reihenweise in Ohnmacht fielen, wenn er bei Empfängen auftauchte. Er hätte der bairische Parade-Stenz werden können, hätte noch viel mehr Frauen haben können als sein Opa Ludwig I. Alle hätte er haben können, der Reihe nach! Denn Ludwig II. war ein royaler Popstar, und ein gut aussehender Mann, zumindest in jungen Jahren. Wenn, ja wenn er bloß nicht – wie sagt man gleich wieder in eher verklemmten Kreisen? – diese »Neigungen« gehabt hätte. Oder um es etwas deutlicher zu sagen: Schwul war er, der Kini! Und alle haben's gewusst. Schon zu Lebzeiten kursierten im Volk Witze über seine heimlichen Leidenschaften.

Nur die Königstreuen und die König-Ludwig-Vereine tun sich bis heute ein bisserl schwer mit dieser Einsicht. Vermutlich liegt es daran, dass sie andernfalls Bayerns größte bekennende Schwulenunterstützer-Community wären. Die alljährlichen Wintertreffen im oberbayerischen Landkreis Freising würden als »Gammelsdorfer Gay-Parade« firmieren und das bedeutendste Schwulenevent nach dem Christopher Street Day in München darstellen. Das freilich wäre von unseren braven, königstreuen Patrioten und Patriotinnen dann vielleicht doch etwas viel verlangt! Weshalb man tapfer jene Hetero-Geschichten aufrechterhält, die den König durch die Darkrooms seiner Traumschlösser hinter irgendwelchen (weiblichen) Zimmermädchen herjagen lassen. Oder noch lieber: Man lobt den verehrten König in eine Art asexuelles Zwischenreich hinein, wo er zwar nicht als unwiderstehlicher Frauenheld erotische Abenteuer bestehen muss, wo er aber auch keinen »überirdisch schönen Jünglingen« begegnet, denen er zum Opfer fallen könnte – weil er ja bereits ganz der Kunst und der Fantasie verfallen ist. Irgendwie scheint ein schwuler König nicht in die Klischee-Landschaft zu passen.

Dabei war Baiern seinerzeit schon recht liberal, viel liberaler als Preußen. Homosexualität wurde im Königreich seit 1813 nicht mehr strafrechtlich verfolgt, auch wenn es weiterhin als schwere Sünde galt. Erst mit der Gründung des Deutschen Reiches 1871 zog jener Un-Geist des »Wilhelm, von Gottes Gnaden Deutscher Kaiser, König von Preußen etc.« ein; und mit ihm das Strafgesetzbuch des Deutschen Reiches, in dem es plötzlich wieder hieß: »Die widernatürliche Unzucht, welche zwischen Personen männlichen Geschlechts oder von Menschen mit Tieren begangen wird, ist mit Gefängnis zu bestrafen; auch kann auf Verlust der bürgerlichen Ehrenrechte erkannt werden.«

König Ludwig hatte also allen Grund, seine »Verbrechen« nach §175 geheim zu halten. Autoren wie der Kulturhistoriker Klaus Reichold sehen darin auch den Grund für Ludwigs Flucht aus der Öffentlichkeit nach der Reichsgründung und dem faktischen Ende bairischer Eigenstaatlichkeit. Vor diesem Hintergrund wird auch deutlich, warum Ludwig pathologisiert, entmündigt und abgesetzt wurde. Denn nicht nur das Volk wusste gerüchtehalber von den »Neigungen« des exzentrischen Monarchen. Auch auf diplomatischem Parkett munkelte man. Und mehr noch: 1885 erwähnte der Diplomat Philipp zu Eulenburg in einem Brief an Bismarck Ludwigs »sehr energische Zuneigung zum jüngeren Stallpersonal«.

Ob der König seine homoerotische Veranlagung wirklich ausgelebt hat? Es gibt da berechtigte Zweifel unter den Historikern. Ludwig hat sich demnach sein Schwulsein nicht zugestanden, hat ein Leben lang dagegen angekämpft, seiner Sehnsucht nach Nähe und einem erfüllten Liebesleben nicht nachgegeben, weil er die Liebe zu Männern moralisch verurteilte und lieber die Keuschheit zu seinem persönlichen Ideal erhob. Eine traurige Geschichte! Nur gut, dass die Christopher-Street-Day-Teilnehmer von heute ihren Märchenkönig wenigstens posthum befreien und den Kini ganz selbstverständlich als einen der ihren betrachten.

Dass es auch in unseren Tagen noch verhinderte Stenze gibt, die ihre Homosexualität nicht ausleben, belegen die tragischen Geschichten von zwei schwulen Münchnern, die ein trauriges Ende nahmen. Der eine ist Walter Sedlmayr, der von sich sagte: »Einen Stenz mit Bauch und wenig Haar' gibt's ned und deshalb war i nie einer ...!« Aber weil er vermutlich jede Menge kennengelernt hatte, die welche waren, konnte der Sedlmayr den idealtypischen Stenz recht genau beschreiben: »Ein Mensch bis zu 30/35, der sich nach der neuesten Mode des vergangenen Jahres kleidet, gut und ›laut‹ riecht und pomadige Haare hat. Der Stenz hält viel von sich und gibt sich sehr lässig.« Sedlmayr war ein wohlhabender Mann und ein berühmter Schauspieler – der Inbegriff des bairischen Grantlers! Erst als er 1990 ermordet in seiner Wohnung in der Elisabethstraße aufgefunden wurde, kam nach und nach das Privatleben des Volksschauspielers ans Licht der Öffentlichkeit. Es passte so gar nicht zum Image des dackelbesitzenden Trachtenspießers. Sedlmayr hatte seine Homosexualität und die Neigung zu sadomasochistischen Sexualpraktiken stets gut verheimlicht.

Ein weiterer schwuler Undercover-Stenz war der exzentrische Münchner Modedesigner und Krawattenladenbesitzer Rudolph Moshammer, der mit seinem Yorkshire-Terrier Daisy und einer ausladenden Hochfrisur wie eine postmoderne Ludwig II.-Variante in Erscheinung trat und vorzugsweise auf der Maximilianstraße Hof hielt, wo ihm manchmal die shoppenden Untertanen spontan huldigten, in dem sie »Mosi! Mosi« skandierend Ihrer königlichen Majestät die allerehrfurchtsvollste Bitte unterbreiteten, Allerhöchstderselben möge allergnädigst geruhen, auf eben jene Maximilianstraße herauszutreten und dem Volke zuzuwinken. Was er dann auch manchmal tat, der King Mosi. Und wenn er dann vom vielen Repräsentieren nicht allzu erschöpft war, dann gab er seinem Fahrer frei und schwang sich bei finsterer Nacht in eines seiner drei Rolls-Royce-Automobile und fuhr in der Gegend des Münchner Hauptbahnhofs spazieren. In Ermangelung königlicher Stallburschen begab sich der Modekönig nämlich gelegentlich auf die Suche nach Strichbuben. Eine Leidenschaft, die Moshammer zum Verhängnis wurde. In der Nacht zum 14. Januar 2005 wurde er in seinem Doppelhaus im Münchner Vorort Grünwald von einem 25-jährigen irakisch-kurdischen Asylbewerber mit einem Kabel erdrosselt.

Stenz-Prominenz in demokratischen Zeiten

Bevor wir uns den Stenz-Eliten von heute widmen, gilt es, noch kurz den Begriff der Prominenz zu klären. Laut Wörterbuch kommt das Wort vom Lateinischen *prominentia* = das Hervorstehende, das Herausragende. Was aber bedeutet das in unserem Zusammenhang? Es mag ja durchaus sein, dass beim berühmten Besenkammer-Samenraub an Boris Becker irgendetwas, und sei es noch so geringfügig, im Begriff war, hervorzustehen. Und auch in jener kalten, stillen Wintersnacht, als »Kaiser Franz der Beckenbauer« auf einer Weihnachtsfeier des FC Bayern München noch einmal eine schneidige Attacke zu reiten sich im Stande fühlte, da dürfte durchaus etwas Herausragendes mit im Spiel gewesen sein; ja selbst in Olli Kahns heißen Disco-Nächten oder beim Maddäus Loddar sein' diversen Lolita-Abenteuern ist ein gewisser Prominentia-Faktor zwingend erforderlich – allein schon für eine ausführliche Boulevard-Berichterstattung. Ob uns das aber schon berechtigt, von Stenz-Prominenz zu sprechen? Eher nicht! Widmen wir uns also beim Thema »Prominenz« lieber jenen demokratischen Fürsten der Jetztzeit, die in der Tradition Wittelsbachischer Herrscher stehend als bayerische Ersatzkönige in modernen Zeiten fungieren dürfen! Sie werden es nicht glauben, aber auch diese Polit-Prominenz hat ihre Stenze zu bieten.

Beginnen wir mit einem Staatsmann, der das Staatsmännisch-Diplomatische gelegentlich gut verbergen konnte. Dennoch ist ohne ihn die jüngere bayerische Geschichte kaum denkbar: Franz Josef Strauß! Skandalerprobt und mit allen Wassern gewaschen ist dieses politische Schwergewicht immer auch ein Lebemann gewesen. Als Strauß 1971 bei einer Privatreise in einem New Yorker Hotel am Central Park abstieg, will er sich – so erklärt er es später wortreich einer deutschen Presseagentur – noch kurz die Beine vertreten. Aus einem gelben Wagen, in dem drei Leute saßen, sei – so Strauß – eine »Negerin« ausgestiegen, die ihn überreden wollte, mit ins Hotel zu kommen. Just in diesem Moment habe eine zweite Frau »schnell wie eine Wildkatze« (der gelbe Wagen war also garantiert nicht von der Deutschen Post!) in seine Hosentasche gegriffen und ihm seine Brieftasche samt Führerschein und Pass geklaut. Was den Anfang der Geschichte angeht, so gibt es unterschiedliche Versionen. Die New Yorker Polizei zum Beispiel ließ die deutsche Öffentlichkeit wissen, dass die Kontaktaufnahme mit den beiden Damen durchaus von Mister Strauß ausgegangen sei. Hat der Ex-Atom-, Verteidigungs- und Finanzminister also ein Faible für leichte Mädchen gehabt? In diesem Fall könnte man den Begriff »leicht« sogar wörtlich nehmen, denn Strauß beschwerte sich im Nachhinein, dass die eine New Yorkerin eine recht »dürre, greislige Henn'« gewesen sei.

Politisch hat Strauß diese Affäre nicht geschadet. Und ob er daheim Ärger bekommen hat, entzieht sich unserer Kenntnis. Ehefrau Marianne – eine kluge, gebildete Baierin, die ihre Karrierepläne für Mann und Familie geopfert hatte – war jedenfalls Kummer gewohnt, denn ihr Stenz trat wohl des Öfteren als solcher in Erscheinung. Ende der 1960er-Jahre verliebte sich der damalige Bundesfinanzminister – mit immerhin schon Anfang fünfzig – in eine 17-jährige Bonner Büroangestellte namens Ulli. Strauß soll förmlich aufgeblüht sein und dem Mädchen sogar einen gebrauchten VW geschenkt haben. Seine Frau Marianne aber lässt ihn nicht so einfach ziehen, fährt sogar zu Ullis Eltern nach Köln und kämpft um ihren Stenz – am Ende erfolgreich. Strauß trennt sich schweren Herzens von Ulli und bleibt bei seiner Frau. Denn was wäre ein Stenz ohne jene mütterliche Gestalt an seiner Seite, die ihm Kraft und Ruhe bietet. Nicht umsonst nennt Strauß seine Ehefrau »Mami«. Auf die spezifische Stenz-Dialektik zwischen Hegung und Bewegung, zwischen Jagd und Häuslichkeit, zwischen Abenteuerdrang und Sehnsucht nach Geborgenheit werden wir später noch zu sprechen kommen.

Als »Mami« im Sommer 1984 bei einem Autounfall stirbt, trauert Strauß lange; und es dauert ein paar Jahre, bis sich der Stenz in ihm wieder zu Wort meldet. Über siebzig ist er bereits, als er auf einem Fest seines Sohnes Franz Georg jene dreißig Jahre jüngere Renate Piller erst fest fixiert und kurz danach fragt, »wo ich denn dies schöne Pepita-Kostüm mit Samtstehkragen gekauft habe«, wie sie später berichtet. Dass Strauß senior an jenem Abend keinen Modetipp sucht, kann sich Frau Piller spätestens am Tag danach denken. Mittags kommt der Anruf, abends dann die Stenz-Attacke mit moderatem Materialeinsatz: Blumenstrauß, 325er BMW, Nobelitaliener in Nymphenburg! Die mutmaßliche Tagliata alla Fiorentina (oder war's doch eher ein Ossobuco al Parmiggiano) ist jedenfalls noch gar nicht richtig anverdaut, da kommt der Spitzenpolitiker bei der Rückfahrt auch schon gleich zur Sache: »Wollen Sie meine Freundin werden?«, poltert es zum Beifahrersitz hinüber. Pillers scheue Antwort ist nur noch Formsache und kaum als Korb zu verstehen: »Ach, dazu haben Sie doch gar keine Zeit.« Nun, er hat sie sich einfach genommen. Also die Zeit natürlich! Warum auch nicht? In Bayern waren die Herrscher halt immer schon recht volksnah.

Eine kleine Anmerkung am Rande, für alle, die sich auch als Stenz versuchen wollen. Es ist nicht ratsam, schon am ersten Abend so »dant« einzusteigen wie der Herr Ministerpräsident selig. Außer natürlich, Sie sind irgendwas Vergleichbares; also König vielleicht. Oder Pharao. Dann können Sie sich das schon leisten. Alle anderen sollten damit rechnen, dass auf die etwas sperrige Frage »Wollen Sie meine Freundin werden?« von jungen Frauen heutzutage eher die Antwort kommt: »Woast wos, Bärli? Du konnst mi moi auf Fäisbuck leicken!«

Übrigens, was das Virtuelle angeht, sind bayerische Spitzenpolitiker heutzutage selbstverständlich aufs Engste vertraut mit den neuen Medien. Horst Seehofer zum Beispiel verschickte bereits als Bundesverbraucherschutzminister gern SMS, in denen er fragte, wie es seiner Tochter gehe. Dass die Kurznachrichten nicht an seine Ehefrau gerichtet waren, lag nicht daran, dass Seehofer sich vertippt hätte. Eher verschaut, also verguckt, hatte er sich; nämlich in eine 25 Jahre jüngere Büroleiterin eines CDU-Kollegen, mit der er eine heimliche Affäre und bald auch ein gemeinsames Töchterchen hatte. Nach fast vierjähriger Beziehung machte der katholische Politiker im Sommer 2007 Schluss – fernmündlich! Was die damals 33-jährige Jungmutter verständlicherweise »tief getroffen und verletzt« hat, wie sie einer Münchner Illustrierten ausführlich zu schildern bereit war: »Leider hat er mir seine Entscheidung nicht persönlich, sondern am Telefon mitgeteilt. Vor allem hätte ich sie als Betroffene gerne als Erste erfahren.« Wer nicht, gnädige Frau! Wie diese Telefonkonferenz chronologisch genau abgelaufen ist, kann hier nicht analysiert werden. Aber das Rennen machten wohl die Parteifreunde, denen Seehofer erklärte, dass er lieber doch bei seiner Frau Karin bleiben wolle. Das mussten die wissen, schließlich war Seehofer ja drauf und dran, sich um den Posten des CSU-Chefs zu bewerben. Und Ministerpräsident wollte er ja auch irgendwann mal werden. Diesen Posten bekommt in Bayern bekanntlich niemand, der nicht gebührenden Respekt vor dem großen Vorsitzenden FJS beweist – so weit allerdings, dass sogar Strauß' Affären mit jungen Büroangestellten detailgetreu nachgestellt werden müssten, gehen die Loyalitätsbekundungen nicht einmal in der CSU. Eine diesbezügliche Ausrede hätte die tapfere und großherzige Frau Seehofer wohl auch angesichts eines Lausbubenlächelns nicht wirklich hingenommen. So aber hat sie vermutlich nur leise jene alte bairische Weise vor sich hin gesummt, in der die klugen Zeilen vorkommen: »Fein sein, beinander bleim / (...) Gscheit sein, net einitappn / (...) Treu sein, net außigrasn«.

Und das Töchterchen? Hat vom Herrn Papa zur Geburt ein Plüschtier geschenkt bekommen. Er sei halt eigentlich kein Mann, der Geschenke macht, hat die Kindsmutter dazu ein wenig schnippisch verlauten lassen. Tja mei, er ist halt kein Strauß, unser Seehofer. Aber was hätt' so ein kleines Kind auch mit einem gebrauchten Volkswagen anfangen sollen? Jedenfalls steht der Ministerpräsi-Stenz mit seiner sparsamen Art ganz in der Tradition bayerischer Fürsten. Immerhin ein Plüschtier also, könnte man dagegenhalten – bei König Ludwig I. hätt's wahrscheinlich grad einmal für ein Gebetbüchl mit Widmung gereicht.

Stenz sakral

Wer Bayern verstehen will, kommt um den Katholizismus nicht herum. Und wer den bairischen Katholizismus verstehen will, bewegt sich zwangsläufig irgendwo im Dreieck von Beichtstuhl, Marienfrömmigkeit und Zwangs-Zölibat. Dort sind zweifelsohne viele fromme Menschen daheim. Und die Segnungen, die das Abendland dem monastischen Prinzip zu verdanken hat, sind zu Recht vielfach beschrieben worden. Ja, sogar ein ausgemachter Stenz wie der Monaco-Franze suchte in Krisenzeiten Trost beim klösterlichen Meditationskurs und hoffte auf »eine Art Läuterung, mehr seelisch«.

Freilich, es gibt auch ganz andere Kaliber; sakrale Stenze nämlich, bei denen von Läuterung keine Rede sein kann. Und mit denen ist es so eine Sache; denn nur allzu leicht schleichen sich einem heutzutage all die bösen Geschichten ins Hirn, die man in den Nachrichten zu hören oder zu lesen bekommt – Missbrauchsfälle, wohin man schaut. Nicht nur im kirchlichen Umfeld, aber eben auch dort. Was übrigens kein neues Phänomen ist, man gehe nur einmal in ein Archiv und blättere die Gerichtsakten durch. Danach könnte man zum Beispiel die Geschichte jenes Priesters aus dem oberbayerischen Neuötting erzählen, der sich an 13-jährige Mädchen heranmachte und sich deshalb Ende der 1950er-Jahre wegen Unzucht mit Kindern vor Gericht verantworten musste. Oder die Geschichte des Messners von Babenried bei Fürstenfeldbruck, der 1937 wegen Verbrechen gegen die Sittlichkeit zu einem Jahr und neun Monaten Haft verurteilt wurde, weil er gern mit den Ministranten in den Wald gefahren ist. Geschichten wie diese sind so weit verbreitet, dass sie sogar immer wieder in die bayerische Literatur Eingang finden. Lena Christ etwa schreibt in ihren stark autobiografischen *Erinnerungen einer Überflüssigen*: »Auch das Kind eines katholischen Priesters hatten wir einmal in der Kost. Es war von einem schönen Mädchen, einer Müllerstochter, die von dem Unhold betört und in großes Elend versetzt worden war. Sie ertränkte sich, während der Geistliche seine Pfarrei verlassen und mehrere Jahre lang einen Strafposten bekleiden mußte. Zum Glück starb das Büblein bald; es hatte den ganzen Kopf voll großer Blutgeschwüre gehabt.«

Natürlich gibt es auch Stenz-Geschichten der ganz anderen Art zu erzählen. Wie jene, die sich in der Frühzeit der bairischen Kirchengeschichte zugetragen haben soll. Sie handelt quasi von einem Stenz-Stellvertreter, der in einem Akt der Selbstlosigkeit sein Leben opferte, um einem echten Hallodri und seiner Geliebten ein Alibi zu verschaffen. Die Rede ist vom heiligen Emmeram, der im siebten Jahrhundert in Baiern wirkte. Bischof Emmeram stammte aus dem französischen Poitiers und war als Wandermönch auf einer Missionsreise zu den Awaren unterwegs, als er im Jahr 649 an den bairischen Herzogshof in Regensburg kam, wo ihm der Agilolfinger Theodo I. freundliche Aufnahme gewährte. Emmeram hatte ein gutes Verhältnis zur ganzen Herzogsfamilie. Eines Tages kam die Herzogstochter Uta zu ihm und vertraute ihm ein Geheimnis an. Sie hatte eine Liaison mit einem Regensburger Beamten namens Sigibald, von dem sie schwanger war. So viel war klar: Der Herzog würde seine Tochter und ihren schönen Sigibald vermutlich schwer bestrafen. Also nahm der brave Emmeram die Sache mit dem unehelichen Kind der Herzogstochter auf sich. Die schwangere Uta solle einfach ihn, den Bischof, als Kindsvater angeben, während er sich schon mal aus dem Staub machte, nämlich zu einer Pilgerreise nach Rom. Kaum war Emmeram weg, beichtete Uta ihrem Papa die vereinbarte Geschichte; der Herzog – wie erwartet – tobte. Noch mehr aber tobte Utas Bruder Lantpert, der sich sofort aufmachte, um den vermeintlichen Kindsvater auf der Flucht zu stellen. Am 22. September 652 erwischte Herzogssohn Lantpert mit seinen Soldaten den Wanderbischof in Kleinhelfendorf, südöstlich von München. Die Sache ging – wie man sich denken kann – gar nicht gut aus. Der kreuzbrave Emmeram wurde auf eine Leiter gebunden und bei lebendigem Leibe Stück für Stück zerlegt. Man hackte ihm die Glieder ab, beginnend bei den Fingerspitzen, danach riss man ihm die Augen heraus und schnitt ihm Nase und Ohren ab. Aber der Bischof lebte immer noch, und so versuchten seine beiden Begleiter, ihn nach Aschheim zu bringen. Auf dem Weg dorthin allerdings verstarb der gute Emmeram. Als Herzog Theodo später die wahre Geschichte erfuhr, ließ er den toten Stenz-Stellvertreter nach Regensburg überführen. Seither ist Emmeram einer der großen Märtyrer und Heiligen Baierns, an dessen Grab um 739 schließlich das Benediktinerkloster St. Emmeram errichtet wurde.

Eine genauere Untersuchung seiner Gebeine in jüngster Zeit hat übrigens ergeben, dass die physischen Grausamkeiten der Emmerams-Legende wohl keine pure Erfindung sind – der Mann war wohl tatsächlich schwer misshandelt worden. Obwohl man heutzutage eher davon ausgeht, dass eine politisch motivierte Hofintrige hinter dem Mordfall gestanden haben könnte, steht Emmeram in der kollektiven Erinnerung doch weiterhin als der Stenz-Stellvertreter, der fremde Schuld auf sich geladen hat. Die Idee, dass Emmeram vielleicht doch selber der Stenz … aber nein, um Gottes willen, nein, das ist undenkbar. Bei Heiligen kommt so etwas nicht vor, sonst wären sie ja keine. Bei einfachen Landpfarrern hingegen schon eher.

Der Herr Pfarrer und seine Köchin

Das Lied vom Pfarrer und seiner Köchin ist ein echter Klassiker, das seit alters nicht nur in Baiern gern gesungen wird, sondern überall dort, wo katholische Geistliche dem Pflicht-Zölibat unterworfen sind und mit Frauen zusammenleben. Der Text dieses Liedes geht so:

Es wohnt in einem Pfarrerhaus
ein wunderschönes Kind
sie war so schön, sie war so zart
wie andre Mädchen sind
Der Pfarrer sprach bei seiner Ehr:
Häng deinen Rock zu meinem her
alldort an jenen Nagel hin
kein Dieb den Rock nicht findt
Des Pfarrers und der Köchin Rock
hingen am Nagel dran.
Sie schliefen beisammen im oberen Stock
wie andre Frau und Mann (…)

Nun muss es nicht unbedingt gleich ein »zartes und wunderschönes Kind« gewesen sein, das im bairischen Pfarrhaushalt lebte; vielleicht legte Hochwürden ja mehr Wert auf gutes Management in Küche und Keller und weniger auf die ästhetischen Reize seiner Köchin. Im Idealfall lassen sich da vielleicht Schnittmengen finden. Wie auch immer. Glaubt man Joseph Friedrich Lentner, der in seiner *Bavaria. Land und Leute im 19. Jahrhundert* auch die Pfarrhaushalte in Oberbayern beschrieb, stand die bairische Pfarrerskköchin fast immer in einem verwandtschaftlichen Verhältnis zu ihrem Herrn. Selten aber waren es ganz nahe Verwandte wie Schwestern oder verwitwete Mütter, sondern eher weitschichtige Verwandtschaftsverhältnisse, denn »zum Glücke sind, wie jeder Pfarrhof beweist, die hochwürdigen Cölibaters hinreichend mit Nichten und Basen gesegnet«. Wie das jetzt genau war, wer also Nichte und wer Base war, wurde von der Dorfgemeinschaft in der Regel nicht genau geprüft, schreibt Lentner. Denn »das Volk fragt nicht nach dem Taufscheine weder der Pfarrschaffnerin, noch des sonstigen weiblichen Personals, das man als Kochenlernerinnen und Nebenmägde oft in hinreichender Zahl in den Pfarrhöfen findet«.

Wer mit dem Pfarrer gut auskommen will, der hat sich auch mit seiner Köchin gutzustellen. Die Frage, ob der Herr Pfarrer nun ein Stenz sei oder eher nicht, wurde vor diesem Hintergrund lieber gar nicht erst erörtert. Und ebenso wenig gab es je Einwände dagegen, dass der Herr Pfarrer seine Köchin zu öffentlichen Gelegenheiten wie Märkten oder Kirchweihen mitnahm. »Leben und leben lassen« heißt seit jeher der bairische Grundsatz, und der verträgt sich halt schlecht mit allzu bigottem Gehabe – zumindest wenn es um den Pfarrer und seine Frauen geht. Lentner schreibt: »Das Volk ist auch keineswegs gesonnen, ihrem Seelsorger ein strengeres Innewohnen kanonischer Satzungen in dieser Beziehung zuzumuthen, als er sich selber auferlegt.« Mit anderen Worten: Der Herr Pfarrer wird's schon wissen, was dem Herrn Pfarrer erlaubt ist und was nicht. Schließlich ist ja der Herr Pfarrer der Herr Pfarrer, also ein studierter Theologe. Und was weiß von solchen Dingen schon ein einfacher Dörfler? Na also.

Und überhaupt: Außerschwitzen hat's noch keiner können. Dass angesichts vieler »Kochenlernerinnen und Nebenmägde« durchaus eine gewisse Gefahr der moralischen Grenzüberschreitung gegeben sein könnte, ist nicht von der Hand zu weisen, wird allerdings nur dann wahrscheinlich, wenn die moralische Grenze allzu eng gezogen wird. Was daher tunlichst zu vermeiden ist. Deshalb erscheint ein eher undogmatischer Umgang mit dem alten unleidigen Problem des Zölibats durchaus empfehlenswert. Lentner schreibt darüber: »Der bayerische Pfarrer kann seiner Natur nach kein Vertheidiger des Cölibats sein, aber er läßt es als einen Glaubensartikel bestehen, wie manchen andern, hält sich jedoch auch nicht bemüßigt, für ihn eine strengere Beachtung in Anspruch zu nehmen, als er sie im Allgemeinen zu begehren gewohnt ist. Das Volk enthält sich in dieser Beziehung fast durchschnittlich eines bestimmten Urtheiles und wir glauben am Besten zu thun, wenn wir uns ihm hierin anschließen, obwohl wir die Meinung aussprechen, daß wir die sittlichen Zustände des Landklerus in dieser Beziehung gegen früher für unverkennbar und gründlich gebessert erklären möchten. Bei der bekannten Anschauungsweise ähnlicher Beziehungen darf es beim bayerischen Bauer nicht auffallen, wenn er eine gutmüthige Gleichgültigkeit hierin an den Tag legt und ein allenfallsiges Mißbehagen in einzelnen störenden Fällen am liebsten im satyrisch-heitern Tone abmacht, wie derselbe ja zu den Stammesvorzügen unseres Volkes gehört.« Humor heilt eben fast alles. Allerdings keine ungewollten Schwangerschaften, die auch in den besten Pfarrhäusern schon vorgekommen sein sollen. Zum Beispiel in dem von Achatius Achaz.

Dieser Achaz ist eine Erfindung des niederbayerischen Schriftstellers Heinrich Lautensack, der 1881 in Vilshofen als Sohn eines Jahrmarkttrödlers und Textilkaufmanns geboren wurde. Lautensack schrieb Theaterstücke, die allerdings nur selten aufgeführt wurden, weil sie meist der Zensur zum Opfer fielen. Besonders brisant war das Aufeinanderprallen von kleinbürgerlicher Sexualmoral und menschlichen Trieben in seiner *Pfarrhauskomödie* aus dem Jahr 1911. Pfarrer Achaz unterhält darin ein gar inniges Verhältnis zu seiner Haushälterin Ambrosia Lindpaintner. Im Pfarrhaus geht's also »nicht ganz so rein und so licht« zu, wie es sich der Bischof wünschen würde. Eines Tages muss Ambrosia für einige Zeit verreisen, um ihrer todkranken Mutter beizustehen. Das zumindest meint der gutgläubige Kooperator Vincenz Mauermeier; Aushilfsköchin Irma Prechtl weiß es besser, nämlich, dass Ambrosia schwanger ist. Als der Herr Pfarrer auf »Dienstreise« zu seiner Ambrosia geht, spielen der Kooperator und die Aushilfsköchin die »Priester-Ehe« täuschend echt nach; und bald wird auch Irma schwanger.

Für bestimmte Formen der Askese scheint der Mensch – von Einzelfällen mal abgesehen – nicht recht geschaffen zu sein. Lautensacks Kritik an der Institution des Pflichtzölibats hat jedenfalls bis heute nichts an Aktualität verloren. In regelmäßigen Abständen kann man in der Zeitung Geschichten von katholischen Pfarrern und ihren heimlichen Lieben lesen. Keine Hallodris, keine Stenze! Sondern einfach nur Menschen, die unter der Last der Heimlichkeiten leiden. Die Öffentlichkeit erfährt meist erst dann davon, wenn das Paar die Heimlichtuerei satt hat und sich outet – woraufhin der Priester automatisch seine Arbeit verliert. Und die Kirche wieder einmal einen Pfarrer. Wie viele solche geheimen Liebschaften heute existieren, kann niemand genau sagen – auch die Initiativgruppe der sogenannten »Zölibat-Frauen« weiß es nicht. Nur eines ist klar: es sind sehr viele. Schätzungen zufolge hat gut die Hälfte der Priester sexuelle Beziehungen. Jeder Dritte sogar ein Kind oder mehrere. Genaues aber weiß man nicht.

Einen wesentlich besseren Überblick über seine Kindsvaterschaften hat da ein Sakral-Stenz der ganz anderen Art. Markus K. (45) outete sich im Mai 2013 in einer Münchner Tageszeitung als Homosexueller, der schon 22 Kinder (weitere zwei waren gerade unterwegs) mit 17 Frauen hat. Der Messner-Sohn aus einer niederbayerischen Kleinstadt ist mit 28 Jahren aus dem Priesterseminar geflogen, weil er schwul ist. Seit 2003 ist er – ohne mit ihnen Sex zu haben – als Samenspender für lesbische Pärchen aktiv. Wie die zwei Dutzend Kinder mit ihren 19 Müttern und dem einen schwulen Vater später klarkommen werden, steht natürlich in den Sternen. Aber immerhin trifft der Leihvater seine Sprösslinge regelmäßig bei den Kindergeburtstagen, wo es in der Regel recht munter zugeht.

Wesentlich größer scheint der Leidensdruck für jene Kinder zu sein, die aus heimlichen Liebschaften von Pfarrern stammen – das Haushälterinnenmodell aus der guten, alten Zeit mag da fast noch humaner erscheinen. Aber ob es auch als Modell für die Zukunft taugt?

Im Volkslied vom Pfarrer und seiner Köchin bekennt sich der Theologe übrigens nicht zum eigenen Nachwuchs:

Es klopft ganz leise an die Tür
der Pfarrer sprach: Herein zu mir!
Ach Pfarrherr, Pfarrherr, lauf geschwind
die Köchin kriegt ein Kind!
Ach soll denn dies die Wahrheit sein?‹
Sprach Pfarrherr und lief fort
Er eilet geschwind zur Köchin nein
und gab ihr gute Wort
Ach was denn das für Streiche sind
verflixt sei dies und jenes Ding!
Häng deinen Rock ja nimmermehr
an meinen Nagel her!

Die Lust des Südens ist nicht zwingend ein Kind der Liebe, dafür aber meist eines der Leidenschaft. Und die treibt bekanntlich recht seltsame Blüten. Insbesondere dort, wo die äußeren Bedingungen dafür günstig sind; zum Beispiel in Klöstern, wo zwangsläufig eine gewisse erotische Schwüle entsteht, weil in einer Atmosphäre von verordneter Leibfeindlichkeit, Enthaltsamkeit und Disziplin die Ideale der Askese zwar postuliert werden, aber nicht immer hundertprozentig mit den natürlichen Trieben des Menschen zu vereinbaren sind.

Damit soll natürlich nicht gesagt sein, dass immer und in allen Klöstern erotische Exzesse stattfinden. Aber sie kommen vor. Genaue Zahlen gibt es in diesem weiten Feld selbstverständlich keine, nur Berichte, die nicht repräsentativ, dafür aber oft recht anschaulich sind und zeigen, wie Klöster gelegentlich zu Treibhäusern des Herrn werden. So hat erst kürzlich der aus Altötting stammende Autor Andreas Altmann in seinem autobiografischen Text *Das Scheißleben meines Vaters, das Scheißleben meiner Mutter und meine eigene Scheißjugend* recht drastisch die Leib-, Lebens- und Frauenfeindlichkeit bayerischer Priester und Ordensleute im Gnadenort Altötting beschrieben. Die homoerotische Orgie, die sich in den 1960er-Jahren hinter Altöttinger Klostermauern ereignet hat, steht in krassem Gegensatz zu jener stets gepredigten Körperfeindlichkeit. Altmann hat die Geschichte den Nachlassunterlagen des renommierten Altöttinger Arztes Dr. med. Engelbert Hayduk entnommen. Übrigens wurde die entsprechende Passage in Altmanns Autobiografie nach Angaben seines Münchner Verlags »nie angegriffen oder rechtlich angefochten«.

Der Altöttinger Arzt wurde demnach »an einem Septemberabend telefonisch und höchst dringlich ins Kloster St. Magdalena, Kapellplatz 9, gerufen. (Gleich daneben steht die St.-Magdalena-Kirche, mit der Kanzel für die tägliche Anstandslitanei.) E. H., selbst gläubiger Katholik, erwähnt in seinem Bericht, dass er schon als Kriegsarzt eine Menge Wahnsinn gesehen habe, aber nichts im Vergleich zu dem, was sich ihm nun hinter den ehrwürdigen Mauern der ehrwürdig-beispielhaften Klosterbrüder darbot: Pater A. lag nackt und bäuchlings auf einem Tisch, und mitten aus seinem Leib, mitten aus seinem Hintern, ragte der Rest einer Flasche. Höllenrotes Blut floss, da der gläserne Dildo ganz offensichtlich beim todsündenverseuchten Liebesspiel tiefer als vorgesehen versunken und – abgebrochen war. An der genau falschen Stelle, in Höhe des Anusrings, somit die Scherben tief ins Fleisch schnitten. Noch tiefer, da die an der Kapuziner-Schwulen-Orgie Beteiligten zuerst selbst versucht hatten, Restflasche und Splitter herauszufischen. Vergeblich, deshalb der Notruf. Doktor Hayduk – mit einem vorbildlichen Ruf als immer hilfsbereiter Mediziner – erwähnt in seinen Aufzeichnungen noch die blutigen Striemen am Rücken, an Armen und Beinen des Paters. Die in der Panik nur nachlässig weggeräumten Handschellen und Peitschen zeigten, dass die Herren sich beim Gebrauch des einschlägigen Werkzeugs zur Maximierung ihrer Sado-Maso-Lust auskannten.«

Natürlich durfte die peinliche Sache nicht publik werden. Deshalb wurde der Arzt – schreibt Altmann – »noch am selben Abend darüber informiert, dass er bis zu seinem letzten Stündlein ›absolutes Stillschweigen‹ zu befolgen habe. Bei Nichtbefolgen wäre – wörtlich – seine ›Existenz gefährdet‹.«

Mag sein, dass schwule Sado-Maso-Stenze in bayerischen Kapuzinerklöstern die Ausnahme sind. Dass aber auch andernorts neben dem Gotteslob das Lob der Peitsche weit verbreitet war, zeigt das Beispiel des Augsburger Fabrikarbeiters Jakob Gruber, der sich zum Klosterleben berufen fühlte und 1896 als 22-Jähriger in den Kapuzinerorden eintrat. Gruber schrieb später in seiner Autobiografie *Der arme Jakob* ausführlich über diese zweieinhalbjährige Episode seines Lebens, zu der auch das Tragen eines Bußgürtels und regelmäßige Selbstgeißelungen gehörten: »Als ich da nach einer Weile in der Küche arbeitete, hörte ich vom Refektorium heraus ein Patschen u(nd) ein Rasseln, wie das Brennen stark dürren Holzes, so tönte es vom Speisesaal heraus. Ich dachte, es wird halt eingeheizt sein, daß Holz so schnellt u(nd) brasselt, aber es war so eigenartig taktmäßig mir vorgekommen. Später hab ichs schon selbst gewußt, durch eigene Erfahrung, daß es die gemeinsame Geislung der Mönche und Novizen war.« Jakob Gruber, der solche Bußübungen schon vor seinem Klosterleben praktizierte, verlor seinen Kampf gegen die menschlichen Triebe und die »nächtlichen Sünden«; er trat wieder aus dem Orden aus, um zu heiraten. Ob die flagellantischen Übungen der Kapuziner seinerzeit allein der Abtötung der Leidenschaften dienten oder nicht vielmehr dem Anfachen selbiger, lässt Gruber unerörtert.

Ganz anders die bairische Schriftstellerin Lena Christ, die im Dezember 1898 als Novizin und Lehrkandidatin in das Kloster Ursberg in der Diözese Augsburg eintrat. 15 Monate blieb sie in der Einrichtung, in der damals 500 Professschwestern und 200 Novizinnen ein Blindenheim, ein Taubstummeninstitut, eine Heimstätte für alte, schwächliche Personen und eine »Pflegeanstalt für Kretinen, Epileptische, Irre, Tobsüchtige und durch Ausschweifung Zerrüttete, sogenannte Besessene« betreuten. In ihren *Erinnerungen einer Überflüssigen* gibt Lena Christ Einblick in den Alltag dieser »Versorgungsanstalt« und ihrer Insassen. Sie erzählt auch von nächtlichen Betstunden: »So war auch ich einmal nachts um die zweite Stunde mit drei anderen Beterinnen in der Kapelle des Neubaues und unterdrückte krampfhaft und gähnend den Schlaf. Da öffnete sich plötzlich die Tür und herein lief eine nur mit dem Nachthemd bekleidete Nonne, warf sich vor dem Altar auf die Knie und begann mit dem Ruf ›Jesus, brennende Liebe!‹ sich furchtbar zu geißeln. Wir waren starr vor Schreck und Staunen, und mich packte das Grauen und Entsetzen. Die älteste von uns vieren aber meldete den Vorfall andern Tags der Präfektin, die uns strengstes Schweigen gegen jedermann gebot. Solche und ähnliche Vorfälle flößten mir einen großen Abscheu gegen das Ordensleben ein.«

Lena Christ verließ den Orden schließlich wieder, denn »solche und ähnliche Vorfälle« waren wohl keine Einzelfälle. Im bigotten System von Überwachen und Strafen trieb gelegentlich auch der sakrale Stenz sein Unwesen hinter den Klostermauern. So berichtet Lena Christ von einem Klostergeistlichen, der »sowohl in seinem Äußern als auch in bezug auf seine große Strenge in Dingen der Sitte und Reinheit ganz dem heiligen Aloysius glich. Er ward daher von jedermann nur Pater Sankt Aloysius genannt und als Muster reiner Sitten gepriesen.«

An dieser Stelle muss man vielleicht erklären, dass der echte heilige Aloysius ein italienischer Erbprinz im 16. Jahrhundert war, der als Kind schon hautnah die Sittenlosigkeit und Frivolität der damaligen Oberschicht kennenlernte. Aloysius entschied sich für ein frommes Leben, verlobte sich der Heiligen Jungfrau Maria und starb schon als 23-Jähriger an der Pest. Die Ähnlichkeit mit diesem sittenstrengen Heiligen brachte dem Klostergeistlichen von Ursberg jedenfalls viele Sympathien ein, berichtet Lena Christ: »Von mancher Nonne ward er sogar als Heiliger verehrt, bis sich eines Tages diese Verehrung in großen Zorn und Abscheu verwandelte, als man nämlich erfuhr, daß dieser tugendsame Priester eine Lehramtskandidatin, ein wohlgebautes, etwa zwanzigjähriges Mädchen, das schon fünf Jahre dort weilte, des öfteren abends mit sich ins Stüblein nahm und erst nach mehreren Stunden daraus entließ.« Eine alte Nonne auf dem

Weg zur nächtlichen Betstunde sah das Mädchen aus seinem Zimmer schleichen, zerrte es aus dem Halbdunkel ans Licht und beschimpfte es laut. »Also hub ein großes Geschrei an, und sowohl die Sünderin, als auch der Priester mußten das Kloster verlassen.«

Geschichten wie diese kursierten immer schon rund um die Klöster; sie waren ein gefundenes Fressen für radikale Aufklärer wie den Republikaner Carl Ignaz Geiger, der in den Jahren 1789 bis 1793 seine *Streifzüge durch Bayern und Schwaben* unternahm. Bayern hatte damals 200 Klöster und 5000 Mönche, schreibt Geiger. Die Folgen dieser Mönchsreligion und -moral seien »gröbste Ausgelassenheit und Unsittlichkeit«, die mit der »strengsten Bigotterie« Hand in Hand gehen. »Ein Mädchen, das um viel Geld am Freitag nicht ein Stückchen Fleisch essen würde, trägt dieselbe Nacht ihren Körper auf der Gasse feil. Und die fromme Matrone, die es für die größte Sünde hielte, nicht in die hl. Messe zu gehen, macht sich kein Gewissen, die Ehre junger Mädchen der Geilheit eines Wollüstlings zu verkaufen.«

Vor diesem Hintergrund wäre dann wohl auch jener alte Witz zu verstehen, in dem das leichte Mädchen im Beichtstuhl stottert: »Hochwürden, ich bin Pro-, Pro-… Prostituierte«. Worauf der Pfarrer erleichtert antwortet: »Gottseidank, ich dachte schon protestantisch.«

Der Stenz auf Reisen oder: Die Wallfahrt

Der kreuzbrave Baier geht gern wallfahrten, denn dieses Beten mit den Beinen ist gut für Körper, Geist und Seele. Solche Pilgerreisen können aber auch noch ganz andere Dinge in die Höhe treiben; zum Beispiel die Wahlergebnisse der CSU im Verbund mit der christlichen Moral des Abendlandes und dem Bierverbrauch des Katholischen Männervereins Tuntenhausen. So war es zumindest früher. Im Rückblick mag diese einst vom erzkonservativen CSU-Kultusminister Alois Hundhammer gegründete und fast drei Jahrzehnte geführte moralische Institution des Katholischen Männervereins heute manchen als eine Art bairische Talibansektion erscheinen. Was nicht nur an den Bärten der damaligen Protagonisten liegt, sondern auch daher rührt, dass die »Tuntenhausener« in den frühen Jahren der Bundesrepublik den klerikalen, ultramontanen Flügel der CSU repräsentierten. Die Männerwallfahrten zur doppeltürmigen Basilika von Tuntenhausen standen im Dienste der Rettung des Abendlandes. So wurde dort stets über alles geschimpft, was mit losen Sitten und Werteverfall in Verbindung zu bringen war – zweiteilige Badeanzüge, Antibabypillen, arbeitende Frauen, Sozialdemokraten und dergleichen mehr.

Dass so mancher Tuntenhausener Agitator selbst nicht immer ganz wasserdicht war in moralischen Fragen, rief dann auch bald die Spötter auf den Plan. Schon Franz Josef Strauß – damals Vertreter einer modernen, nicht klerikalen CSU – lästerte gern über diese »Teilzeit-Tuntenhausener«. Die Zeit, als man mit Reden gegen flatterhafte Sexualmoral die Massen in der CSU begeistern konnte, ist jedenfalls längst vorbei. Wer sollte sie auch halten, diese Reden? Schade eigentlich, denn interessant wäre es schon, was die Abendlandretter darüber sagen, dass im Sommer 2013 die erste – und zwar eine richtig bairische – Schwulenhochzeit in Tuntenhausen stattgefunden hat. Ob sie fortan nur noch nach Altötting pilgerten? Das wäre dann wohl auch keine Alternative, schließlich ist einer der zwei Tuntenhausener Bräutigame ein geborener Altöttinger gewesen. Ob Maria da geholfen hat? Man darf es mit gutem Grund annehmen. Schließlich heißt es im *Altöttinger Mutter Gottes Lied* ja so: »Laß uns alle insgemein, Mutter, dir empfohlen sein«. Und »alle« heißt »alle«. Oder?!

Wie auch immer, die Zeit der Wallfahrten ist längst noch nicht vorüber. Im Gegenteil, Pilgerreisen boomen. Denn sie bringen die Leute zusammen. Und bewirken darüber hinaus oft noch wundersame Dinge. Schon Georg Queri berichtet in *Die Schnurren des Rochus Mang* davon, dass Wallfahrten bei der Überwindung von Kinderlosigkeit sehr hilfreich sein können. So pilgert etwa die Heggerin von Heggersreuth mit ihren beiden Töchtern – einer verheirateten und einer ledigen – zum heiligen Berg Andechs. Ein paar Monate später kommt natürlich die Frage, ob das Wallfahrten etwas gebracht hat: »›Ja‹, sagt die Heggerin und schnauft völlig hart, ›geholfen hätt's schon, aber wir müssen die Bitt halt falsch fürbracht haben: justament die Unverheirat ist erhört worden‹.«

Ein klassischer Bet-Fehler also? »Mei, irgendwas fehlt immer«, weiß der katholische Baier: »Und manchmal langt sogar der Heilige Geist daneben.« Aber das Prinzip stimmt. Und dass das Wundersystem auf seine Weise bestens funktioniert, kann ja nun wirklich niemand in Abrede stellen. Nehmen wir als Beispiel die Fußwallfahrten zu den Heiligen drei Madln Barbara, Margarete und Katharina. Ein durchaus fruchtbarer Kult; die drei Patroninnen der Heiratswilligen leisten schon immer brave Dienste. Selbstverständlich brauchen auch Wunder gewisse Rahmenbedingungen. Ein bisserl Nachhelfen muss man manchmal auch bei so seriösen Heiratsbörsen wie der Fußwallfahrt. Schließlich will man sich ja nicht auf Zufallsbekanntschaften am Kammerfenster oder am Tanzboden verlassen.

Jedenfalls ist die katholische Kirche viel weniger leibfeindlich, als ihr oft nachgesagt wird. Sex vor der Ehe? Nun ja, eigentlich zwar nicht vorgesehen! Andererseits, was sollten die jungen Leute sonst beichten, wenn sie nichts erlebt haben? Na also, da kommt dem katholischen Single eine katholische Wallfahrt bei der Partnersuche doch gerade recht. Sogar im Internet steht unter Flirttipps für Katholiken die Wallfahrt ganz oben: »Sicherlich werden Wallfahrten nicht in erster Linie angeboten, damit sich Paare finden, dennoch bieten sie sehr gute Voraussetzungen für ein erfolgreiches Dating. Die Teilnehmer an einer Wallfahrt teilen ein gemeinsames Ereignis; wenn es sich nicht gerade um eine Buswallfahrt handelt, auch körperliche Strapazen miteinander. Die Behandlung kleiner Wehwehchen wie Blasen an den Füßen oder auch die Frage nach der idealen Creme, um solche zu vermeiden, bilden einen idealen Anknüpfungspunkt für Gespräche. Auch das gemeinsame Beten schweißt eine Gruppe zusammen, ebenso wie die gemeinsamen Mahlzeiten.«

Die Flirttipps für Katholiken nennen neben Wallfahrten übrigens auch Pfarrfeste und Messdienerstunden als gute Möglichkeit zum Anbandeln. Und lassen die besonderen Flirtchancen für Katholikinnen nicht unerwähnt: »Katholische Priester dürfen nicht heiraten. Das priesterliche Sexverbot macht es für einige junge Frauen reizvoll, einen Priester zu verführen. Natürlich (im wahrsten Sinne des Wortes) sind die Erfolgschancen recht groß.« Heimliche Priesterliebschaften wurden oben ja schon verhandelt. Glaubt man dem Reiseschriftsteller Johann Kaspar Riesbeck, dann war das *Dornenvögel*-Potenzial bei bairischen Mädchen schon im späten 18. Jahrhundert sehr groß: »Da wühlt ein Pfaff mit der Hand in einem schönen Busen, der zur Hälfte mit des Mädchens Skapulier (hier: Schultertuch) bedeckt ist. Dort sitzt ein schönes Kind und hält in der einen Hand den Rosenkranz und in der andern einen Priap. Die fragt dich, ob du von ihrer Religion seiest; denn mit einem Ketzer wolle sie nichts zu schaffen haben.«

Hauptsache also kein Evangelischer, sagt sich das prinzipientreue bairische Mädchen. Diese Gefahr war bei katholischen

Wallfahrten naturgemäß eher gering. Eine andere dafür umso größer. Wieder müssen wir uns auf Riesbeck verlassen, der uns von einem ganz besonders hartnäckigen katholischen Stenz berichtet: »Der glänzendste Auftritt von der Art geschah in der berühmten Marienkirche zu Öttingen (Altötting), wo ein reicher Pfaff vor dem Altar der wundertätigen Maria in der Nacht eine Jungfernschaft eroberte, auf die er schon lange Zeit Jagd gemacht und die er nicht anders als auf der Wallfahrt erbeuten konnte.«

Ob diese Geschichte stimmt? Und ob der Sakral-Stenz am Ende gar in flagranti erwischt wurde, ist leider nicht bekannt. Dass aber die Eroberungen von Jungfernschaften vor dem Altare der wundertätigen Maria ebenso verboten sind wie anderweitige sexuelle Aktivitäten in kirchlichen Räumen, musste an Silvester 2009/2010 ein 26-jähriger Polizist im bayerischen Rennertshofen erfahren. An die 25 Gottesdienstbesucher waren gerade dabei, während der Morgenandacht in der Barockkirche den Rosenkranz zu beten, als sich freudenreiche Geheimnisse der ganz anderen Art im sakralen Raum bemerkbar machten. Von eindeutigen Geräuschen aufgeschreckt, stieg die Pfarrhaushälterin hinauf zur Orgel-Empore und ertappte den Polizisten und sein Gschpusi beim lärmenden Liebesspiel. Die Ertappten flohen sofort; die Frau zog sich schnell eine Mütze über den Kopf und blieb zunächst inkognito, der junge Mann aber wurde von frommen Kirchenbesuchern erkannt und noch am Neujahrstag vom Dienst suspendiert. Das Sexabenteuer in der Kirche sowie die Unterschlagung einer Schreckschusswaffe kosteten ihn schließlich den Job.

Solche Stenzereien im sakralen Raum sind übrigens keine Erfindung der Gegenwart. Georg Queri berichtet von einem Haberfeldtreiben im Jahr 1897, bei dem einem Steuereinnehmer der lautstarke Prozess gemacht wurde. Der »bigotte Spitzbube« soll nämlich nicht nur 2000 Mark Steuergeld unterschlagen haben, sondern auch noch »seine Alte hinter der Orgel droben zusammengehaut« (also mit ihr Geschlechtsverkehr gehabt) haben. Was damals auch nicht unbemerkt blieb, weil »der Grauvogel hat ihm schön sauber von der Sakristei aus zugeschaut«. Es versteht sich fast von selbst, dass solche Sakral-Peep-Shows von der Katholischen Kirche stets aufs Strengste verurteilt wurden – und bis heute werden.

Stenz fatal

Die Liebe hat oft zwei Seiten, eine heitere und eine dunkle. Deshalb sind nicht alle Stenzereien komisch oder gar lustig. Manche erweisen sich als tragisch, andere als richtiggehend traurig. Oft sind es Frauen, die auf einen Stenz hereinfallen und zu seinem Opfer werden. Wie in Frank Wedekinds Gedicht jene Brigitte B., die am Ende als Mittäterin eines kriminellen Stenzes verhaftet wird:

Brigitte, völlig unerfahren,
Gab sich ihm mehr aus Mitleid hin,
Drauf ging er fort mit ihren Waren
Und ließ sie in der Lage drin.

Geschichten, die das Leben schreibt. Auch die folgenden sind nicht frei erfunden. Sie haben sich so oder so ähnlich zugetragen. Manche erzählen von erfolglosen und deprimierten Männern, die selbst zum Opfer werden. Andere von gemeinen und bösartigen Stenzen, die Frauen zum Opfer werden lassen. Stenz fatal – das sind traurige, missliche, verhängnisvolle, folgenschwere und im wahrsten Wortsinn schicksalhafte Ereignisse.

Das Rehlein und der traurige Hirsch

Zu den traurigen Stenzen zählte Ludwig Thoma, der in seinem Gedicht *Frühlingsahnung* eine aufkeimende Hoffnung ganz besonderer Art beschrieb:

Nun hat die Sonne wieder Kraft.
Das ist die Zeit der Leidenschaft,
Wo alle Böcklein springen.
Will mir ein Mädchen gnädig sein,
Dann könnt es auch dem Dichterlein,
Dem Dichterlein gelingen.

Nun, dem »Dichterlein« Thoma gelang es nicht immer, und die Liebe wurde häufig genug zum Elend, wie es bei Thomas Freund Ludwig Ganghofer, dem einstigen Popstar deutscher Heimatdichtung, im Gedicht *Waldrausch* so treffend heißt:

Und d' Liab is a Lachen,
Der Sunnschein hat's bracht,
Und d' Liab is an Elend,
Sein Muatta hoaßt: Nacht!

18 Jahre lang waren diese zwei Ludwigs eng befreundet. Eine Männerfreundschaft der besonderen Art, getragen von der Liebe zur Literatur, zu den Bergen und zur Jagd – in all ihren Facetten. Im Frühjahr 1905 blies Ludwig Thoma zum Halali auf eine Zweibeinerin. Für den Vorabdruck seines Romans *Andreas Vöst* hatte

er gerade 12.000 Mark bekommen, weshalb er in seiner Münchner Stadtwohnung ein Fest gab. Sein Verleger Albert Langen war natürlich auch geladen, und der brachte ein Berliner Ehepaar mit. David Georg Schulz und seine Frau Marietta di Rigardo. Die beiden betrieben an der Spree das »Cabaret Poetenbänkel im siebenten Himmel«. Und in letzterem befand sich sofort auch Party-Gastgeber Ludwig Thoma. Die dunkelhäutige Frau Marietta hatte es ihm angetan. Thoma, der von der Jagd im Bergwald schwärmte und gern den zivilisationsmüden Naturburschen markierte, schätzte immer auch schon die Reize der Jagd im urbanen Raum. Insbesondere wenn sich ein unschuldiges Rehlein mit braunen Augen als ganz besonders anmutig und liebreizend erwies. So verliebte sich Thoma in die exotische Tänzerin mit den philippinisch-spanischen Wurzeln.

Und schon bald sollte es Gelegenheit zu neuerlicher Pirsch geben. Thoma organisierte nämlich für seinen Jagdfreund Ganghofer zum Fünfzigsten ein Geburtstagsschießen. Höhepunkt des sommerlichen Treibens war ein Waldfest. Siebzig Bergschützen warteten auf, zahlreiche Mitarbeiter vom *Simplicissimus* waren dabei und natürlich auch die persönlichen Freunde Ganghofers. Anwesend war auch das Ehepaar Schulz aus Berlin: David Georg samt Frau Marietta di Rigardo.

Zwei Wochen nach dem Fest schreibt Thoma an Ganghofer: »Lieber Ludwig, ich will Dir beichten. Zuerst, ich mache keinen dummen Streich; jetzt nicht. Sie wird mit ihrem Manne friedlich nach Berlin fahren, und wenn sie kann, so sein, wie zuerst. Und wenn ich kann, Ludwig, nehme ich den Kopf in die Hände und sage mir, dass ein Glück mit einem lieben Kinderlächeln an mir vorübergegangen ist und mich grüßte, bevor ich anfing alt zu werden und noch einsamer, als ich war. Wenn ich nicht kann, Ludwig, dann gibt es einen, dem ich es sage. Der bist du. Und was ich auch tun würde, es muss so sein, dass ich Dir frei in die

Augen sehen kann und nicht rot werden muss, wenn ich am Tisch neben Deiner lieben Frau und Deinen Kindern sitze.« Ganghofer wurde also zum Beichtvater wider Willen. Unter Jägern freilich war man sich schnell einig. Der 50-jährige Ganghofer hatte Verständnis für die hormonellen Anwandlungen seines jüngeren Freundes. Im Dankesbrief für das Geburtstagsschießen schrieb er: »Ich möchte Frau Marietta tanzen sehen, um wieder etwas Streckkraft in die Gelenke zu bekommen. Oder auf einen Gamsbock pirschen! Das ist nämlich ebenso erhebend wie das Wohlgefallen an einem schönen Weib. Besonders, wenn' s hoch hinauf geht.«

Rehlein war Rehlein, und Jäger bleibt Jäger – da waren sich die zwei Ludwigs durchaus einig. Insbesondere wenn das kreatürliche Weib, Inbegriff unschuldiger Natur, so gut ins Beuteschema passte wie die dunkelhäutige Marietta. Dennoch blieb Familienvater Ganghofer skeptisch. Marietta war schließlich verheiratet. Und Tänzerin obendrein. Womit Thoma freilich kein Problem hatte: »Was Du sagst, Ludwig, dass sie mir zuliebe sich nicht ändern könnte: sie bräuchte sich nicht zu ändern; sie müsste nur das von sich werfen, was ihrem innersten Wesen so fremd ist. Im Anschmiegen an ihren Beruf ist sie heute die ausgelassene Tänzerin, die für alle Welt ein Lachen hat. Dass sie es kann, liegt im Temperament. Dass sie es tut – weil sie Orientalin ist. Sie sind Fürstinnen und Sklavinnen zugleich.«

Stenz Thoma schlug also alle guten Ratschläge in den Wind, er wollte die schöne Marietta ganz für sich haben. »Die Legitimierung ist nur mehr eine Zeitfrage«, schrieb er am 6. August. »Wenn die Ehe nicht hierzulande geht, dann fahre ich nach England.« Und mit dem Stolz des Jägers berichtet er Ganghofer bald schon triumphierend von seiner Beute. Denn am 8. September 1905 holt Thoma seine Marietta in Berlin ab und reist mit ihr nach Wien, nachdem sie heimlich ihren Mann Georg David

Schulz verlassen hatte. Thoma überwies dem gehörnten Schulz immer wieder Geld – 15.000 Mark insgesamt. Der Jagd-Stenz erkaufte sich sein Rehlein in Raten.

Ganghofer akzeptiert den unkonventionellen Liebesraub seines Jagdfreundes – wohl oder übel. Skeptisch bleibt er dennoch, trotz Liebestaumel, Trauung und italienischer Hochzeitsreise. Thoma, der sich im Eheglück wähnt, bezog 1908 das neu errichtete Bauernhaus »Auf der Tuften« in Tegernsee. Der stolze Landwirt hält sich drei Kühe und ein Kalb. Und eine Ehefrau! Die freilich von der selbst gewählten Isolation bald die Nase voll hat. Das »Naturwesen mit dem Kinderlächeln« widersetzt sich seiner Domestizierung. Thoma nennt sie längst nicht mehr Marietta, sondern – gut bürgerlich und deutsch »Marion«. Manchmal ruft er sie auch »Kätzchen«.

Aber dieses »Kätzchen« erweist sich als Tigerin, die Krallen zeigt und ob der oberbayerischen Käfighaltung bald unruhig wird. Gemeinsame Kinder bleiben aus, und Marion fängt an, sich zu langweilen. Sie reist viel, ist in Riessersee oder in Kitzbühel beim Skifahren, während Ludwig Thoma am Tegernsee arbeitet oder auf der Jagd durch die Wälder streift. Die beiden gehen mehr und mehr getrennte Wege, bald tauchen Gerüchte auf, und mit ihnen Zweifel an der ehelichen Treue Marions. Letztlich sind es wohl mehrere Seitensprünge ihrerseits. Thoma ist verzweifelt, will sich während der Seitensprungaffäre sogar in das Abenteuer eines Duells stürzen. Der väterliche Freund Ganghofer rettet ihn vor dieser Dummheit. »Mann und Frau müssen eins sein, sonst ist es keine Ehe« – glaubt Thoma zu wissen. Seine eigene wird 1911 geschieden. Es ist nicht die letzte Enttäuschung für den traurigen Stenz. Nach dem Ersten Weltkrieg wird er von Depressionen befallen; er, der einst so leidenschaftlich das *Frühlingsahnung* besungen hat:

Nun hat die Sonne wieder Kraft.
Das ist die Zeit der Leidenschaft,
Wo alle Böcklein springen.
Will mir ein Mädchen gnädig sein,
Dann könnt es auch dem Dichterlein,
Dem Dichterlein gelingen.

Nein, es wollte nicht gelingen. »Das Dichterlein« blieb weiterhin unglücklich verliebt, auch in Maidi Liebermann, die Thoma bereits 1904 kennen gelernt hatte. Damals sei er zu schüchtern gewesen und habe sich nicht getraut, bekannte er. Mittlerweile aber war sie verheiratet. Thomas Werben um Maidi blieb zeitlebens vergeblich. Seinem Freund Ganghofer klagte Thoma 1918: »Es ist kein schöner Blick auf diese dreizehn Jahre zurück – und nach vorwärts sehe ich bloß eine Mauer.« Politisch verirrt und im Privaten verbittert, starb der traurige Thoma – ein gutes Jahr nach seinem Freund Ganghofer – am 26. August 1921.

Tragischer Irrtum

»Die bairische Verzweiflung hängt in aller Regel wortlos und ohne Abschiedsbrief des Morgens im Heuboden«, schreibt Carl Amery in seinem Requiem *Leb wohl, geliebtes Volk der Bayern*. Und so hätte sich die folgende Geschichte, die im Chiemgau passiert ist und dem Autor mündlich überliefert wurde, auch jederzeit anderswo in Bayern ereignen können.

Wahrscheinlich wollte er es ja gar nicht, der Leitner Sepp. Nur andeuten wollte er es vielleicht. Drohen. So wie immer. »Pass nua auf, wenn's d' so weita machst, nachad häng I mi no auf«, hat er geschrien. Nicht nur einmal. Aber die Liesl hat nur böse gelacht. »Oh mei, Leitner, mi kannst ned schrecken mit deine Sprüch'«, hat sie ihm gallig entgegengeschleudert und ist erhobenen Hauptes und stolz davongegangen, ohne ihren Mann noch eines Blickes zu würdigen. Jedes Wort war für den Sepp wie ein Faustschlag ins Gesicht. Er wusste, dass sie ihn nicht liebte, nie geliebt hatte. Jeder im Dorf wusste es. Den andern wollte sie seinerzeit haben, den Weber Hans, den Korbflechter – der wär's gewesen, damals. Aber das ist lange her und bekommen hat sie ihn nie. Nur die drei Kinder, die hat sie bekommen – allesamt vom Weber. Drei Sommer hintereinander, jedes Jahr eins, mit der Gewissheit, mit der auf ein »Vater unser« das »Amen« folgte.

Wie alle fahrenden Händler im Herbst hatte Weber seine selbst geflochtenen Weidenkörbe und allerlei Kurzwaren auf die Bauernhöfe der Umgebung gebracht. Zu dem kleinen Gütlerhof freilich war er öfter gekommen, was nicht ohne Risiko war, denn einmal, als es fast schon wieder hell wurde, da pumperte der Bauer an die Kammertür seiner Tochter und drohte dem nächtlichen Gast mit der frisch gedengelten und geschliffenen Sense und den nicht minder scharfen Worten: »Obacht! De hod a Schneid, oiso schleich di, du Kunt, und lass di nimma do sehng, auf unserem Hof.«

Weber war ein stattliches Mannsbild von fast eins neunzig und auch sonst nicht furchtsam. In jener Situation freilich war er leicht behindert – nicht zuletzt wegen der Hose, die noch in Kniehöhe hing und der Jacke, die er unterm Arm trug. Und trotzdem kündigte er frech ein Wiedersehen an: »Wearst as scho sehng, dass I boid wieder kimm.« Und so kam es dann auch. Und weil die Liesl seinen Schneid so sehr mochte wie sein charmantes Lächeln unterm gezwirbelten Schnauzbart, drum folgten mit der ehernen Notwendigkeit der Naturgesetze auf die Weber'schen Hausbesuche auch bald – in der Reihenfolge der Jahre 1905,

1906 und 1907– die Ani, der Hanse und s'Liesei. Allesamt pumperlgsund waren sie und bald auch sternvoll Dreck, weil sie kreuzfidel vor dem Niederhammerhaus im Baatz herumturnten und die Hühner jagten. Heiraten freilich durfte die Liesl nicht. »Den Zigaina? Gwiss ned«, polterte ihr Vater, wenn die Rede drauf kam. »Kreizdeifenomoinei, der Kerbizainer, der varreckte, kimmt ma ned ins Haus«, fluchte der Niederhammer lautstark bei jeder Schwangerschaft aufs Neue. Um am End' dann doch schweigend zu unterschreiben, wenn's darum ging, bei Gericht für das Neugeborene als Vormund einzustehen: »Liaba drei Bankert und de ganze Schand vom Dorf dazua als wia den daherglaffana Grattler auf unserm Hof«, pulverte der Alte bösartig vor sich hin. Ein wenig Bauernstolz klang mit, wenn er das Wörtchen »Hof« betonte, so als wäre mit diesen drei Buchstaben die ganze tiefere Wahrheit seiner Hartleibigkeit erklärt. »Unser Hof« – das war natürlich übertrieben. Denn in Wahrheit war es nichts weiter als ein kleines Anwesen, ein »Saache«, wie man im Bairischen sagt. Grad einmal groß genug, um einen Gütler und seine Familie über Wasser zu halten. Zumindest, wenn nicht jedes Jahr ein neuer Esser dazukam. Kam aber dazu. »Aa wurscht«, bellte der Alte: »So kloa kann unser Hof gar ned sein, dass mia auf den Hausierer ang'wiesen wären.«

Die Liesl und ihre Mutter weinten lautlos vor sich hin und stellten das Reden über diese Angelegenheit bald schon ganz ein. Der Weber Hans war dem Niederhammerbauern halt nicht gut genug. Und damit basta! So gingen die Jahre ins Land, die drei Kinder wuchsen heran, und es dauerte und dauerte, bis der alte Niederhammer immer schwächer wurde und hinfälliger; und dann dauerte es noch mal eine halbe Ewigkeit, bis er langsam vor sich hin sterben und endlich ins Jenseits hinüberwechseln durfte, so mühevoll und verbissen, wie er einst gelebt hatte.

Endlich war die Liesl frei. Aber da war's dann schon zu spät.

Denn der Weber hatte eine andere geheiratet. Und die Liesl blieb allein mit ihren drei unehelichen Kindern. In die Arbeit hat sie sich fortan gestürzt, tagein und tagaus; sie ist eine fleißige Näherin geworden und hat sogar den Meister gemacht. Lachen hat man sie freilich selten gesehen. Nicht einmal bei ihrer eigenen Hochzeit. Plötzlich war alles ganz schnell gegangen und keiner wusste so genau, woher dieser Leitner Sepp überhaupt gekommen war. Aber auf einmal war er da. Und gut war's und dann ist geheiratet worden und dann ist gearbeitet worden und zum Lachen war keine Zeit mehr – und Anlass auch keiner. Nur zum Streiten hat es bei den Eheleuten oft gereicht. Jeden Tag. Jahrelang. Obwohl der Sepp den drei Kindern, die die Liesl in die Ehe mitbrachte, immer ein guter Stiefvater war. Und als das Lenei gekommen ist, die gemeinsame Tochter der Leitners, da wurde ein paar Monate lang gar nicht mehr gestritten. »Schaug an, jetzt wird's besser«, hat sich der Sepp gedacht. Aber gehalten hat es nicht. Schon nach einigen Monaten ging es wieder los, so wie eh und je.

Kurzum, die Leitner'sche Ehe war keine harmonische; und eines Tages, es muss in den frühen 1930er-Jahren gewesen sein, da kam es zu einem der zahlreichen Ehehändel und der Sepp hat wieder einmal gedroht, sich etwas anzutun. »Werst scho sehng, I häng mi auf«, hat er geschrien, noch lauter also sonst. Denn er wusste ja von Vornherein, dass sie nur lachen würde. Aber diesmal hatte er den alten Strick dabei, vielleicht um seine Worte zu unterstreichen, seine Rede glaubwürdiger erscheinen zu lassen. Eine Schlaufe gemacht, notdürftig nur; hinauf auf den Stuhl; den Strick ans Fensterkreuz; den Kopf in die Schlaufe. »Werst as scho sehng«, hat er gesagt. Aber nichts hat sie gesehen, die Liesl, weil sie schon längst wieder draußen war bei der Tür. Nicht einmal das Rumpeln des Stuhls hat sie noch gehört. Eine halbe Stunde später, als sie ihn gefunden hatte, da war er längst tot, der Sepp. Aber so recht glauben wollte es immer noch keiner. Und alle waren sich sicher: es muss ein Unfall gewesen sein! Nur der Herr Pfarrer hat sich nicht auf solche Spekulationen eingelassen. Er hat den Sepp nicht auf dem Gottesacker beerdigt, sondern nur davor. Die Liesl hat zwei Monate lang Trauer getragen. Dann hat sie ihr schwarzes Gewand weggeräumt und angefangen zu arbeiten. Als Störnäherin ist sie von Hof zu Hof gezogen, den ganzen Tag über hat sie genäht, von früh bis spät. Geredet hat sie nichts mehr. Oder nur das Allernötigste. Und das nicht gern.

Nächste Veranlassung: Liebeskummer

»Souverän ist, wer selbst entscheidet, worauf er hereinfallen will« – wenn dieser Satz von Peter Sloterdijk stimmt, dann war die bairische Schriftstellerin Lena Christ (1881–1920) nicht immer souverän. Sie ist des Öfteren hereingefallen und hat dabei längst nicht immer selbst entschieden. Lena Christ war eine »Glückssucherin« (wie Gunna Wendt ihre sehr lesenswerte Christ-Biografie nennt), die nur selten fündig wurde. Als uneheliches Kind war sie nur die ersten Jahre auf dem Land bei den Großeltern glücklich. Als sie siebenjährig nach München geholt wird, beginnt die Zeit der Qualen. Sie wird von der eigenen Mutter geschlagen, gedemütigt und ausgenutzt. Lena Christ versucht immer wieder zu fliehen – etwa ins Kloster, womit sie scheitert. Oder in die Ehe mit Anton Leix, die ebenfalls scheitert, obwohl daraus drei Kinder hervorgingen. Lena Christ verließ ihren Mann und lernte die Armut kennen; damals lebte sie von Schreibarbeiten und von der Gelegenheitsprostitution. Erst der Schriftsteller Peter Jerusalem ermutigte sie, ihre Lebenserinnerungen aufzuschreiben; damit gelangen ihr der Aus- und der Aufstieg. Aber Lena Christs Biografie glich weiterhin einer Achterbahnfahrt. Als die Schriftstellerin im Jahr 1920 wieder einmal in finanzielle Not geriet, fälschte sie die Unterschriften von Künstlern, um Gemälde teuer verkaufen zu können. Sie wurde verhaftet und nahm sich noch vor Beginn des Gerichtsverfahrens das Leben. Auf dem Münchner Waldfriedhof schluckte sie Zyankali, das ihr ihr Mann Peter Jerusalem, von dem sie zu jener Zeit getrennt lebte, besorgt hatte. Im Staatsarchiv München gibt es in den Akten der Polizeidirektion München das sogenannte Selbstmordverzeichnis. Für das Jahr 1920 stehen dort insgesamt 161 Einträge. Eintrag Nummer 70 lautet:

Jerusalem Magdalena
geboren am 30.10.1881 in Glonn, Landkreis Ebersberg
Religion katholisch
Stand: Schriftstellerin
Sittlicher und religiöser Charakter gut
Körperlicher Zustand: günstig
Familienverhältnisse verh.
Erwerbs und Vermögensverhältnisse ungünstig
Art, Ort und Zeit der Selbstentleibung:
30.6.1920 Waldfriedhof vergiftet
Nächste Veranlassung: Furcht vor Strafe

Ob Furcht vor Strafe der alleinige Beweggrund für den Freitod war, darf man bezweifeln. Aus dem Testament der Schriftstellerin Lena Christ könnte man zumindest auch »Reue und Scham« als Motiv herauslesen, denn dort schreibt sie: »Ich habe mich entschlossen, den Makel, welchen ich auf meinen guten Künstlernamen gebracht, und das Unglück, welche(s) ich dadurch meiner Familie zugefügt habe, mit dem Opfer meines Lebens freiwillig zu tilgen und gutzumachen.« Aber auch enttäuschte Liebe dürfte eine nicht unerhebliche Rolle gespielt haben. 1917 war Lena Christ ihrem zweiten Mann Peter Jerusalem nach Landshut gefolgt, wo dieser beim Militär war. Ein Jahr später verliebte sie sich in den jüngeren Sänger Lodovico Fabbri, der eigentlich Ludwig Schmidt hieß. Peter Jerusalem hatte die beiden bekannt gemacht, bei einem Vortragsabend für Verwundete im Landshuter Lazarett. Lodovico war selbst Kriegsinvalide und arbeitete im Gefangenenlager als Dolmetscher, der perfekt Italienisch, Französisch und Deutsch sprach. Als Kind deutscher Eltern in Italien aufgewachsen, soll er ein heiterer, schlagfertiger und temperamentvoller Mensch gewesen sein, der gern italienische Lieder sang. Lena war Feuer und Flamme für den jungen Mann, der leidenschaftlich, zärtlich, aber nicht besitzergreifend war. Im Januar 1919 verließ Lena Christ ihren Mann und zog mit den beiden Töchtern nach München. Lodovico war schon vorausgezogen, und sie wohnten auch eine Weile zusammen. Aber Lena Christ ahnte bereits, dass das Glück mit dem jungen Stenz nicht ewig währen sollte. Und so kam es dann auch. Ludwig Schmidt, für den Lena Christ nur eine Affäre unter anderen war, verließ sie: 1920 verschwand Lodovico aus Lenas Leben so mir nichts, dir nichts, wie er gekommen war.

Als sie am 30. Juni das Gift nahm, war Lena Christ 38 Jahre alt. Das »Einnehmen Flüssiger und fester Gifte« – das zeigt ein Blick in das Statistische Handbuch der Stadt München – kommt im Jahr 1920 sechzehn Mal vor. Ausschließlich bei Frauen. Dank des akribisch angelegten Selbstmordverzeichnisses der Münchner Polizei, das heute im Staatsarchiv München liegt, wissen wir nicht nur, wie viele Suizide es gab: 1927 nahmen sich 209 Personen das Leben, 1928 waren es 220. Auch die Erwerbs- und Vermögensverhältnisse sowie die Gesundheitsverhältnisse werden genannt (sofern möglich) sowie Zeit, Ort und Art der Selbstentleibung und die »nächste Veranlassung« für die Tat. »Liebeskummer« wird bei etwa jedem Zehnten als Motiv vermutet, also etwa in 20 Fällen pro Jahr. Der Anteil der Frauen unter ihnen war groß; wie viele Stenze hinter den Geschichten von der enttäuschten Liebe stehen, lässt sich der Polizeistatistik natürlich nicht entnehmen. Man kann nur spekulieren. Hier ein Auszug aus dem Verzeichnis:

**Zwickelbauer Luise 26.9.1912 München katholisch,
ledig, Dienstmädchen, Rosenheimerstraße 48/III,
gasvergiftet/am 3.1.28 Wohnung/Liebeskummer
Sandmaier Kreszenz 7.9.09 München, katholisch,
ledig, Fabrikarbeiterin, Ligsalzstr 18 III/Nymphenburg
erschossen aufgefunden 26.2.28/Liebeskummer
Fichtl Theodora 15.7.04 München, katholisch, ledig,
im Schlafzimmer der Wohnung erhängt aufgefunden 6.5.28
geistige Wirrung/Liebeskummer
Penninger Amelie 8.2.04 Birnbach, katholisch, ledig,
Dienstmädchen ohne Stellung, erhängt aufgefunden
7.6.28/Liebeskummer**

In jenen Jahren war am Ende eines Selbstmordverzeichnisses häufiger auch ein Beiblatt eingelegt, das die Überschrift »Absprung von der Großhesseloher Brücke« trug. Die doppelgleisige Eisenbahnbrücke im Süden von München war Mitte des 19. Jahrhunderts gebaut worden und überquerte die Isar und den Isar-Werkkanal. Parallel zu den Gleisen konnten auf zwei Fußwegen auch Passanten den spektakulären Blick auf das Isartal und auf

München genießen. Oder in die Tiefe springen, denn die Großhesseloher Brücke war ein berühmt-berüchtigter Ort für Lebensmüde. Zwischen 1877 und 1978 sprangen 290 Menschen von dort in den Tod. In den 1980er-Jahren wurde die alte Brücke abgerissen; der Fußgängerüberweg neben der neugebauten wurde 1985 völlig vergittert. Aber noch im Jahr 1995 sollen acht Fälle von »Sturz aus der Höhe« verzeichnet worden sein.

1913 jedoch meldete die Presse schon Mitte des Jahres das »dreizehnte Opfer der Brücke«. Der Münchner Polizeipräsident Julius Freiherr von der Heydte bat damals die Zeitungsredaktionen, weniger über diese beklagenswerten Taten zu berichten, nicht mehr von »Selbstmörderbrücke« zu schreiben und auch nicht mehr das Bild der Brücke in der Zeitung zu veröffentlichen. »So würde zweifellos das Interesse des Publikums nachlassen.« Allein, es half nichts. Das Publikum sprang weiter. Und auch der kluge Vorschlag eines Obersekretärs namens Theodor Brandt aus dem unterfränkischen Kleinheubach am Main brachte keine Besserung. Brandt hatte in einem Brief an die Polizeidirektion München am 17.12.1933 »Betr. Verhütung von Selbstmorden« geschrieben: »Vielfach wählen diese Unglücklichen zur Ausführung ihres Vorhabens hohe Brücken, von denen sie sich herabstürzen. Ich gedenke hierbei besonders der Großhesseloher Brücke in München, die schon viele Opfer gefordert hat und daher im Volksmunde als Selbstmörderbrücke bezeichnet wird. (...) Wäre es nicht möglich, ca. 4–5 Meter unterhalb dieser Brücke beiderseits ein Netz zu spannen?«

Die Brücke hat auch Eingang in die Literatur gefunden. Johannes R. Becher, der spätere Kulturminister der DDR, ist in München aufgewachsen. Becher beschreibt in seinem stark autobiografischen Roman *Abschied* von 1940, dass »ein ›Mordsskandal‹ in der ganzen Öffentlichkeit Aufsehen erregte«, als »ein Schüler der unteren Klasse« seines Münchner Gymnasiums von der Großhesseloher Brücke herabgesprungen war. Becher selbst hatte unter seinem strengen Vater, einem Münchner Oberlandesgerichtsrat, gelitten. Dem Druck der Schule und des Elternhauses nicht mehr gewachsen, flüchtete er sich in die Literatur. 1910 versuchte er gemeinsam mit seiner um sieben Jahre älteren Jugendliebe Franziska Fuß einen Doppelselbstmord. Becher schoss mit einer Pistole zuerst auf Franziska und dann auf sich selbst. Sie starb. Er überlebte, schwebte monatelang in Lebensgefahr und wurde später – mithilfe seines Vaters – für unzurechnungsfähig erklärt und deshalb auch nicht bestraft. Jahre danach lässt Becher seine Romanfigur in *Abschied* vom Sprung in die Tiefe träumen: »Das schmale Geländer der Großhesseloher Brücke lockte wieder schimmernd über den Abgrund, darin die Isar mit einer sanften dunklen Stimme dahinströmte. Die hohe Brücke winkte mich zu sich, ins Vergessen. (...) Nun stand ich oben, auf der Höhe des Todes, mit der freien weiten Aussicht, und sollte den Todessprung wagen. Ich wagte nicht, bis an den Rand vorzutreten, die Aussicht, welche die Nähe des Todes darbot, genügte mir. Fanny sollte allein springen. Aber Fanny ließ meine Hand nicht los, zog und zerrte mich bis zum Rand vor, da aber erwachte ich und lag neben Fanny.«

Manchmal ist es gar nicht so leicht zu sagen, wer das Opfer ist und wer der Täter. Aber dass der Stenz auf der Stanz in den nächsten drei Geschichten eine fatale Rolle spielt, lässt sich leicht erkennen. Eine schicksalhafte, verhängnisvolle, tödliche Rolle – ganz im Sinne des lateinischen Wortes *Fatum*. Die folgenden Erzählungen basieren ebenfalls wieder auf wahren Begebenheiten; die Gerichtsakten dazu liegen im Staatsarchiv München.

Anna und die Kirschen

Anna W. war 15 Jahre alt, als sie zum Bauern Nagel auf den Hof in Walchstadt kam. Fünf Kinder waren sie daheim gewesen, der Vater ein Hilfsarbeiter mit kargem Lohn – ärmlich ist es zugegangen. Deshalb waren zwar alle in der Familie ein bisschen traurig, als die Anna 1927 wegmusste; gleichzeitig aber auch erleichtert, dass ein Esser weniger daheim am Tisch saß und die Anna eine so gute Dienststelle als Magd antreten durfte.

Der Bauernhof des Bauern Nagel war nicht allzu groß, doch gut geführt und sauber. Er lag im Westen von München, draußen bei den fünf Seen, nur einen Tagesmarsch vom Marienplatz entfernt. Aber so weit weg ist die Anna natürlich nie gekommen. Sie musste viel arbeiten, war stets riegelsam und fleißig, und verstand sich mit dem Bauern recht gut. So gut, dass die beiden nach ein, zwei Jahren ein Liebesverhältnis begonnen haben. Der Michael – so nannte die Anna ihren Bauern manchmal, aber nur, wenn sonst niemand dabei war – der Michael war ein umgänglicher und friedfertiger Mensch. Sie hatte ihn richtig gern. Regelmäßig besuchte er sie in ihrer Kammer. In der Öffentlichkeit aber war von dem Verhältnis der beiden nichts bekannt. Das war dem Michael wichtig. Niemand sollte wissen, dass er es seit Jahren mit seiner minderjährigen Dienstmagd trieb.

Anna war schon sechs Jahre auf dem Hof, da ging sie – an einem schönen, warmen Nachmittag nach Pfingsten – allein zu einer Tanzveranstaltung ins Dorf hinunter. Dort lernte sie den Ludwig kennen. Der war ein schneidiger Bursch und alles andere als ein Lätschenbene; keiner, der dumm und missmutig dreinschaute und ein langes Gesicht machte, während ihm die Hühner das Brot davonstahlen. Der Ludwig war ein frischer, fescher Bursch, der nichts anbrennen ließ und bei den jungen Frauen gut ankam. Ein Stenz, der gern tanzte; und so tanzten auch die beiden, und tranken und scherzten und grad zünftig ging es zu, beim Tanz und überhaupt. Und weil es immer später wurde, und die Anna sich ein wenig fürchtete auf dem Nachhauseweg, so ganz allein, drum begleitete sie der Ludwig noch ein kleines Stück des Wegs; ein Stück, das freilich immer länger zu werden schien. Gleich hinterm Dorf, wo das Waldstück beginnt, da ist es dann mit einem Mal alles ganz schnell gegangen. Vor dem Vormundschaftsgericht wird die Anna später – in fast reinem Schriftdeutsch – aussagen: »Der hier anwesende Hilfsarbeiter Ludwig H., den ich bei einer Tanzmusik kennenlernte, brachte mich an dem fraglichen Abend zum Geschlechtsverkehr und aus diesem Verkehr ist ein Kind hervorgegangen.«

Die kleine Anna junior kam im Frühjahr 1934 zur Welt. Ein paar Monate vor der Geburt des Kindes hatte Anna dem Ludwig erzählt, dass er bald Vater wird. Denn Annas anderer Umstand war nicht mehr zu übersehen, sie war bereits im fünften Monat schwanger, und selbst der Bauer, der Michael, hatte es schon spitzgekriegt, dass seine Magd immer runder wurde. Der fesche Ludwig freilich war mit einem Mal gar nicht mehr so charmant wie damals beim ersten Tanz. »I wars ned!«, sagte er kurzerhand und mit fester Stimme. Und fügte noch hinzu: »Frag doch Deinen Michal!«

Wie der Ludwig überhaupt auf so eine Idee gekommen ist, dass der Bauer der Vater des Kindes sein könnte, das wusste die Anna nicht zu sagen. Und der Bauer auch nicht. Waren die beiden doch felsenfest davon überzeugt gewesen, dass ihr kleines Geheimnis über all die Jahre hinweg geheim geblieben war. Mit einem Mal wurde der Bauer aschfahl im Gesicht, und man konnte zuschauen, wie ihm die Angst ins Genick kroch: »Mein Gott, wenn des rauskommt!«, winselte er mit brüchiger Stimme, bevor er auf die Knie ging und die Anna am Rock festhielt: »Bittschön, sag nichts!«

Anna mochte den Michael, also sagte sie nichts. Und weil der Ludwig gar so ein verlogener Stenz war, der sich nicht um die Folgen seiner Taten scherte, drum sollte er auch zahlen. Bei den Vormundschaftsverhandlungen gab Anna also den Ludwig als Kindsvater an. Der Ludwig seinerseits war nicht auf den Mund gefallen, und nannte vor Gericht den Bauern Nagel als Beihälter. Beihälter – so nennen die Juristen jene, die mit der Mutter Geschlechtsverkehr hatten und möglicherweise auch als Kindsvater in Frage kommen könnten. Die Anna bestritt jedoch, je mit dem Bauern etwas gehabt zu haben, dieser scheide demnach als Beihälter aus. Also wurde der Bauer Michael selbst vor Gericht geladen und befragt, und obwohl er während dieser Befragung tausend Tode starb, war er kaltblütig genug, einen Meineid zu schwören. »Nein, Herr Richter, ich habe keinen Verkehr mit dieser Frau gehabt.« Der Hilfsarbeiter Ludwig wurde danach als Vater der kleinen Anna festgestellt und zu Unterhaltszahlungen verurteilt.

Anna hatte nach der Entbindung ihre Dienststelle verlassen und war nach Hause zu den Eltern gegangen. Nach einem viertel Jahr kehrte sie jedoch wieder auf den Hof des Bauern Nagel zurück. Im Dorf hatte längst die Ratscherei begonnen: »Der Michael war's, der hat seine eigene Magd geschwängert«, hieß es zunächst nur hinter vorgehaltener Hand. Bald aber redete man ganz offen darüber und im Wirtshaus, nach ein, zwei Maß Bier, und wenn wieder einmal das Gespräch darauf fiel, da wurde der Bauer Nagel nur mehr als »der Dirnreiter« verspottet. Und alles lachte! Nur der Michael nicht, denn er hatte Angst, dass die Sache eines Tages doch noch auffliegen könnte. Die kleine Anna wuchs heran. Was, wenn das Mädchen doch von ihm ist? Wenn sie ihm von Tag zu Tag ähnlicher schaut? Alles wäre verloren! Schließlich hatte er im Vormundschaftsgericht einen Meineid geschworen. Einsperren würde man ihn. Das war sicher. Und so raubte die unselige Angelegenheit dem Michael schön heimlich still und leise nicht nur viele Nächte, sondern bald auch den Verstand.

Aus dem umgänglichen und friedfertigen Bauern Michael Nagel wurde ein galliger und bösartiger Mensch, der in manchen Situationen diesen flackernden, irren Blick bekam. »Das Kind muss weg!«, sagte er eines Tages, und er meinte es ernst; es klang aus seinem Munde wie ein militärischer Befehl. Anna war verstört. Ihre Tochter war mittlerweile zweieinhalb Jahre alt. Wie sollte das gehen? Wo soll das Mädchen hin? »Wirf' es in den Dorfweiher!«, forderte Michael. »Da ist vor kurzem schon mal ein Kind ertrunken.« Anna lachte hysterisch und weigerte sich: »Niemals! Du spinnst ja!« Aber der Bauer bedrängte die junge Frau, drohte, sie und das Bankert vom Hof zu werfen, und überhaupt würden alle eingesperrt, wenn das alles rauskomme.

Und so ging Anna an einem heißen Sommerabend mit ihrer Kleinen zum Dorfweiher hinunter, blickte nervös um sich; wollte sichergehen, dass niemand sie am Ufer des Teiches beobachtete. Ein kleiner, fast zärtlicher Schubs reichte, das Mädchen stolperte mehr ins Wasser als dass es stürzte – ganz ohne zu schreien oder anderweitig Aufsehen zu erregen, fiel es in die dunkle Brühe, während sich die Mutter umdrehte und zu laufen anfing. Anna lief und lief und lief. Bis sie endlich daheim war, auf dem Hof vom Bauern Nagel. Dort schloss sie sich in ihrer Kammer ein und fing an zu beten, mit Tränen in den Augen. »Heilige Maria, Mutter Gottes, bitte für uns Sünder jetzt und in der Stunde unseres Todes. Amen«, leierte die Magd vor sich hin. Keine halbe Stunde später lärmten zwei aufgeregte Frauen vor Annas Kammerfenster: »Anni, wo bist denn? Die Kirchmeier Resl hat dei Kloane aus'm Weiher rauszong! Kimm schnell, sie lebt!«

Die kleine Anna hatte also den Geist noch nicht aufgeben wollen, und ihre Mutter war insgeheim heilfroh darüber. Nur der

Nagel nicht, der bekam mit einem Mal wieder dieses Flackern im Blick und schrie eines Tages: »Dann muss es halt anders gehen. Gib ihr Tollkirschen! Es darf nichts rauskommen. Niemals!«

Der 30. August 1936 war ein für die Jahreszeit etwas zu kühler Sonntag, von dem die Zeitungen tags darauf berichteten, dass der deutsche Automobilrennfahrer Bernd Rosemeyer den Großen Bergpreis von Deutschland gewinnen konnte. Zu lesen stand auch, dass der britische Passagierdampfer Queen Mary den Atlantik in Rekordzeit überquert hatte; nämlich in drei Tagen, 23 Stunden und 57 Minuten. Was sich an jenem Sonntag in Walchstadt zugetragen hatte, stand nicht in der Zeitung. Wie auch. Keiner hatte Anna W. dabei beobachtet, wie sie vom Nagel'schen Anwesen zum nahen Waldrand hinüberschlenderte und eine Handvoll Tollkirschen pflückte. »Wie schön sie sind«, dachte Anna bei sich und lächelte. »Drei, vier Stück müssten reichen.« So hatte es ihr auch der Nagel vorgesagt. Als sich der letzte Sonntag im August seinem Ende zuneigte, gab Anna W., 24 Jahre alt und ledig, ihrer zweieinhalbjährigen Tochter gleichen Vornamens vier von den schwarzen, leicht süßlich schmeckenden Tollkirschen. Die Kleine zögerte nicht, die Früchte zu schlucken, wie ihr die Mutter geheißen hatte, und bald schon stellten sich erste Vergiftungserscheinungen ein. Die Augen des Kindes glänzten wie heller, nasser Asphalt im Sommerregen, seine Pupillen wurden weit und weiter, und das Gesichtchen immer heißer und röter.

Die kleine Anna konnte bald nicht mehr schlucken, wurde immer unruhiger, fing an zu weinen und tobte schließlich wie eine Besessene. Irgendwann verlor das Kind das Bewusstsein, und doch dauerte der Kampf noch bis zum Vormittag des darauffolgenden Tages: »Tod durch Atemlähmung infolge Vergiftung!« stand auf dem Dokument, das der Arzt ausstellte. Die ergänzende Bemerkung »Atropa belladonna, Schwarze Tollkirsche!!« war mit zwei Ausrufezeichen versehen und unterstrichen, so als wollte der Mediziner erste leise Zweifel an der Version der Mutter anmelden. Die Kleine, gab Anna zu Protokoll, habe am Waldrand bei den Sträuchern gespielt und sei am Abend ganz seltsam geworden.

An das Unglück der kleinen Anna hätten alle im Dorf gern geglaubt, wenn da nicht das Gerede mit der Kindsvaterschaft gewesen wäre und die Geschichte mit dem Dorfweiher, die plötzlich in einem ganz anderen Lichte erschien. Auch die Polizei mochte nicht recht an den Tollkirschenunfall glauben. Anna wurde immer wieder verhört. Bis sie eines Tages im November 1936 die Nerven verlor und einen Stadel anzündete auf jenem Gutshof, wo ihre Eltern schon bedienstet waren und wo sie neuerdings als Wäscherin arbeitete. Und weil der erste Heustadel schnell gelöscht werden konnte, zündete sie wenig später einen weiteren an, der abbrannte bis auf die Fundamente. Anna konnte sich später selbst nicht mehr erklären, warum sie das getan hatte. Vielleicht waren es die vielen Polizeiverhöre, in denen sie bereits des Kindsmords verdächtigt wurde?

Ein Jahr später, am 8. November 1937, wurde Anna W. wegen Mordes, versuchten Totschlags sowie einfacher und schwerer Brandstiftung zum Tode und zu einer Gesamtzuchthausstrafe von vier Jahren verurteilt. Der Führer und Reichskanzler Adolf Hitler wandelte die Todesstrafe später in eine lebenslange Zuchthausstrafe um. Anna W. wurde 1948 aus der Haft entlassen und trat eine Dienststelle beim katholischen Fürsorgeverein an. Später arbeitete sie viele Jahre lang unbescholten als Köchin in einer Klinik im kleinen Walsertal. 1966 stellte sie ein Gnadengesuch. Ihm wurde stattgegeben, und sie erhielt die bürgerlichen Ehrenrechte zurück.

Der Bauer Michael Nagel wurde bei der Verhandlung im November 1937 nicht als Zeuge gehört. Er war wenige Monate zuvor für geisteskrank erklärt und in der Heil- und Pflegeanstalt Eglfing Haar untergebracht worden, wo er vermutlich später auch starb.

Mörderischer Stenz

Wie bringt ein Stenz seine unliebsam gewordene Eroberung möglichst schnell und ohne größere Reibungsverluste wieder los? Die Frage ist nicht immer leicht zu beantworten, das Problem nicht immer elegant zu lösen. Zu den zweifellos feineren Varianten würde man heutzutage wohl eine charmante Essenseinladung zählen, bei der der Stenz – »Ja mei, schau Schatzi« – ruhig und einfühlsam erklärt, warum es »so mit uns beiden« jedenfalls nicht weitergehen kann. Weit weniger elegant wäre da eine Kündigung per SMS, etwa mit dem Wortlaut: »Tschau, Baby, das war's! Ruf bitte nicht mehr an.«

Freilich wäre auch diese Variante immer noch hundertmal besser als das, was uns die Wittelsbacher im Fall Agnes Bernauer als Entsorgungskonzept an die Hand gegeben haben. Der junge Bayernherzog Albrecht III. von Bayern-München hat sich im 15. Jahrhundert in die Baderstochter Agnes verliebt und soll sie sogar heimlich geheiratet haben. Sagt man. Leider war die Liaison mit der Augsburger »Badhure« nicht ganz standesgemäß, was Albrechts Vater Ernst arg erzürnte. Er ließ – grausam wie er war – die selbstbewusste und am Hofe bald schon recht einflussreiche Agnes Bernauer 1435 in der Donau ertränken. Mag gut sein, dass – wie so oft – Fragen der Moral und des (An-)Standes nur ein Vorwand waren, und Agnes in Wahrheit ihrem Schwiegervater Herzog Ernst nur politisch lästig geworden war, weil sie in Opposition zu ihm stand. Wie auch immer.

Nicht minder gnadenlos hatte zwei Jahrhunderte zuvor Ludwig II., Herzog von Baiern und Pfalzgraf bei Rhein, seine Gemahlin Maria von Brabant beseitigt. Er verdächtigte sie des Ehebruchs und ließ sie am 18. Januar 1256 in Donauwörth enthaupten. Seinen Beinamen »der Strenge«, den man ihm später verlieh, hat er jedenfalls nicht verdient. Streng geht anders. Ludwig war vielmehr jähzornig, grausam und ungerecht. So ließ er eines Tages einen Turm, in dem sich Feinde auf der Flucht versteckten, kurzerhand anzünden. Und auch die Hinrichtung seiner ersten Frau war brutal und unrechtmäßig, und obendrein völlig grundlos. Das war Ludwig später wohl auch klar geworden, immerhin leistete er Buße für die Bluttat, gründete das Kloster Fürstenfeld bei München und gab einer Tochter aus seiner zweiten Ehe den Namen der Ermordeten.

Aber nicht nur die adligen Stenze haben gelegentlich ihre mörderischen Seiten. Wie der folgende Fall zeigt.

12. Juli 1925. Ein schwülwarmer Sonntagvormittag. Der staatsanwaltschaftliche Wochenenddienst am Landgericht Traunstein ist gerade mit dem Umschichten von Papierstößen und dem Abarbeiten von Protokollen beschäftigt, als um Viertel nach elf das Telefon klingelt. Die Gendarmeriestation Töging, Bezirksamt Altötting, teilt fernmündlich mit, dass im Sollerholze in der Nähe von Töging die Leiche eines unbekannten jungen Mädchens mit durchschnittenem Hals aufgefunden worden sei.

Eine gute Stunde zuvor war der Arbeiter Jakob Freudenstein aus Töging mit seinem Hund beim Schwammerlsuchen im Wald unterwegs gewesen, als das Tier plötzlich unruhig wurde und anfing, im schwer zugänglichen Unterholz herumzuschnuppern. Freudenstein folgte dem Mischling, sah zunächst nur ein Handtäschchen am Boden, dessen Lederriemen vom Bügel gerissen war; dann entdeckte er die Leiche, die sein Hund aufgestöbert hatte.

Am Tag darauf tippte Kriminaloberinspektor Georg Reingruber seinen Bericht über die Inspektion des Tatorts. »Frauenleiche, etwa 18 bis 21 Jahre alt. Lustmord im sog. Sollerholz«, schrieb der 58-jährige Beamte, der seit Anfang des Jahres die Münchner Mordabteilung leitete. Reingruber hatte in seiner Laufbahn schon einiges gesehen, immerhin war er seit 1922 der ermittelnde Kriminaloberinspektor im spektakulären Mordfall Hinterkaifeck, der ihn noch bis 1930 – allerdings ohne Erfolg – beschäftigen sollte. Auf dem oberbayerischen Einödhof Hinterkaifeck waren in der Nacht vom 31. März auf den 1. April 1922 sechs Menschen mit einer Hacke erschlagen worden.

Und jetzt also ein Lustmord. Auch kein schöner Anblick. Blut. Sehr viel Blut. Schwere Schnitt- und Stichverletzungen am Hals und am Unterleib. Der Tatort lag in einer 10- bis 12-jährigen Fichtenschonung, südlich und nördlich davon jeweils ein Fußweg durch den Wald. Nur ein paar hundert Meter weiter verlief der Innkanal, der drei Jahre zuvor fertig gestellt war – »Europas größte Baustelle« hieß es damals in den Zeitungen. Tausende Arbeiter waren mit dem Kanalbau beschäftigt. Keine zwei Kilometer vom Fundort der Leiche gab es in Töging am Inn ein Wasserkraftwerk und eine Aluminiumhütte, die im Jahr zuvor ihren Betrieb aufgenommen hatte. Dort arbeiteten viele Männer. Reingruber überlegte. Alles sah nach einem Lustmord aus: das dunkelblaue Mantelkleid mit den langen Ärmeln bis zu den Knien hochgeschoben; die Tote auf dem Rücken liegend. »Fast so, als habe sie auf ihren Geliebten gewartet«, dachte der Kriminaler bei sich. »Zwei Tage liegt sie wohl schon so auf dem Waldboden.« In der Lederhandtasche des Opfers waren nur Kleinigkeiten. Ein Rentenmarkschein und eine Zeitungsannonce mit einem Stellenangebot.

Es dauerte nicht lang, bis Reingruber und seine Kollegen herausfanden, wer das 1,50 Meter große, schmächtige Mädchen im

Wald war: Therese Huber, 17 Jahre alt, Dienstmädchen, dunkelblondes Haar, braune Augen, rundes Gesicht. Zeugen sagten, sie sei zuletzt am 9. Juli nachmittags um drei Uhr im Gasthaus in Töging mit einem bekannten Arbeiter zusammen gesehen worden. Sie habe mit diesem gezecht. Hieß es.

Die Obduktion der Leiche ergab nicht nur, dass Therese infolge der Stichverletzung am Hals durch Blut in der Lunge erstickt war, sondern auch, dass das Mädchen schwanger war – Ende fünfter, Anfang sechster Monat. War es vielleicht doch kein Lustmord?

Therese stammte aus einem Dorf am Inn, flussaufwärts gut 10 Kilometer entfernt von jener Stelle, an der sie ermordet aufgefunden wurde. Von Februar bis Mitte Juni 1925 war sie bei einer Elektrotechnikers-Gattin in Neuötting in Stellung gewesen. Das Mädchen habe sich verhältnismäßig gut geführt. Erst als die Elektrotechnikers-Gattin eines Tages ins Krankenhaus musste, da sei Therese nachlässig geworden und oft sehr spät heimgekommen. Deshalb habe man ihr gekündigt.

Die umfangreichen Ermittlungen ergeben schnell, dass Therese, die seit Ende Februar schwanger war, auch seit ungefähr jener Zeit ein Liebesverhältnis hatte, mit einem gewissen Blasius Hilpert, geboren am Heiligen Abend 1898 in Wiesetbruck, Bezirksamt Feuchtwangen. Der ledige Fabrikarbeiter aus Neuötting wurde noch am 13. Juli verhaftet und verhört. Hilpert stritt ab, etwas mit Thereses Tod zu tun zu haben. Viele Zeugen wurden vernommen, Bekannte, Arbeitskollegen. Der 27-jährige Hilpert, so stellte sich heraus, hatte schon vor Therese einige Liebschaften. Offenbar war Blasius ein Frauentyp. Im Jahr zuvor bekam eine seiner Geliebten, eine gewisse Obermeier, ein Kind von ihm. Die beiden trennten sich. Als das Kind im April 1925 starb, näherten Hilpert und die Obermeier sich wieder an. In jener Zeit aber hatte Hilpert schon sein lockeres Verhältnis mit Therese Huber begonnen. Als die dem Blasius sagte, dass sie auch von ihm schwanger sei, kam es zum Streit. Heiraten? Niemals! Und zahlen wolle er auch nicht. Immer wieder wurde die Schwangerschaft Thema heftiger Auseinandersetzungen. Nein, Blasius wollte das Kind einfach nicht, er forderte Therese auf, abzutreiben. Sie lehnte das ab.

Im Januar 1926 wurde der Strafprozess gegen Blasius Hilpert wegen Mordes eröffnet. Das Schwurgericht kam zu der Überzeugung, dass er der Täter ist. An jenem Freitag im Hochsommer soll sich Folgendes abgespielt haben:

Am Spätnachmittag des 10. Juli 1925 lockt Blasius Hilpert seine von ihm geschwängerte Geliebte, das Dienstmädchen Therese Huber aus Ebing, in den abgelegenen Wald bei Töging, und zwar ganz bewusst an eine Stelle, die um diese Tageszeit wenig begangen wird und die dichtes Unterholz aufweist. Er lockt Therese ins Dickicht, damit sie sich ihm dort hingebe. »In dem Augenblicke, in dem das Mädchen sich auf den Boden legte und sich zum Beischlafsvollzug bereit machte, hat der Angeklagte ihm kampflos den wuchtigen und unmittelbar tödlichen Stich in den Hals beigebracht.«

Hilpert täuscht einen Lustmord vor. Anschließend läuft er zum Bahnhof, besteigt den Zug nach Neuötting und setzt sich dort in die Salmannsberger'sche Wirtschaft, um ein Alibi für den frühen Abend zu haben. Blasius Hilpert bestreitet die Tat. Dennoch wird er 1926 wegen Mordes zum Tode verurteilt; das Urteil wird später in lebenslange Haft umgewandelt.

»Da kann man doch nichts machen«

Wenn ein Weib einen Trank zur Abtreibung eingibt, ist es eine Magd, so erhalte sie 200 Schläge; ist es aber eine Freie, so verliere sie die Freiheit und werde dessen Magd, den der Herzog bezeichnet.
(aus der Lex Baiuvariorum, dem bairischen Stammesrecht)

Anna sagt: »Charmant war er schon, der Hofer. Einmal hat er mich sogar zum Schifahren mitgenommen. Er war unser Zimmerherr und ist halt in der Nacht öfter eingestiegen bei mir.« Anna sagt auch: »Der Meier? Der ist mit seinem Motorrad gekommen. Einen Ausflug hamma g'macht. Und noch ein bisserl mehr ...«

Die Leute sagen: »Was soll man da machen? Mit so einer Tochter! Da kann man doch nichts machen!«

Der Herr Pfarrer sagt: »Einfache, aber brave Leut', die Familie G. Der Vater ein Hufschmid- und Schlossergehilfe, Vorstandsmitglied in der Pfarrei, ein ruhiger, zuverlässiger, fleißiger Mensch – vorbildlich. Auch die Mutter! Vorzügliche Frau, eine eifrige Katholikin, die den Haushalt mustergültig führt! Nur etwas zu nachsichtig ist sie, mit der Tochter. Ja mei, die Anna, die ist missraten; völlig aus der Art geschlagen!«

Anna sagt: »Ich scheiße auf den Herrgott, ich scheiße auf die Kirche und auf den Pfarrer. Was es auszumachen gibt, mit dem Herrgott, das mache ich mit ihm selbst aus. Alles!« Anna sagt, sie scheiße auch auf den mustergültig geführten Haushalt der Mutter. Sie scheiße auf das Haus des Vaters. Überhaupt auf alle schönen Sachen. Denn sie habe ihre Eltern noch nie gemocht. »Aber«, sagt die Anna, »ich bin kein Schlamperl. Und für das, was geschehen ist, kann ich mich jetzt auch nicht aufhängen. Ich versteh die ganze Aufregung sowieso nicht.«

Im Gutachten des Katholischen Caritasverbandes aus dem Jahr 1931 steht über Anna G., geboren 1910, ledige Kontoristin: »Als Kind schwächlich, hochgradig anämisch, rachitisch. Mit sieben Jahren erst eingeschult, die sechste Klasse wiederholt. Mangelhafte Begabung«. Die Lehrerin warnt die Mutter damals: »Passen Sie auf, die Anni schlägt noch aus.«

Die Hauswirtschaftsschule notiert über Anni: »schwach begabt, ungeschickt, fleißig, still, farblos, brav«.

Die Mitschülerinnen berichten: Anni lacht und scherzt auf der Plattform der Trambahn gern mit fremden Herrn. »Da wacht sie auf einmal auf. Sonst kann sie nicht bis fünf zählen.«

Anna sagt: »Der Schmid war mein Erster. Den hab ich gern gehabt. Den wollte ich heiraten. Und er mich auch. Aber den wollten meine Eltern nicht. Deshalb kam es zu der ersten Abtreibung.«

Annas Mutter klagt dem Postboten Engelbert K. gegenüber, dass Anna schwanger sei. Der Postbote weiß von einem ledigen Dienstmädchen, das abgetrieben hat. Annas Mutter nimmt Kontakt mit dem Dienstmädchen Franziska H. auf. Die 26-Jährige schreibt, sie habe für die Abtreibung einen »Schwammerl« verwendet. Die Mutter bittet Franziska H., sie solle »ein solches Schwammerl« schicken. Franziska H. schickt »ein beinernes Pessar, das die Form eines Pilzes hat«. Anna solle es in die Gebärmutter einführen. Sollte das nicht halten, müsse Annas Mutter 20 Mark schicken, dann komme ein Mann, der die Abtreibung vornimmt.

Kurt Felix R., geboren 7.3.1897 in Freiberg in Sachsen, wohnhaft in Fraureuth, Thüringen, verheiratet, zwei Kinder im Alter von sechs und acht Jahren, Beruf Bäcker, unvermögend. Arbeitete in einer Porzellanfabrik; als diese geschlossen wird, verdient er seinen Unterhalt als Reisender mit dem Verkauf von Seife. Das bringt nicht genügend ein. Bis Oktober 1929 Bauarbeiter, dann arbeitslos, seit August 1930 ausgesteuert. Kurt Felix R. nimmt 1929 und 1930 bei mehreren Frauen Abtreibungen vor, indem er ihnen ein pilzförmiges Pessar einsetzt. Wenn dieses nicht hält, setzt R. einen Mutterspiegel ein und spritzt warmes Seifenwasser in die Gebärmutter. Drei bis fünf Mark verlangt er pro Einspritzung. R. wird später wegen fortgesetzter Abtreibung nach §218 Abs. 4 zu einem Jahr Gefängnis verurteilt.

An Ostern 1930 kommt R. auch nach München. Er zieht für mehrere Tage in das Haus von Annas Familie. Seinen wahren Namen verrät R. zunächst nicht. Annas Vater sagt später vor Gericht, er habe nichts von einer Abtreibung gewusst, der R. sei eines Nachts gegen zehn Uhr gekommen, weil er in München Arbeit suchte. Deshalb habe er ihn ein paar Tage im Haus aufgenommen. Annas Mutter Therese G. sagt etwas anderes aus: »Mein Mann wusste von Annas Schwangerschaft und auch, was der fremde Mann bei uns im Hause macht. Aber mein Mann sagte, er mische sich da nicht ein, das sei Frauensache.«

Zweimal täglich macht der gelernte Bäcker Kurt Felix R. im Schlafzimmer von Annas Eltern Seifenwassereinspritzungen in Annas Gebärmutter. Er verwendet hierzu einen Gummiballen und ein 16 Zentimeter langes dünnes Ansatzrohr. Anna G.: »Das Seifenwasser hat sich der Mann selbst zurecht gemacht. Nach ein paar Tagen bekam ich Leibschmerzen und es ging von mir gestocktes Blut und auch eine ungefähr 10 cm lange Frucht, glaublich männlichen Geschlechts, ab. In ärztlicher Behandlung stand ich hiewegen nicht. Die Blutungen dauerten ungefähr 5 Tage lang an. Der betreffende Mann war ungefähr 10–12 Tage bei uns, er hat bei uns gewohnt und wurde auch von uns verköstigt. Soviel mir bekannt ist, erhielt derselbe für seine Tätigkeit ungefähr 36 Mark Fahrtvergütung und ungefähr 10 Mark noch extra.

Außerdem gab ihm meine Mutter bei seiner Abreise noch ungefähr 50 Stück Eier mit nach Hause. Bereits nach ein paar Tagen seines Hierseins erklärte der betreffende Mann, er sehe, dass wir ehrliche Leute seien und er wolle uns seinen richtigen Namen nennen, er nenne sich Kurt R., sei verheirateter Hilfsarbeiter und wohne in Fraureuth in Sachsen.« Annas Mutter schickte ihm später noch Pakete mit Lebensmitteln und Kleidung – für seine Kinder!

Anna sagt: »Die Mutter hat mich zur Abtreibung gezwungen, weil meinen Eltern der Schmid als Kindsvater nicht gepasst hat. Meine Eltern haben mich dauernd geschlagen.«

Der Gutachter schreibt: »Anna entwickelt jedoch erstaunliche ›Fähigkeiten‹, sobald sie in ihrem Triebleben durch irgendeinen fremden Einfluss geweckt wird, dem sie sich dann hemmungslos ergibt. Das Unterscheidungsvermögen von Gut und Böse versagt vollständig. Anna G. scheint mir den Typ des ungeratenen Kinds darzustellen. Die Schwere des Vergehens kommt ihr nicht zu Bewusstsein. Sie zeigt keinerlei Reue, gibt in schnippischer Weise allen die Schuld, die sie ›so streng und in lauter Zwang‹ erzogen hätten.«

Annas Vater erinnert sich so: »Im Februar 1931 war Anna einige Tage bettlägerig. Meine Frau hat mir damals erzählt, dass Anna wieder schwanger sei. Von unserem Zimmerherrn, dem Baupolier Hofer. Das hat die Anna zu meiner Frau gesagt.«

Anna: »Oh mei, der Hofer! Unser Zimmerherr – wir haben uns eigentlich gar nicht mögen. Aber er ist halt bei meinem Fenster eingestiegen. Was hätte ich da machen sollen, da kann man doch nichts machen! Oder? Wir haben öfter miteinander geschlafen, ich war auch mal mit ihm beim Schifahren.«

Der Hofer sagt, er könne nicht der Kindsvater sein, er habe beim Verkehr immer Obacht gegeben. Und wenn doch, so werde er Anna bestimmt nicht heiraten.

Anna sagt, sie habe von Hofer Pillen bekommen, gegen die Schwangerschaft – also die zweite. Hofer habe ihr gedroht, sie dürfe ja nichts erzählen. Mit dem Maier habe sie damals noch nichts gehabt. Später freilich gesteht Anna, dass sie nicht genau wisse, ob sie vom Hofer oder vom Maier schwanger war. Aber der Maier wollte die Pillen sehen, die Anna vom Hofer bekommen hat. Das Gericht vermutet, dass bei Annas zweiter Abtreibung der Maier mitgewirkt hat. Anna: »Der Maier ist zwar dreißig Jahre älter als ich, aber der ist meine Zuflucht vor der Rohheit der Eltern, die mich nur schlagen. Gerade extra heirate ich diesen Mann, sein Vorleben kümmert mich überhaupt nicht!«

Aussage des Maier, 51 Jahre alt, geschieden, arbeitslos: »Die Anna G. kenne ich schon seit ein paar Jahren. Ungefähr an Ostern habe ich mit der Anna eine Spazierfahrt auf meinem Motorrade gemacht.«

»Schlechte Gesellschaft!« schreibt der Gerichtsgutachter. Das Mädchen stehe ganz unter dem Bann ihres derzeitigen Bräutigams Maier. Dieser stehe überall im übelsten Ruf. Er gebe sich nur mit ganz jungen Mädchen ab, heißt es. »Maiers zersetzende Ansichten haben Anna infiziert!« Maier war wohl auch an der zweiten Abtreibung beteiligt, vermutet das Gericht. Er soll in Rosenheim schon mehrere Abtreibungen vorgenommen haben.

Amtsgericht München August 1931: Strafverfahren gegen G. Anna, München, ledige Kontoristin wegen Abtreibung: 1 Monat Gefängnis und 50 Reichsmark Strafe. Gegen Vater Franz G. wegen Beihilfe zur Abtreibung: 1 Monat Gefängnis und 70 Reichsmark Strafe. Gegen Mutter Therese G.: 1 Monat Gefängnis.

Vor Gericht sagt Annas Mutter, ihre Tochter sei sehr verlogen, hysterisch veranlagt und geistig nicht normal. Sie werde deshalb entmündigt. Anna wird am 22. Juli 1931 in die psychiatrische Klinik München-Nussbaumstraße eingewiesen – zur Beobachtung.

Verbotene Liebe

Die folgende Geschichte ist ebenfalls nicht erfunden. Der Stenz ist darin allerdings eines der Opfer. Genauer gesagt Opfer eines rassistischen Unrechtssystems. Die Unterlagen zum Fall des NS-Zwangsarbeiters Stefan Duda liegen im Staatsarchiv München.

Alle waren sie gekommen. Die namhaften Persönlichkeiten aus Staat, Kultur und Partei, die Bürgermeister der umliegenden Gemeinden, der Herr Schulrat, der Ortsgruppenleiter, selbstverständlich auch der in weltanschaulichen Fragen als besonders radikal bekannte und gefürchtete NSDAP-Kreisleiter und die Leiterin der nahen Behindertenanstalt, in der seit Sommer 1940 »Geisteskranke« und »Geistesschwache« ermordet wurden. Mannschaften von SA und SS rückten ebenso an wie acht Gendarmen aus benachbarten Polizeistationen. Und für die Zuschauer des Spektakels, das am 10. Oktober 1941 im Gemeindegebiet des oberbayerischen Taufkirchen stattfinden sollte, hatte man eigens am Waldrand von Gallenbach eine »große Waldbühne« errichtet. An jenem Freitag im Oktober, der nach Aufzeichnungen des Wetterdienstes mit einer geringfügigen Abweichung von 0,4 Grad Celsius nur etwas zu kalt war, hatte im Deutschen Reich die Aktion zur »Entrümpelung schlechter Sitten« begonnen. So wurde etwa in Hannover ein Kellner verhaftet, weil er einer Frau, die mehrfach ihr bestelltes Essen anmahnte, stattdessen das Götz von Berlichingen-Zitat servierte. Doch über die »Entrümpelung schlechter Sitten« sprach im oberbayerischen Taufkirchen bei Mühldorf an jenem Freitag niemand, schon gleich gar nicht mehr, als die beiden Fahrzeuge der Polizeidirektion München die Ortsgrenze passierten. In einem LKW wurden zwei KZ-Häftlinge aus Dachau sowie ein kompletter, in seine Einzelteile zerlegter Galgen herangekarrt. Und im Begleit-PKW saßen – in Zivil gekleidet – Vertreter des Gerichtskollegiums und

Angehörige der Gestapo München. Sowie der Verurteilte Stefan Duda.

Während die KZ-Häftlinge am Waldrand zwischen Gallenbach und Öd den Galgen aufbauen mussten, hatten sich alle polnischen Zwangsarbeiter der Gegend zu versammeln. Man zwang sie, Zeugen der Hinrichtung des Stefan Duda aus dem Kreis Kielce in Polen zu werden. Duda hatte beim Einödbauern M. in Öd bei Taufkirchen als landwirtschaftlicher Zwangsarbeiter gearbeitet. Sein Arbeitsplatz lag keine 500 Meter von jener Stelle, an der die KZ-Häftlinge in ihren weiß-blau gestreiften Anzügen jetzt den Galgen aufbauen mussten. Das Verbrechen des 26-jährigen Duda bestand darin, im Winter 1940/41 mit der gleichaltrigen Tochter des Einödbauern M. ein Liebesverhältnis angefangen zu haben. Im Amtsdeutsch hieß es, dass »die beiden wiederholt geschlechtlich miteinander zu tun hatten«. Dieser »fortgesetzte Geschlechtsverkehr mit einem deutschen Mädchen« war ruchbar geworden, das Liebesverhältnis kam zur Anzeige.

Noch heute erzählt man sich in Taufkirchen, dass es Eifersucht war, die letztendlich zu dieser Denunziation geführt hat. Duda, der ein gut aussehender Mann war und ein ausgesprochen gewinnendes Wesen hatte, soll nämlich noch mit einer zweiten Frau geflirtet haben. Es soll zum Streit um die Gunst des jungen Polen gekommen sein, woraufhin wohl die Nazi-Honoratioren des Ortes eingriffen und den Vorfall zur Anzeige brachten.

Die Bauerntochter saß zunächst ein Jahr lang in Polizeihaft im Amtsgerichtsgefängnis Mühldorf am Inn, kam nur kurze Zeit frei und wurde danach gleich wieder von der Gestapo ins KZ Ravensbrück gebracht, wo sie bis Oktober 1942 inhaftiert blieb.

Stefan Duda wurde erst in das Gestapogefängnis München gebracht und später in das KZ Dachau überstellt, wo er neun Monate lang auf seinen Tod wartete. Die Schauhinrichtung fand um 11.30 Uhr statt, als die KZ-Häftlinge dem Verurteilten einen Strick um den Hals legen mussten. Dudas Todeskampf dauerte fünf Minuten. Danach nahmen die KZ-Häftlinge die Leiche ab, legten sie in einen Sarg, bauten den Galgen ab, verstauten alles im LKW und wurden wieder abtransportiert. Während die Bevölkerung und die polnischen Landarbeiter schockiert weggingen, feierte die lokale Prominenz aus Staat, Kultur und Partei – an die 50 Personen sollen es gewesen sein – in der benachbarten Gastwirtschaft von Gallenbach. Dort, heißt es im Protokoll der Gemeindechronik, war ein »feudales Leichenmahl vorbestellt«. Dieses sei später von den Herrschaften jedoch nicht bezahlt worden, empört sich der Schreiber der Gemeindechronik.

Die Geschichte von der verbotenen Liebe und der Ermordung des Stefan Duda hing sieben Jahrzehnte wie ein finsterer Schatten über der Gemeinde Taufkirchen. Alle kannten sie; aber keiner wollte darüber reden. Erst in letzter Zeit sprechen Taufkirchener – zum Beispiel die jungen Wirtsleute von Gallenbach – offen über das mörderische Ende dieser verbotenen Liebe. Man plane – heißt es –, für Stefan Duda und seine verbotene Liebe einen Gedenkstein zu setzen und einen Rosenstock zu pflanzen.

Urban Stenz

Die große Stadt ist stets ein gutes Jagdgebiet für den Stenz. Das war früher so, und es ist heute nicht anders. Die Sonnenbrille im Gesicht und das Jackett lässig über den Arm geworfen schlendert der Stadt-Stenz durch die Straßencafés, Bars und Lokale des urbanen Raumes, stets auf der Suche nach seiner Beute auf zwei Beinen. So wie einst der mit Pfeil und Bogen jagende Buschmann im südlichen Afrika eine springende Antilope auf einhundertfünfzig Meter Entfernung treffen konnte – das zumindest versichert glaubwürdig der Schriftsteller Laurens van der Post in *Die verlorene Welt der Kalahari* –, so erkennt der urbane Stenz auf eben jene Entfernung, ob ein vorbeistreifendes Rehlein die Jagd lohnt, d. h. ob eventuell etwas laufen könnte. Selbst kurzsichtige Stenze können genau unterscheiden, was jagdtechnisch geht, und das ist durchaus nicht so verwunderlich, wie es klingt, weil ja bekanntlich »ein bisserl was« immer geht – wie uns der unsterbliche Vorstadt-Casanova »Monaco Franze« einst lehrte. Er ist auch ein lebendes Beispiel dafür, dass der Stenz seine Beute meist recht genau kennt: » … und so, wie sie 'gangen ist, hat's eher ausg'schaut wie eine, die von der Arbeit kommt und heimgeht … Die hat mehr so g'redt wie Rosenheimer Berg, Innere Wiener Straß, Max Weber Platz, Haidhausen – so hat die g'redt.«

Voraussetzung für den Erfolg ist also ein ausgeprägtes jagdtechnisches Fachwissen: Was ist gerade »in«? Was ist »out«? Wo lohnt es sich zu »grasen«? Wo ist es reine Zeitverschwendung? Ähnlich wie der Kalahari-Kerl, der sich auf der Suche nach Honig zu »allerlei tollkühnen Unternehmungen« verleiten lässt, um die Wildbienennester der Steppe auszuräumen, verfügt der naschende Urban Stenz über besondere Ortskenntnis, streift durch die Täler und Schluchten der Großstadt und weiß genau, wo sich das Erklimmen von Klippen lohnt, weil der süße Honigtau der Liebe am Ende als Belohnung wartet: »Schmarrn S-Bahn. Dann tät sie ja in einem Vorort wohnen, und nach Vorort hat's überhaupt nicht ausg'schaut, für mich hat die eher ausg'schaut wie Innenstadt-Randbezirk: Berg am Laim, Sendling, Harras, Waldfriedhof, äußere Agnes-Bernauer-Straß', vielleicht ...«

Doch genug der Jäger-und Sammler-Poesie. Es gibt auch ganz profane Argumente, die die Stenz'sche Trefferquote im städtischen Umfeld erhöhen. Zum Beispiel die Tatsache, dass es junge Frauen in die Großstädte zieht, wie eine wissenschaftliche Studie unlängst belegt hat. Sie kommen zuhauf, und dem Jagderfolg des städtischen Stenzes kann eigentlich gar nichts mehr im Weg stehen.

Heilige Munditia, hilf!

München, schreibt Lion Feuchtwanger, »war eine dörfliche Stadt«, die »noch sehr verwachsen mit dem Landvolk« war und »ein lautes, ungeniertes Leben im Fleisch und im Gemüt« lebte. »Sie war zufrieden mit sich. Ihr Wahlspruch war: Bauen, brauen, sauen.« Letzteres soll uns an dieser Stelle interessieren. Mit »sauen« ist weder das oft regnerische Wetter in der Landeshauptstadt gemeint (»Heid sauts aber wieder gscheid!«), noch sind es die damit verbundenen schlammigen Wege (da spricht man eher vom Baaz). Vielmehr geht es um das aktive, ausschweifende Sexualleben, das vor allem die sogenannten Saubären hierzulande zu leben pflegten. Was sie in der Regel nicht alleine taten, sondern mindestens zu zweit und meistens mit weiblichen Saubärinnen. Weshalb die Stadt München zu allen Zeiten ein höllisch gefährliches Pflaster war, nicht zuletzt für die ledigen Weibspersonen. Das berichtet schon Carl Ignaz Geiger von seinen *Streifzüge(n) durch Bayern und Schwaben* in den Jahren 1789 bis 1793: »Man muß aber auch gestehen, daß die Münchner Frauenzimmer viel Anlage zur Wollust und nicht weniger körperlichen Reiz haben.« Wenn halt bloß nicht das komische Gewand wäre, meinte seinerzeit der Herr Geiger: »Das weibliche Geschlecht vom bürgerlichen Stande verliert aber von seiner Schönheit durch die abscheuliche Landestracht, die den ganzen Körperbau verunstaltet.« Dem Geiger war die Münchnerin nackt offenbar lieber, und erfreulicherweise gab es im München des 18. Jahrhunderts an »Auszogenen« offenbar keinen Mangel: »Nirgends ist vielleicht die zügelloseste Ausgelassenheit in dem Punkte soweit eingerissen als hier. Schwerlich ist ein Drittel der Inwohner sowohl männlich als weiblichen Geschlechtes, das nicht von der Lustseuche angesteckt wäre. Selbst die vornehmsten Häuser sind davon nicht ausgenommen, und am meisten hat man sich gegen die Saloppen und Bouffanten (spaßhafte, schelmische Personen) vorzusehen, weil auch die Damen sehr freigebig mit gewissen Gunstbezeugungen sind.«

Offenbar hatten auch andere fleißige Rechercheure Gelegenheit, die Schönheit der bairischen Damen – die sich den entstellenden Trachten offensichtlich entledigt hatten – in Augenschein zu nehmen. So kommt der Niederbayer Johann Pezzl, der sich 1784 seinen Forschungsgegenstand in München ganz genau angeschaut hat, zu dem Ergebnis, dass das schöne Geschlecht dieses Prädikat hier absolut zu Recht trägt: »Ich habe noch nirgends so viele schöne Weiber und Mädchen auf einem Haufen beisammen gefunden; versteht sich, in einer Stadt von gleicher Größe und Volksmenge. In allen Volksklassen, von der höchsten bis zur niedrigsten, findet man vollendete Schönheiten.«

Um eine solche Schönheit in Vollendung zu beeindrucken, gibt sich der städtische Stenz des späten 18. Jahrhunderts recht weltgewandt. Oder er versucht es zumindest. Gelingen tut das nicht immer, wie Kaspar Riesbeck berichtet: »In der Hauptstadt kleidet man sich französisch oder glaubt wenigstens, französisch gekleidet zu sein. Die Männer lieben noch das Gold und die bunten Farben zu viel. Die Kleidung des Landvolks ist abgeschmackt. Der Hauptgeschmack der Männer ist ein langer, breiter, oft sehr seltsam gestickter Hosenträger, woran die Beinkleider sehr tief und nachlässig hängen, vermutlich um dem Bauch, welcher der Hauptteil eines Baiern ist, sein freies Spiel zu lassen.« Ähnlich wie Geiger scheint auch Riesbeck die Bekleidung der holden Schönen ein Dorn im Auge: »Die Weibsleute verunstalten sich mit ihren Schnürbrüsten, welche grade die Form eines Trichters haben, hoch über die Brust und Schultern heraufsteigen und oben ganz schnureben abgeschnitten sind, so daß man gar keine Wölbung der Achseln und des Halses sieht. Diese steife Schnürbrust ist vorne mit großen Silberstücken verblecht und mit dicken Silberketten überladen.«

»Aufzaamten Stodweibern«, also herausgeputzten und aufgemaschelten jungen Frauen aus dem urbanen Raum, sagt man gern nach, sie seien in sexueller Hinsicht aufgeschlossener (»oane bremsiger wia de ander«) als die Frauen anderswo. Was übrigens ein Schmarrn ist, weil's wahrscheinlich nirgendwo so zugeht wie auf'm Land – nur halt quantitativ etwas überschaubarer. Die Angst des Landbewohners, hintendran zu sein, lässt ihn in dieser Hinsicht viel aktiver werden. Früher war das anders, behauptet zumindest Riespeck. Der Charakter der Münchner unterscheide sich sehr von dem des Landbewohners und bleibe für ihn – Riespeck – ein ewiges Mysterium: »Ich glaube, mit allem Grund behaupten zu können, daß sie gar keinen Charakter haben. Ihre Sitten sind so verdorben, als sie es in einem Gewirr von

40.000 Menschen sein müssen, die bloß vom Hofe leben und größtenteils auf Kosten desselben müßiggehn. (...) Der übrige Teil der Einwohner lebt bloß, um zu schmausen und zu h ... Alle Abende ertönen die Straßen von dem Gesumse der Saufgelage in den unzähligen Schenken, welches hie und da mit einem Hackbrett, einer Leier oder einer Harfe begleitet ist. Wer nur ein wenig den Herrn machen kann, muß seine Mätresse haben, die übrigen tummeln sich um einen sehr wohlfeilen Preis auf den Gemeinplätzen herum. In diesem Punkt ist es auch auf dem Lande nicht besser.«

Auch im 19. Jahrhundert stand es um die Sitten in der Großstadt nicht zum Besten, was der aus Deggendorf stammende Pfarrer Anton Westermayer staunend kommentiert: »Wenn man in einer großen Stadt, wie z. B. in München, in diesen Tagen von einer Straße zur andern geht, so sieht man kaum ein Straßeneck vor lauter Zettel, die alle zum Tanzen und zur Freinacht während der Faschingstage einladen. Man möchte fast nicht glauben, daß es Leute genug gebe, die allen diesen Einladungen folgen und auf den dreißig oder vierzig Tanzböden sich einfinden könnten. Und doch finden sie sich ein; alles wimmelt überall von Leuten, es ist gerade, als kämen sie über Nacht wie Pilze aus der Erde hervor. Alles drängt sich herzu, alles macht mit, und viele glauben, sie hätten gar nicht gelebt, wenn sie im Fasching nicht getanzt hätten.«

Glaubt man den Reiseerinnerungen, die Johann Friedrich Reichhardt in den Jahren 1807 bis 1809 in Bayern gesammelt hat, dann hatte der Stadt-Stenz auch außerhalb der Faschingszeit in der Landeshauptstadt kein schlechtes Leben: »Die Weiber sind noch immer ein gar liebliches, feuriges Geschlecht, und einige Bekanntschaften mit fremden Frauen gaben das Salz, zu dem einheimischen Fleische. Du weißt, mit den bairischen schönen Weibern läuft alles so ganz und gar auf Sinnlichkeit hinaus, daß das Ding denn doch nicht gar lange vorhält, wie tapfer man auch gegenhalten mag. Jetzt ist der Teufel gar los. Du ziehst dir keine leise nach in die Ecke, daß auch nicht gleich das lose Halstüchel rückwärts fliegt und der gierige Schatz sich warm ansaugt. Und dies ist nicht bloß der Fall bei solchen vogelfreien Dingern, von denen man sich's erwarten konnte; mit jedem Stande, mit Weibern wie mit Mädchen, mit alt und jung begegnet's dir täglich. Du hast da weit mehr Mühe, die Fischlein wieder loszuwerden, als sie zu angeln. Ja, mir ist es mehrmalen mit ganz honetten, angesehenen Bürgermädchen begegnet, daß sie mir ihre Neigung in Gegenwart von Eltern und Verwandten mit recht ungestümen Umarmungen und Küssen zu erkennen gegeben haben, und es hat mich oft recht angenehm gerührt, daß keiner von allen Arg daraus hatte. In der Schweiz, in kleinen ganz frei und unbefangen lebenden Kantons, war mir das wohl eher mit ganz unschuldigen Mädchen begegnet, aber in Städten und in ganz ansehnlichen Familien nie außer München.«

Wen wundert es da, dass im Land der losen Sitten damals die Hälfte aller neugeborenen Münchner unehelich auf die Welt kam. Wo vor den Gefahren des urbanen Lebens vergeblich gewarnt worden war, hatte der findig-fromme Baier jedoch gleich eine passende Institution zur Hand. So konnten die zahlreichen »gefallenen Mädchen« eine Quasi-Wallfahrt zur Reliquie der Heiligen Munditia im Alten Peter von München machen. Munditia war als Patronin eigens für die alleinstehenden Frauen und schwangeren Mägde zuständig.

Und die Gute hatte vermutlich alle Hände voll zu tun, denn das ausgeprägte Faible der Münchner für leibliche Genüsse sorgte für permanenten Nachschub, wie es auch der Physikatsbericht für den Bezirk Stadt München aus dem Jahr 1861/62 nahelegt. Gut Essen und Trinken und Feiern und Tanzen seien des

Münchners liebste Geschäfte, heißt es dort. Schon an der großen Zahl der unehelichen Geburten in München könne man sehen, »daß den Münchnern der Vorwurf der Geschlechtsausschweifung nicht wegdisputirt werden kann«. München sei von je in dieser Beziehung etwas anrüchig gewesen. »Daß durch die früheren vielen Gelegenheiten von geduldeten und sog[enannten] Winkelbordellen, durch den Leichtsinn der weiblichen Dienstboten die eheliche Treue in München häufig Schiffbruch erlitten, ist bekannt, und ich glaube nicht, daß in dieser Beziehung die Aufhebung der Bordelle bessere sittliche Zustände nach sich ziehen wird. Eher wäre dieses nur zu erwarten, wenn die sog[enannte] Paternitätsfrage (= Vaterschaftsfrage) in der Gesetzgebung eine Änderung erleidet, und namentlich die weiblichen Dienstboten etc. dadurch vorsichtiger und zurückhaltender gemacht würden, daß sie in Schwängerungsfällen nicht mehr so leicht wie jetzt auf Alimentirungen Aussicht hätten.«

Dem Münchner jedenfalls wird attestiert, dass er nur Wirtshausbesuche, ausgelassene Tänze und ähnliche »Vergnügungen grobsinnlicher Art« kennt. Obendrein sei eine »der schmutzigsten und lasterhaftesten« Gewohnheiten sehr weit verbreitet: »Wenn sich nehmlich ein Mädchen von einem Burschen zum Tanze führen und sich dort Bier und Braten bezahlen läßt, (...) so glaubt es auch zur Entschädigung verpflichtet zu sein und die Auslagen des Burschen mit ihrem Leibe vergüten und sich zur Befriedigung fleischlicher Lust hergeben zu müssen. Diese schändliche Sitte ist so allgemein bekannt, daß kein Mädchen mehr für eine Jungfrau angesehen wird, welches einmal mit einem Burschen einen Tanzboden besucht, sich ›ausführen‹ hat lassen. Zu diesem ›Ausführen‹ geben unsere vielen Kirchweihen und die übrigen Tanzmusiken nicht einmal genügsame Gelegenheit. Es wird dazu noch in jenen Zeiten, wo in unsern Ortschaften die Geige schweigt, die sehr nahe Hauptstadt benützt, in welcher an jedem Feiertag die Gelegenheit zur Liederlichkeit jeder Art gegeben ist.«

Der Stenz des 19. Jahrhunderts lauerte also in der Vorstadt und wusste schon damals, dass wahre Liebe stets durch den Magen geht. Später, im 20. Jahrhundert, beim Monaco Franze, wird die Anbahnung erotischer Abenteuer mittels gemeinsamer Nahrungsaufnahme etc. dann in etwa so ablaufen:

Das Fräulein Elli steht vor einem Schaufenster, der Monaco stellt sich daneben, und als sich ihre Blicke im Spiegel der Schaufensterscheibe begegnen, lächelt er ihr zu.

Elli: Gell, des sag ich Ihnen gleich, im Fall dass mich ansprechen wollen, da brauchen's sich gar ned anstrengen, weil bei mir geht nix.
Monaco: Gar nix, Fräulein?
Elli: Aber schon überhaupt nix.
Monaco: Ja … . Fräulein … aber man sagt doch: Ein bissel was geht immer.
Elli: Ja, aber bei mir nicht, weil ich einen festen Freund hab. Und außerdem bin ich nicht so eine, die sich auf der Straß' ansprechen lasst.
Monaco: Ja, ich wollt Sie ja nicht ansprechen, Fräulein, ich wollt Sie bloß fragen, ob wir nicht eine Tasse Kaffee miteinander trinken wollen?
Elli: Tasse Kaffee? Naa.
Monaco: Ja … dann geh'n wir halt gleich was essen, Fräulein? Das wir vielleicht was Schön's miteinander abendessen, in einem schönen Restaurant?
Elli: In einem schönen Restaurant? Naa – heut nicht.
Monaco: Ja … was dann?
Elli: Ein anderes Mal vielleicht.

Der Stenz als Bohemien

Die Jagd im urbanen Raum ist natürlich keine Erfindung des Monaco Franze. Schon um 1900 trieb der urbane Stenz in der aufregenden Welt der Schwabinger Künstlerkneipen und Cafés sein Unwesen. Affären waren damals an der Tagesordnung. Und für die diesbezüglich engagierte Damenwelt gehörte es quasi zum »guten Ton«, sich mit den »Schlawinern« einzulassen. So nannte der Münchner Bürger die Mitglieder der Schwabinger Szene, also all die Maler und Bildhauer, Literaten, Musiker und Schauspieler. Der Schlawiner, auch Schlawuzi oder Schlawack genannt – all diese Begriffe waren teils anerkennend, teils abwertend gemeint – hatte in aller Regel nichts mit Slowenien, Slawonien oder der Slowakei zu tun. Gemeint war damit vielmehr ein raffinierter, ein gerissener Mensch, der den kritischen Beobachtern der Szene eher halbseiden und unzuverlässig vorkam. Viktor Mann, der jüngste Bruder von Heinrich und Thomas Mann, schreibt über diese Münchner Schlawiner: »Unter diesen Sammelbegriff fiel alles, was hinter den tausend Schwabinger Atelierfenstern malte und Ton knetete, in den Mansarden dichtete, sang oder Noten schrieb, in kleinen Gasthäusern Schulden machte und in Cafés Nihilismus oder Ästhetentum verkündete. Voraussetzung war nur, daß sich der Künstler in Kleidung und Gehaben unbürgerlich gab. Tat er dies, so war er eben auch als geborener Mecklenburger, Franzose, Rheinländer, Norweger oder Thüringer ein Schwabing-Schlawiner.«

Man kann den Schlawiner durchaus als einen nahen Verwandten des Stenzes bezeichnen. Zumindest in Schwabing und der Maxvorstadt Anfang des 20. Jahrhunderts. In diesem »bayerischen Montmartre«, dem »Weltvorort des Geistes«, der »Traumstadt« namens »Schwabylon« hausten jene Gestalten, die den Stadtteil zum Kulturbegriff Schwabing machten, wie Erich Mühsam in seinen *Unpolitischen Erinnerungen* schreibt: »Maler, Bildhauer, Dichter, Modelle, Nichtstuer, Philosophen, Religionsstifter, Umstürzler, Erneuerer, Sexualethiker, Psychoanalytiker, Musiker, Architekten, Kunstgewerblerinnen, entlaufene höhere Töchter, ewige Studenten, Fleißige und Faule, Lebensgierige und Lebensmüde, Wildgelockte und adrett Gescheitelte – allesamt vereint in einer unsichtbaren Loge des Widerstandes gegen die Autorität der herkömmlichen Sitten.« Widerständig nicht zuletzt in Fragen des Unterleibs. Denn dort in Schwabing diskutierten die Damen und Herren Künstler, Kritiker und Schriftsteller nicht nur über Literatur, Malerei, Theater und Politik, sondern gern auch über die Ehe, den Sex und das Frauenrecht.

Besonders die Herren der Schöpfung vertraten letzteres mitunter recht vehement, wenngleich nicht immer ganz uneigennützig. Ganz im Sinne einer emanzipativen sexualdemokratischen Revolution bahnte sich in den einschlägigen Wirtschaften und Kaffeehäusern rund um die Türken-, Leopold-, Amalien- oder Briennerstraße nämlich so manches Techtelmechtel an. Im »Café Stefanie« etwa oder im »Café Luitpold«, im »Café Noris«, in der »Dichtelei« oder im »Simplicissimus«. An guten Tagen ging für den Bohème-Stenz gleich in mehreren Einrichtungen hintereinander etwas. Wem das übertrieben erscheint, der lese die Tagebücher des Anarchisten, Pazifisten und Schriftstellers Erich Mühsam, der später von den Nazis im KZ Oranienburg ermordet wurde. Mühsam war ein wackerer Verteidiger der »Freiheit in Sexualdingen«, der in seinen Tagebuchaufzeichnungen »auch nicht vor einer Entblößung meiner Geschlechtlichkeit« haltmachte. Der permanent von Geldsorgen und gelegentlich auch von Geschlechtskrankheiten gepeinigte Mühsam (»Der elende Tripper!« – 7. Mai 1911) lässt uns also ausgiebig teilhaben an seinen erotischen Abenteuern. »München, Montag, den 3. Oktober 1910. (…) Mit dem Stubenmädel hier habe ich seit heute nacht ein richtiges Verhältnis (...) ich führte sie auf die Oktoberwiese, (...) und nachts kam sie zu mir ins Zimmer. Es stellte sich die überraschende und merkwürdige Tatsache heraus, daß das zwanzigjährige Mädchen noch unberührt war, und so habe ich zum ersten Mal in meinem Leben eine Deflorierung vorgenommen.«

Was der Stenz Mühsam etwas technisch und hüftsteif mit »Deflorierung vorgenommen« bezeichnet, löst bei der »Kleinen«, die »nicht schön« ist, aber »niedlich«, die allerzärtlichsten Gefühle aus. Sie küßt jedenfalls »prachtvoll«, schreibt der 32-jährige Freigeist, und sie »drückt sich alle Augenblicke zu mir ins Zimmer, um es tun zu können«. Alles bestens also, nur dass das Mädchen Frieda heißt, findet Mühsam absolut »greulich«. Dennoch ist er erst einmal glücklich, weil er »endlich einmal – und doch hoffentlich für längere Wochen – sexuell versorgt« ist. Was ihn freilich keineswegs daran hindern wird, auch anderswo ganz nebenbei auf die Stanz zu gehen. »Was ist Liebe? Liebe ist, wenn man – ach was! Liebe ist Liebe«, beantwortet sich Mühsam seine selbstgestellte Frage und spezifiziert sie mit einem für ihn fast ehernen Grundsatz: »Die Männer, welche Wert auf Weiber legen, tun dies leider meist der Leiber wegen.« Das »leider« aus Mühsams Feder muss man nicht allzu ernst nehmen, es ist dem Reim geschuldet. Schließlich gibt es kaum einen Zweiten, der wie Mühsam der Leiber wegen täglich auf die Jagd geht. Denn neben der erotischen Grundversorgung namens Frieda braucht der urbane Stenz des Bohème-Zeitalters halt immer noch ein bisserl was anderes, nämlich:

Erstens bis drittens: Flexibilität! Flexibilität! Flexibilität! Wie die Tagebuchaufzeichnungen des selbsternannten »Ausnahme-Erotikers« Erich Mühsam eindrucksvoll zeigen: Am 21. Juli 1911 schreibt er: »Wie ungeheuer töricht sind die Menschen, die da meinen, ein Herz könne nicht gleichzeitig nach mehreren Seiten gezogen werden. Meine Liebe zu Frieda leidet gar nicht durch diese Aufwallung. Denke ich Friedels, dann füllt sich alles Herz mit Sehnsucht und Zärtlichkeit, und doch zweifle ich nicht einen Moment an der Richtigkeit und dem Wert des Gefühls, das mich dem Puma verbündet. Ich kann neben dem Puma sitzen, sie leidenschaftlich zu küssen wünschen, und gleichzeitig an Frieda denken, sie herbeisehnen und in die Luft greifen in der Illusion, ich erfaßte ihre Hand. Und wieder kann ich durch ein Wort, eine Bewegung, einen Blick von Uli zu glühender Liebe hingerissen werden, und dann, fünf Minuten später, wenn ich etwa die Vallière sehe, deren Hände in Küssen ertränken, kann mit der Uhr in der Hand ihren Atem aufzufangen suchen, bis zu dem Moment, wo ich stürmisch aufbreche, um Lotte zu treffen. Vielleicht ist es dumm und unpraktisch von mir, all das nicht zu verbergen. Aber ich kann nicht anders. Ich könnte mit Lotte im Bett liegen, sie rasend lieben, und ihr gleichzeitig von Moggerl vorschwärmen. Wie ist es bloß denkbar, daß ich, da ich – das bilde ich mir doch ein – ein Erotiker bin, wie nicht viele herumlaufen, daß ich so maßlos wenig Glück bei den Frauen habe? Die Natur ist garzu talentlos. Irgendein Kommis bekommt's, und weiß nichts damit anzufangen.«

Viertens: Der Stenz braucht einen einigermaßen großen Bekannt-inn-enkreis, für das kleine Schäferstündchen zwischendurch. »7.5.1911: Emmy war im Café (...); sie war sichtlich geil auf mich und bat mich, ich möchte sie, ehe ich in die Torggelstube gehe, heimbegleiten.«

Fünftens: Kurze Wege sind von Vorteil. Ein dichtes Netz an gastronomischen Einrichtungen in fußläufiger Entfernung erhöht die abendliche Trefferquote. »München, Sonntag, d. 3. September 1911: Dann fuhr ich mit Gotthelf bummeln, erst in ein neu aufgemachtes Schwoflokal, ›zum bunten Vogel‹, wo die frühere ›Dichtelei‹-Wirtin die Honneurs machte, indem sie sich uns gegenübersetzte, und begann, mit ihrem Schuh meine Hoden zu kitzeln. Nachher noch ›Simplizissimus‹. Fränze war sehr nett. Ich ging die meiste Zeit mit Michel auf der Straße spazieren. – Ich muß abbrechen, da ich im Orlando-Café erwartet werde.«

Sechstens: Jeder Stenz braucht einen gescheiten theoretischen Hintergrund, um seine Angebetete ein wenig einlullen zu können! »20.8.1911: Gestern war ich mit Consul, der indischen Braut, im Hofgarten. Ein wirklich nettes Mädel. Ich unterhielt sie mit meinen Theorien über sexuelle Treue. Ein bewährtes Anknüpfungsthema. Sie war sehr interessiert.«

Siebtens: Viel Zeit braucht der Stenz, um bis tief in die Nacht in den einschlägigen Wirtschaften und Cafés herumzuhängen, wo er dann einigermaßen gescheite Gespräche führt bzw. Billard, Baccarat, Poker oder Schach spielt. Sein Verhältnis zu geregelter Arbeit sollte kein allzu zwanghaftes sein. »28.8.1911: Ich bin ein schändlich leichtsinniges Luder. Nicht habe ich gearbeitet, nicht für Landauer, nicht für mich noch für sonst jemand …« Stattdessen tut der Stenz stets gut daran, seine eigentliche Mission nicht aus dem Auge zu verlieren: nämlich das Anbandeln! »21.7.1911: Weiber, süße Weiber! Liebe, süße Liebe!«

Achtens: Geld – ja, auch das braucht der Stenz; freilich, meist fehlt es ihm, zumindest dem Bohèmien-Stenz: »20.8.1911: Ich habe mich gewöhnt, nicht eher an Geld zu glauben, bis ich es nicht bar habe.« Wenn er es dann aber hat, dann läuft es auch davon. Genauer gesagt, er gibt es zügig aus. Zum Beispiel a) für einen neuen Anzug oder b) einen Panamahut aus feinem Toquillastroh. Vor allem aber um c) den vielen Damen ein bisschen etwas bieten zu können. »4.9.1911: Ich (…) zahlte ihre Konsumation, setzte sie in ein Auto und behielt sie bis früh um 8 Uhr bei mir im Bett. Ihre Sexualkünste sind erheblich, und ich leugne nicht, daß mir die Nacht wohlgetan hat.«

Neuntens: Schönheit braucht er, aber nur die innere. Äußere ist nicht zwingend notwendig für einen Bohème-Stenz. Erich Mühsam zum Beispiel trug Vollbart und Nickelbrille und war auch sonst auf den ersten Blick kein echter Adonis. Eitel scheint er dennoch gewesen zu sein, wenn er schreibt: »17.6.1911: Auch jetzt wieder behindert mich der Bart in meinen Plänen. Lene hat mir deutlich gesagt, sie könne bärtige Leute nicht leiden. Wann ich mich wohl entschließen werde, mich rasieren zu lassen?« Die Antwort lautete: Gar nicht! (Erst die Nazis, die Mühsam im Konzentrationslager Oranienburg schrecklich misshandelten, zerschlugen ihm Brille und Zähne und stutzten seinen Bart karikaturenhaft zu.)

Zehntens: Charme und Ausdauer braucht der Stenz, um zum »Piacere« zu kommen, wie Mühsam das Ziel seiner erotischen Anstrengungen bezeichnet. »15.7.1911: Der Diwan in meiner Stube kann endlich wieder eine Liebesgeschichte erzählen: das Puma (= die Puppenmacherin Lotte Pritzel) war die erste – und wir liebten uns auf das Süßeste.«

Elftens: Der Stenz muss stets wissen, wann Schluss ist! Und wie er es anstellt, die Eine beizeiten wieder loszuwerden, um für die Nächste bereit zu sein: »14.9.1911: Könnte ich sie nur rasch verkuppeln! Ich denke an Gotthelf. Der jammert, daß er kein Mädchen hat, und bei seiner Nasenlosigkeit wird er schwerlich sobald ein so nettes wie das Kätchen finden. Ich könnte sie leicht verschmerzen. Erstens wäre sie mir zum Betrügen eines andern stets zur Verfügung, dann zweifle ich nicht mehr, daß mich der Besitz Consuls nur noch einen Griff kosten wird.«

Zwölftens: Der Bohème-Stenz ist nicht wählerisch, er fragt nicht nach schön oder hässlich, alt oder jung, weiblich oder männlich. Er passt sich den Gegebenheiten flexibel an (siehe auch erstens bis drittens). »9.2.1912: Abend Fest bei Uli: Ich hatte zuerst großen Ärger über Lotte. Sie knutschte mit Cronos auf einem Divan. Ich wollte ihr guten Abend sagen. Dabei stieß sie mich mit dem Fuß so stark vor die Brust, daß mir fast der Atem ausging. Ich war wütend. Sie kam natürlich gleich an und bat um Verzeihung: es sei nicht bös gemeint gewesen. Aber mir war – schon durch den heftigen Schmerz, den ich empfand, die Laune verdorben. Uli merkte das und holte von mir den Grund meiner Verstimmung heraus. Sie war unendlich nett dabei, küßte mich sehr herzlich und sagte: ›Aber Mühsam, du weißt doch, daß wir dich alle lieb haben.‹ Dann holte sie Lotte herbei, die mir zum Trost die Zunge, so weit es ging, in den Mund schob. Ich war charakterlos genug, mich dabei wirklich zu beruhigen, und so küßte ich fröhlich weiter: die Kündinger, Emmy, einen homosexuellen jungen Italiener, Strich und sogar die häßliche Frau Kutscha. Schließlich kamen Götzens und bei Fanny fand ich genug zu tun. Die Frau ist rasend verliebt in mich. ›Mach mich nicht toll!‹ bat sie fortwährend, und als ich sie nachhaltig bat, sie möchte mich doch endlich mal besuchen, sagte sie: ›Wenn du willst, daß ich sterben soll, komme ich.‹ Nachher ging ich mit ihr in den Raum, wo wir die Kleider abgelegt hatten, und im Halbdunkel griff ich ihr unter den Rock und befriedigte sie. Währenddem wurden wir plötzlich durch den kleinen Hörschelmann unterbrochen, der ein Glas Bowle für Fanny brachte. Zu unserem Schrecken rief er plötzlich noch jemanden an, und wir entdeckten, daß direkt neben uns, gradezu unter uns, Cronos gelegen hatte und so tat, als ob er schliefe. Dann krümmte sich noch aus einer Bettstatt, die mit Überziehern bedeckt war, ein Russe empor. Wahrscheinlich hatten die beiden unsre ganze ehebrecherische Tätigkeit beobachtet. Es war sehr unangenehm. Aber die werdens für Schnapslaune angesehn haben und nicht ahnen, wie tief (nachgrade auch in mir) diese Liebe wurzelt. Mit Luitpold und Stefanie schloß die Orgie.«

Der Bohème-Stenz Erich Mühsam ist in der Frauenfrage stets ambivalent. Einerseits sind Dienstmädchen für ihn sexuelles

Freiwild; Prostituierte wie auch andere Frauen werden von ihm wie von einem Fleischbeschauer taxiert und eingeordnet. Andererseits setzt sich Mühsam öffentlich für die Emanzipation der Frau ein, allerdings vornehmlich und vermutlich nicht ganz uneigennützig, um ihre sexuelle Selbstbestimmung und die Befreiung vom Zwang der Ehe zu fordern. Durch die intellektuelle und ökonomische Unabhängigkeit der Frau werde die Kultur »um eine Hälfte bereichert werden, von der wir heute noch gar nichts kennen«. Dennoch, stellt Mühsam unmissverständlich als Chauvi-Stenz alter Schule klar, bleibe es das Ziel im Leben der Frau, Mutter zu werden und den Männern zu dienen.

Neben Mühsam gab es einen weiteren ständigen Gast in den Münchner Bohème-Lokalen, der dort regelmäßig auf die Pirsch ging. Er konnte im Trubel des Kaffeehauses am besten schreiben. Frank Wedekind war einst Reklamechef bei Julius Maggi in der Schweiz und später begnadeter Kabarettist und Bänkelsänger im Münchner Kabarett »Die elf Scharfrichter«, wo er zur Gitarre Lieder wie *Ich hab' meine Tante geschlachtet, meine Tante war alt und schwach* … vortrug, was von der Zensur dann prompt verboten wurde. Vor allem aber war Wedekind ein bedeutender Dramatiker, der 1891 das Drama *Frühlings Erwachen* im Eigenverlag veröffentlichte, in dem es um die Sexualität von Jugendlichen im bürgerlichen Milieu geht. Mit solchen Themen konnte man seinerzeit das Bürgertum noch leicht schocken. Wedekind und seinen Kollegen saßen ständig die Zensoren im Genick. Als er im Dezember 1891 nach Paris umzog, um dort in einer Dachstube zu leben und die Arbeit an seinem Drama *Lulu* zu beginnen, wurde der Komplex »Frauen, Erotik, Triebe, Gewalt und Sexualität« endgültig zu seinem Lebensthema.

Zu dem Behufe musste Wedekind natürlich ausführliche Recherchen betreiben. Diese führten ihn zu Prostituierten, ins »Moulin Rouge« und ähnliche Etablissements. Eher kritisch bewertet diese intensiven Forschungsarbeiten allerdings Anatol Regnier, der Enkel des Dramatikers, der seinen Großvater in einer 2008 erschienenen Biografie als sexbesessenen Egoisten, als einen »von Geilheit getriebenen Mann« schildert, der sich in Paris auch schon mal ein zwölf Jahre altes Mädchen zukommen lässt, um dann enttäuscht zu vermerken, dass sie leider doch schon 18 Jahre alt war. Der Bohème-Stenz als Sexmonster? Uneheliche Kinder, die ihm egal sind; eine geschwängerte Haushälterin, Ehebruch mit der Frau des schwedischen Schriftstellers August Strindberg – mit herkömmlichen moralischen Kategorien konnte man jenem Mann nicht kommen, der Frauen bei der ersten Begegnung gern mit der Frage konfrontierte: »Sind Sie noch Jungfrau?«

Und doch war Wedekind nicht nur der Womanizer, der alle Damen kurzerhand flachlegt. Ähnlich wie Mühsam scheint er, die sexuelle Selbstbestimmung der Frauen fordernd, diese gleichzeitig auch zu fürchten. Erich Mühsam jedenfalls beobachtete am 28. Juli 1911: »Draußen saß Wedekind, kaute am Bleistift und dichtete. Lotte sprach ihn an, leider war ich nicht dabei. Wedekind soll sehr nett und sehr schüchtern gewesen sein.«

Der Schriftsteller Egon Friedell beschreibt Wedekinds Weltanschauung als bloßen »Negativabdruck der landesüblichen Sexualmoral. Der Philister dekretiert: Jeder Mensch soll ›moralisch‹ sein; worunter er versteht, daß wir unsere sämtlichen Geliebten heiraten sollen. Wedekind dekretiert: Jeder Mensch soll ›unmoralisch‹ sein; worunter er versteht, daß wir auf Dinge wie Jungfernschaft, Ehe, Treue keinen Wert legen dürfen (…). Wedekinds Sexualphilosophie ist nichts als das gewendete Philisterium.«

Vor seiner Ehe ist Wedekind ein Frauensammler par excellence, gemäß seiner Maxime »Der Schwanz ist der Lebenszweck. Der Kopf ist der Tröster des Schwanzes. Die geschlechtlichen Fähigkeiten bestimmen den Werth des Menschen.« Frauen werden immer zuerst abgecheckt, ob sie koitabel sind. Die Jagd nach sexuellen Abenteuern kennt dabei kaum moralische Grenzen. Sie gleicht der Großwildjagd, es geht um das Sammeln von Trophäen. Und Fremdgehen gehört damals quasi zum guten Ton. Und den gibt der Stenz an. Wer sich dabei an Helmut Dietls Filmkomödie *Rossini – oder die mörderische Frage, wer mit wem schlief* (1997) erinnert fühlt, liegt sicher nicht ganz falsch.

Mühsam und Wedekind sind beileibe nicht die einzigen Bohème-Stenze, die das Postulat nach freier Liebe gelegentlich etwas egoistisch und ohne moralische Bedenken ausleben. Auch Oskar Maria Graf passt gut in diese Reihe. Er schreibt in seinem frühen expressionistischen *Manifest* von den Frauen: »Beglückung erstrahle, wenn Eure Körper Männeralleen durchwandern und die Hingegebenste wird die Erhebenste unter Euch sein.« In Wirklichkeit sind auch bei Graf die Frauen eher Objekte seiner gelegentlich recht rüden Gier und seiner Lust. Graf geht häufig zu Prostituierten, sei ihnen zeitweise regelrecht verfallen gewesen, heißt es. In seiner Fantasie träumt er von wohlhabenden bürgerlichen Frauen. »Grafs Vorstellungen von Sexualität sind offenbar von früh an überschattet von einer starken emotionalen (unerfüllten) Bindung an seine Mutter«, mutmaßt sein Biograf Gerhard Bauer. Und der Frauensammler Graf analysiert später selbst jene wilden Jahre mit den Worten: »Jeder schämte sich noch gewissermaßen, seine Mutter zu verraten, aber, gepeitscht von einer unbändigen, fast tierischen Brunst, verriet er sie dennoch bei jedem Koitus mit einer Hure, die doch auch nur ein Weib war wie sie.«

Heilige und Hure! Der Stenz und die Mutti – ein immer wiederkehrendes Thema! Auch die unglückliche erste Ehe mit Karoline »Lina« Bretting, Buchhalterin in einem Grabsteingeschäft, wird Graf nicht von seiner getriebenen Suche befreien. Die fünf

Jahre ältere bürgerliche Frau zeigt für Grafs ausschweifendes Leben und seine außerehelichen Liebschaften wenig Verständnis. Als er sie bereits im Jahr nach der Heirat wieder verlässt, kann sie sich trotz allem nicht ganz von ihm lösen. Sie kämpft um und gegen ihn. Vergeblich. Dennoch wird die Ehe erst 1944 geschieden. Die gemeinsame Tochter Annamirl, geboren 1918, wird von Grafs Mutter aufgezogen. Was wären die Herren der Bohème ohne jene Frauen gewesen, die in den Jahren um 1900 bereits ein recht unkonventionelles (Liebes-)Leben führten? Was die Künstler-Stenze ohne ihre Musen? Ohne eine Franziska von Reventlow zum Beispiel, von der Erich Mühsam sagte: »Wenn sie lachte, dann lachte der Mund und das ganze Gesicht, daß es eine Freude war, hineinzusehen. Aber die Augen, die großen, tiefblauen Augen, standen ernst und unbewegt mitten zwischen den lachenden Zügen. Die Gräfin war eine schöne Frau, ihr Äußeres von strahlendem Reiz, und das Herz erfüllt von der Sehnsucht nach einer schönen und freien Menschenwelt.«

Oder was wäre wohl aus dem 21-jährigen René geworden, hätte er nicht die weitgereiste, 15 Jahre ältere und verheiratete Literatin Lou Andreas-Salomé kennen und lieben gelernt? Lou fand nicht nur den Vornamen Rainer für einen Literaten passender, sondern erkannte auch die dichterische Begabung des jungen Rainer Maria Rilke. Was in München begann, fand bald schon seine Fortsetzung im Grünen. Ihre Liebe im Isartal, genauer gesagt in Wolfratshausen, wo Lou und René später ein Haus bewohnten, das sie »Loufried« nannten, dauerte bis 1900. Lou verließ den jungen Dichter, der im Jahr darauf die Bildhauerin Clara Westhoff heiratete und mit ihr die Tochter Ruth bekam. Doch das bürgerliche Familienleben war seine Sache nicht. Schon im Sommer verließ Rilke die gemeinsame Wohnung in Richtung Paris. Lou Andreas-Salomé jedoch blieb bis zu seinem Lebensende Rilkes wichtigste Freundin und Beraterin; sie war ihm Muse und Mutter zugleich, wie Sigmund Freud über die psychoanalytisch geschulte Freundin nach deren Tod schrieb.

Ware Liebe 1

Štentz, der = 1. Zuhälter; 2. Mann, der sich geckenhaft, affektiert, modisch kleidet; 3. arbeitsscheuer Müßiggänger (Reinhold Aman: *Bayrisch-Österreichisches Schimpfwörterbuch*)

»Das Mädchen gefiel mir sehr gut, hat eine hübsche Figur, wenigstens vom Nabel abwärts (leider Hängebusen), ist 23 Jahre alt und steht ihrem Beruf mit großer Unbefangenheit und gar nicht moralistisch gegenüber. Ich gab ihr 12 Mark.« Das schreibt Erich Mühsam über »eine sehr nette Hure«, die er eines Abends mit nach Hause nimmt. Mühsam, Graf und Wedekind sind nur einige Beispiele dafür, dass der Bohèmien der Prinzregentenzeit immer auch die Dirnen liebte, und sich dabei wenig um die soziale Wirklichkeit der Frauen scherte. Das mussten die Bohème-Frauen schon selber tun; und sie taten es auch.

Der Begriff »Dirne« ist ein etwas altertümliches Synonym für Prostituierte. Als eine solche galt im 19. Jahrhundert freilich schon jene Frau, die außerehelichen oder öfter wechselnden Geschlechtsverkehr hatte. Erst nach dem Ersten Weltkrieg wandelte sich der Moralkodex und mit ihm der Begriff. Die Dirne war jetzt eine, die Geld oder Sachleistungen für Sex nahm – Ehefrauen blieben von dieser Definition freilich weiterhin ausgenommen, sofern die Geld- oder Sachleistungen ausschließlich vom eigenen Gatten kamen.

Die Bohèmiennes um 1900 waren für die bürgerliche Welt freilich allesamt »Dirnen«, auch wenn sie kein Geld für Sex nahmen – was einige übrigens gelegentlich schon taten. Die Schwabinger Szenefrau Emmy Hennings – eine der schillerndsten Figuren jener Zeit, die in erotischer und moralischer Hinsicht nach einer traurigen Ehe recht frei war – machte kein Hehl daraus, dass sie zeitweise als Prostituierte arbeitete und sogar wegen Beischlafdiebstahls im Gefängnis war. Auch Franziska zu Reventlow bekannte sich dazu, gelegentlich angeschafft zu haben. Beide setzten sich öffentlich mit dem Tabuthema auseinander und griffen die Doppelmoral der bürgerlichen Stenze an. Hennings' Argumentation über die Ware Liebe aus rein ökonomischer Warte leuchtet unmittelbar ein: »Wenn es verboten ist, sich Liebesstunden bezahlen zu lassen, muss es verboten werden, Liebesstunden zu kaufen. Aber die Erfahrung lehrt, dass der Mensch ohne Liebesstunden nicht leben kann. Also müsste die Liebe anders ›organisiert‹ werden.«

Während sich der bürgerliche Stenz bei Straßenmädchen oder Edelprostituierten vergnügen durfte, ohne seinen Ruf zu ruinieren, urteilte die bürgerliche Gesellschaft über die Frauen moralisch recht rigide. Dass der Begriff Dirne nichts mit dem bairischen Dirndl zu tun hat und auch nicht mit der »Dirn«, sollte nicht über das Machtgefälle auf dem bairischen Land hinwegtäuschen. Wie wir es im Kapitel »Der Lover auf dem Land« schon gesehen haben, musste die Dirn als Angestellte im landwirtschaftlichen Familienbetrieb oft genug als sexuelles Freiwild für den Bauern und seine Söhne herhalten. Flog die Affäre auf – etwa im Falle einer ungewollten Schwangerschaft –, war es natürlich die Frau, die moralisch verurteilt wurde und dann unter

Umständen als gefallenes Mädchen ihr Dasein in der Stadt zu fristen hatte.

Lena Christ erzählt in ihren Romanen immer wieder solche Geschichten, und sie weiß, wovon sie schreibt, wenn sie die schwierige Situation für Frauen in der Prinzregentenzeit schildert. Frauen haben nämlich kaum Gelegenheiten, auf reguläre Weise selbstständig zu sein und ihr eigenes Geld zu verdienen. Als sich Lena Christ 1909 von ihrem gewalttätigen Ehemann Anton Leix trennt, bezieht sie mit ihren beiden Töchtern eine Wohnung in Haidhausen, um diese trockenzuwohnen, was ihr am Ende sogar eine schwere Lungenerkrankung beschert. Lena Christ versucht in jener Zeit, sich mit Schreibarbeiten über Wasser zu halten – und mit Gelegenheitsprostitution. Ihre Polizeiakte enthält Vorstrafen wegen Kuppelei und sogenannter »Gewerbsunzucht«. Sie ist deshalb zwei Mal für vier Wochen in Haft.

Solche Gelegenheitsprostitution ist damals keine Seltenheit. Offiziell gemeldet sind Ende 1909 in München freilich nur 140 leichte Mädchen. Allerdings schätzt man die damalige Zahl der heimlichen Prostituierten auf etwa 2000. Diese Differenz ist leicht zu erklären, denn hinter der einen verbergen sich die gemeldeten »Kartendamen«, und hinter der anderen die sogenannten »Schwarzfahrerinnen«. Oft sind es nämlich Dienstmädchen, Fabrikarbeiterinnen oder Kellnerinnen, die als nicht registrierte Prostituierte ein paar Mark dazuverdienen und dann wegen gewerbsmäßiger Unzucht im Gefängnis landen. Lena Christ beschreibt in der *Rumplhanni*, wie fließend mitunter der Übergang vom Straßenhandel – zum Beispiel mit Blumen – zur Gelegenheitsprostitution sein kann: »Und gegen Abend, da die Straßen und die Läden, die Gaststätten und die Wohnungen hell erleuchtet werden, da hat sie alle ihre Veilchen und die Schneeglöcklein verkauft, und auch von ihren Nelken und Anemonen sind nur noch wenig Büschel übrig. Da kommt ein alter Herr des

Wegs, im Pelzrock und Zylinderhut. Der hat kaum die Hanni erblickt, als er sogleich zu ihr in die Toreinfahrt tritt, auf den Rest in ihrem Korb deutet und fragt: ›Was kosten sie?‹ Und dabei gleitet sein Blick über ihre schwarzen Zöpfe, ihren Körper, und bleibt betrachtend stillstehen in ihrem von der kalten Luft geröteten Gesicht und in den Augen, indes sie leise sagt: ›Drei Mark, Herr.‹ Er zieht die Börse und fragt, während er darin herum sucht: ›Wie heißt du denn? Bist du Münchnerin? Bist du schon Frau?‹ (…) Dann reicht er ihr eine Banknote hin. ›Hier. Laß nur gut sein. Und bring mir morgn noch so einen Strauß. Wart, hier hast du meine Adresse. Um zwei Uhr bin ich zu Haus.‹ Er gibt ihr eine feine Visitenkarte in die Hand. ›Auf Wiedersehen, Fräulein Hanni!‹«

Der Herr im Pelzrock, der mit Zylinderhut und Gehstock etwas Abwechslung zu seinen Edel-Hetären sucht, und daher ein blutjunges Blumenmädchen recht eindeutig und verfänglich anspricht, würde wohl gemeinhin nicht als ordinärer Vorstadt-Stenz gelten. Eher als erotischer Flaneur oder als bessergestellter Lebemann. In Wahrheit ist der Unterschied zum klassischen Vorstadt-Stenz nur ein äußerlicher, und somit einer des Geldbeutels. Der grobe Straßen-Stenz wäre eher jener dumme »Gimpel« in Lena Christs Roman *Die Rumpelhanni*, den die eingesperrte Prostituierte vor ihrem inneren Auge hat, wenn sie den weiblichen Mithäftlingen schildert, wie man »draußen auf der Straße« einen Freier fängt: »Da geht ma fesch austapeziert mit Federnhuat und Lackschuah durch d' Neuhauserstraß, stellt si beim Oberpollinger an a Straßenlatern, schwingt's Handtascherl und hebt'n Rock, daß ma d' Spitzerl siecht. Kommt nachher so a Stieglitz daher, nachher brauchst bloß recht freundlich schaugn, mit die Augndeckl z'winkn«.

Der Giesinger Straßen-Adel

In den einstigen Vorstädten Münchens, in Giesing oder in der Au zum Beispiel, lebten nicht nur viele (Gelegenheits-)Prostituierte, sondern auch jede Menge Verwandte unseres Stenzes – als da wären: da Baze, da Schlawiner, da Halunk und da Hallodri, da Štroich (Strolch) und nicht zuletzt natürlich da Štrize, der geschrieben auch oft als »Strizzi« daherkommt. Gesprochen wird er jedoch in jedem Fall als Štrize, für Norddeutsche also ungefähr so: »Schdrieeedsee«.

Der Strizzi ist eine Figur aus der Vorstadt, der in München so berühmt-berüchtigt wurde, dass ihm die Volksmusiker und Humoristen August Junker und Alois Hönle um 1900 ein Denkmal setzten; nämlich in Form der legendären Kunstfiguren »Kare« und »Lucki«. Die beiden sind echte Vorstadt-Helden, die an jedem Giesinger Hauseck herumlungern und dabei gefährlich dreinschaun, die der geregelten Lohnarbeit eher weniger, der Halbwelt dafür umso mehr zugetan sind. Lebenskünstler aus dem sub-proletarischen Umfeld also.

Nicht selten hat der Strizzi einen Schlag bei den Frauen. Und manchmal bekommen die auch einen Schlag von ihm ab, nämlich dann, wenn die »Pferderl« nicht spuren und zu wenig Geld einspielen; schließlich lebt der Strizzi von dem, was die jungen Prostituierten auf der Straße verdienen. Der Strizzi war also das, was man andernorts einen »Louis« nannte: ein Zuhälter. Als solcher ist er eine Begleiterscheinung des 19. Jahrhunderts, in dem die Bordelle zugunsten des Straßenstrichs immer weiter zurückgedrängt wurden. Manchmal ließ er sich von einer befreundeten Prostituierten nur aushalten, manchmal aber drängte der Strizzi die Mädchen auch zum Anschaffen.

Reinhold Aman leitet in seinem Bayrisch-Österreichischen Schimpfwörterbuch das Wort Štrize vom italienischen »strizzare«

her, was so viel bedeutet wie »pressen« oder »ausdrücken«. Für Aman ist der Štrize übrigens gleichbedeutend mit dem Štentz (Schdenz) und dem Baze (gesprochen mit langem a). Letzterer ist ebenfalls ein Lump, Gauner und Betrüger, genießt aber – ähnlich wie der Štentz und der Štrize – immer auch einen Schuss Bewunderung als Tausendsassa und anarchische, obrigkeitsfeindliche Gestalt der Vorstadt.

Für bürgerliche Kreise war der Strizzi dennoch meist eine Bedrohung von Anstand, Sitte und Ordnung. In einem Münchner Gerichtsurteil aus dem Jahr 1900 heißt es laut Autorin Sybille Krafft: »Jeder Strizzi ist der öffentlichen Ordnung und Sicherheit in hohem Grade gefährlich; seine Tätigkeit ist ja darauf gerichtet, liederlichen Frauenzimmern zu Hilfe zu kommen und der Wirksamkeit öffentlicher Sicherheitsorgane hemmend entgegenzutreten; der Strizzi zeigt sich ferner stets geneigt, Gewalttätigkeiten zu verüben. Daß der Angeklagte zu der gefährlichen Sorte der Strizzis gehört, erweist die Thatsache, daß in seinem Besitze außer einem im Griffe feststehenden Messer ein Schlagring vorgefunden wurde; der Angeklagte war, wie er zugegeben hat, längere Zeit ohne Arbeit; er gehört zu den arbeitsscheuen Menschen, er ist auch schon vorbestraft.« Der Strizzi stammt zwar aus dem Proletariat, versucht sich aber stets aus dem Sumpf der Armut herauszuziehen; allerdings nicht am eigenen Schopf. Der Straßen-Strizzi mit Schiebermütze und Ringelhemd, mit Schlagring und Messer, strebt ohne großen Arbeitsaufwand den sozialen Aufstieg auf Kosten anderer an – nämlich der Frauen. Weshalb er auch von anständigen Arbeitern als schmarotzendes Element verachtet wird. Gelingt dem Strizzi der Aufstieg, passt er sich mehr schlecht als recht den (klein-)bürgerlichen Idealen seiner Zeit an. Mit feinem Zwirn und Krawatte, mit Anzug und Gamaschen wirkt er stets leicht overdressed und mit seiner falschen Eleganz etwas dubios und lächerlich.

Was der Journalist Paul Lindau 1886 bei seinem *Streifzug durch die Verbrecherkneipen Berlins* beobachtete, dürfte auch für die Münchner Strizzis jener Jahre gelten: »Die männlichen Stammgäste sind glattrasiert, die Haare künstlerisch geordnet, sie tragen kokett sitzende Röcke, mit merkwürdiger Vorliebe für die blaue Farbe, auffallend bunte Krawatten mit großen Nadeln; sie zeigen überhaupt so viel Gold wie nur möglich, echtes oder falsches, haben starke Uhrketten, große Knöpfe und dergleichen (...), es sind kurzhalsige, breitschulterige Gesellen mit muskulösen Armen und Händen wie Schmiedezangen.«

So darf man sich wohl auch den »Baron von Giesing« vorstellen. Mit diesem feststehenden Begriff wurde der Münchner Vorstadt-Strizzi in den humoristischen Volksliedern um 1900 fast liebevoll karikiert.

Der Baron von Giesing

Ich heiß der rote Lucke
Gel ja, Sie wissens schon.
ich bin geborn in Giesing
Und nenne mich: Baron.
(Pfeift durch die Finger)
Den Pfiff, den kennst von Weiten,
Da rennen alle Hund,
Die Schandis san ma zwider
Sonst aber bin i gsund. (Pfiff)
Ich hab a oanzige Schwäche
Wia jeder Kavalier,
Dös san die bessern Damen
Die raffa z'wegn mir. (Pfiff)
Wenn's keine Weiber gebat

I gengat net am Leim
Na war i a viel seltner
Auf z' Besuch in Stadelheim. (Pfiff)

Die Autorin Sybille Krafft hat in ihrem Buch *Zucht und Unzucht. Prostitution und Sittenpolizei im München der Jahrhundertwende* auch Gerichtsverfahren wegen zuhälterischer Kuppelei untersucht und daraus das Sozialprofil des Münchner Strizzis skizziert. Demnach waren die Strizzis überwiegend junge, ledige Männer im Alter zwischen 20 und 30 Jahren; ein Drittel war sogar jünger als 20. Sie stammten fast alle aus München und dem bayerischen Umland, hatten zunächst ganz normale Berufe wie Maurer, Metzger, Bäcker, Schlosser oder Tagelöhner, waren aber der geregelten Arbeit wenig zugetan, weshalb sie von Gelegenheitsjobs oder vom Einkommen ihrer Freundinnen lebten, die auf den Strich gingen. Fast alle Strizzis waren schon mal mit dem Gesetz in Konflikt geraten, einige sogar mehrmals: Betrug, Diebstahl und Körperverletzung waren typische Delikte. Noch viel häufiger aber wurde der Strizzi wegen Bettelei und Landstreicherei eingelocht. Er war also in den meisten Fällen selber ein armer Teufel. Allerdings einer, der es mehr oder weniger gut verstand, sich die jungen Mädchen gefügig zu machen. Das Bairische hält für ihn den kraftvollen und leicht abschätzigen Begriff »Schnoindreiber« bereit. Dieser Schnallentreiber – schreibt Reinhold Aman in seinem *Bayrisch-Österreichischen Schimpfwörterbuch* – »ist 1. ein Zuhälter und 2. ein begattungsfreudiger Mann, der sich gern in Gesellschaft von leichtlebigen Frauen oder Huren aufhält«. Ein enger Verwandter unseres Stenzes also!

Im Übrigen sind all die genannten Begriffe selbstverständlich nicht immer ganz scharf zu trennen. In jedem Stenz steckt auch ein Hallodri, mitunter ein kleiner Baze, ja eventuell sogar ein

Strizzi. Dieser Strizzi muss nicht unbedingt aus dem Italienischen stammen, wie die oben erwähnte Herleitung vom italienischen Wort »strizzare« vermuten lässt. Andere etymologische Erklärungen leiten den Strizzi eher aus dem Tschechischen ab: »Stryc« ist dort der Onkel. Und dieser mehr oder minder »gute Onkel« war es meist auch, der sich in der großen, anonymen Stadt Wien ein bisserl um die jungen Mäderl gekümmert hat. Machen wir also einen kurzen Abstecher in die österreichische Hauptstadt – nicht um die zahlreichen Stenze aus dem Hause Habsburg aufzuspüren, obwohl es davon auch jede Menge gäbe; also keineswegs nur den Kaiser Franz Joseph, der seine angetraute und etwas widerspenstige bayerische Gemahlin Sisi nach Strich und Faden betrogen hat. Nein, wir wollen im nächsten Kapitel den Onkel vom Stenz besuchen, den guten, alten Wiener Strizzi.

Hallodri, Strizzi und Strawanzer – der Stenz und seine Wiener Verwandtschaft

Es ist kein Zufall, dass die Libido in Wien und die Schizophrenie in Zürich entdeckt wurde.
(Thomas Hürlimann)

Mit der Normalität in Österreich ist es so eine Sache. Geht man zum Beispiel ins Wiener Kriminalmuseum in der altehrwürdigen Leopoldstadt und fragt die beleibte Frau an der Kassa, ob's drin recht grauslig zugeht und für Zehnjährige eventuell ungeeignet sein könnte, bekommt man die Antwort: »Ma, überhaupt kaa Problem! Da is nix, was ned auch täglich in der Zeitung steht.«

Und so geht man also hinein, die engen, uralten Gänge entlang – 20 Räume hat das Museum insgesamt – und die Kinder laufen schon mal munter voraus. Der historische Teil am Anfang ist in der Tat fast harmlos – Kupferstiche! A bisserl a Hinrichtung, a bisserl a Folter – nix Aufregendes, ganz normal, nur allzu menschlich.

Je weiter man aber hineinkommt in dieses Labyrinth des Verbrechens, desto eindringlicher und anschaulicher werden die Originaldokumente und Reproduktionen. Man geht ums Eck und steht plötzlich vor riesigen Tatortfotos: abgetrennte Köpfe, überlebensgroße Bilder von Frauenleichen ohne Gliedmaßen. Und so weiter. Der Museumsbesuch wird mit einem Mal zur Geisterbahnfahrt! Die Eltern versuchen rasch ihre Kinder wieder einzufangen und schreien aufgeregt: »Augen zu und durch!« An der Kassa sitzt immer noch die beleibte Frau und wundert sich über die hysterischen Piefke-Eltern. Der Kriminalfall an sich scheint in Wien eben eine ganz andere Tradition zu haben. Man ist fast versucht zu sagen, der Frauenmörder ist ein Teil der österreichisch-wienerischen Stenz-Kultur. »Lustmorde brachten die zuständigen Behörden kaum aus der Ruhe, standen sie doch beinahe auf der Tagesordnung«, schreibt Susanne Mauthner-Weber bezeichnenderweise in ihrem erotischen Wien-Führer über das 19. Jahrhundert. Wo sonst also könnte heutzutage ein Hofrat, der zwölf Jahre Leiter der Wiener Mordkommission war, ein Buch verfassen mit dem vielsagenden Titel *Es gibt durchaus noch schöne Morde*. Dass in so einem Buch auch der Serienfrauenmörder und spätere Schriftsteller Jack Unterweger einen Ehrenplatz hat, versteht sich von selbst. Unterweger war der absolute Star unter den Serienmördern. Einer, der die Frauen manipulieren konnte, der sie sich gefügig machte. Und der obendrein als Poet galt.

Solchen mörderischen Stenzen hat die österreichische Kultur

immer schon gern Denkmale gesetzt. Pop-Ikone Falco spielte mit seinem höchst umstrittenen Song *Jeanny* auf einen Psychopathen und Frauenmörder an – das Video dazu wurde natürlich teils in der Wiener Kanalisation gedreht. Eh klar. Wien ist halt nicht nur die Hauptstadt des Unbewussten, sondern auch des Unterirdischen. 2300 Kilometer umfasst das weit verzweigte Kanalsystem, das fünf Stockwerke tief in die Erde hineinführt, wo sich natürlich viele gruslige Verliese befinden, die lichtscheuen Gestalten Unterschlupf boten. Zum Beispiel auch einer der düstersten Figuren der Wiener Kriminalgeschichte: »Wer schleicht herum bei Nacht und Sturm, das ist der Frauenmörder Wurm«, heißt es beim Liedermacher Georg Danzer. Der berühmt-berüchtigte Frauenmörder hieß in Wirklichkeit Josef Weinwurm, geboren 1930 in Haugsdorf, gestorben 2004 in Krems an der Donau. Weinwurm wurde 1963 als »Opernmörder« bekannt, als er eine elfjährige Ballettschülerin mit 34 Messerstichen ermordete.

Ein vom Wahn getriebener Sexualmörder ist auch in Robert Musils Roman *Mann ohne Eigenschaften* eine der schillerndsten Figuren. Musils Figur des Christian Moosbrugger ist zusammengesetzt aus Zeitungsberichten über zwei reale Mehrfachtäter – den 1911 zum Tod verurteilten und dann zu schwerem Kerker begnadigten Mörder Christian Voigt sowie den Massenmörder Fritz Haarmann. Musils Moosbrugger – »ein großer, breitschultriger Mensch ohne überflüssiges Fett, mit einem Kopfhaar wie braunes Lammsfell und gutmütig starken Pranken« – zerstückelte eine junge Prostituierte und nahm sein Todesurteil gelassen entgegen: »Ich bin damit zufrieden, wenn ich Ihnen auch gestehen muß, daß Sie einen Irrsinnigen verurteilt haben!« Der ganz normale Wiener Wahnsinn eben!

Von dem schien prima vista auch der österreichische Schriftsteller und Maler Oskar Kokoschka nicht allzu weit entfernt zu sein, als er sich von der Puppenmacherin Hermine Moos – Kunigundenstr. 29, München Schwabing – ein lebensgroßes und bitteschön »recht getreues« dreidimensionales Abbild seiner verflossenen Geliebten Alma Mahler anfertigen ließ. Kokoschka hatte genaue Vorstellungen: »Bitte machen Sie es dem Tastgefühl möglich, sich an den Stellen zu erfreuen, wo die Fett- und Muskelschichten plötzlich einer sehnigen Hautdecke weichen ... Die Haut wird wohl aus dem dünnsten Stoff, den es gibt, entweder Flauschseide oder dünnster Leinwand bestehen und in kleinen Flecken aufmodelliert werden müssen ...«

Der Künstler hatte mit Alma Mahler seit 1912 eine leidenschaftliche Affäre, dann jedoch von ihr einen Korb bekommen; sie ließ 1915 ein gemeinsames Kind ohne sein Wissen abtreiben, er ging aus Verzweiflung freiwillig in den Krieg. Nun versuchte es der enttäuschte Liebhaber mit einem Alma-Surrogat. Neun Monate dauerte es, bis die Puppe im April 1919 nach Dresden geliefert wurde, wo Kokoschka damals eine Kunstprofessur innehatte. Er kleidete seine Geliebte in schöne Gewänder, nahm sie mit in die Oper oder verbrachte mit ihr lauschige Abende daheim, indem er sie auf einen Sessel im Wohnzimmer drapierte. Doch wie er sie auch drehen und wenden mochte, ganz das Wahre war sie nicht. Offenbar entsprach die stumme Schönheit trotz genauester Anweisungen und Skizzen des Auftraggebers Kokoschka nicht ganz seinen erotischen Fantasien, weshalb er der Puppe eines Nachts im Rahmen einer wüsten Orgie den Garaus machte. Als die »Leiche« am nächsten Morgen in einem Blumenbeet gefunden wurde, soll der Kopf abgerissen und der Körper blutüberströmt gewesen sein. In Wirklichkeit war die Puppe natürlich nur mit Rotwein übergossen worden. Abtransportiert wurde die »Tote« dann jedenfalls mit dem städtischen Mistwagen. Ob Kokoschkas »Mord« nun die Tat eines etwas entrückten Stenzes war? Oder eher die eines enttäuschten Endverbrauchers? In jedem Fall war dieser Künstler der Wiener Moderne ein echter Trendsetter der Erotikindustrie, selbst wenn sein Frauenersatz aus Stoff und Holzwolle noch nicht ganz den heutigen Materialmaßstäben erotischer Silikonpuppen entsprochen haben dürfte.

Vermutlich wäre es nicht ganz gerecht, den ganz normalen, alltäglichen österreichischen Stenz irgendwo im Dreieck zwischen »Lustmördern«, »Living Doll«-Fetischisten und exzentrischen Künstlern zu verorten. Aber mindestens genauso ungerecht wäre es, würde man Österreichs Beitrag zur Geschichte der männlichen Erotik auf braungebrannte Skilehrer reduzieren, die mit stämmigen Oberschenkeln und kehligem Alpendialekt vorzugsweise versuchen, liebesbedürftige norddeutsche Flachlandbewohnerinnen, also sogenannte Piefke-Bräute, von der Halbvertikalen des Skihanges in die Vollhorizontale eines Tiroler Hotelburgen-Bettes zu befördern. Das hat nämlich nichts mit Stenz-Kunst zu tun, allenfalls mit erotischer Caritas. Auch die schlichte Reduktion des gemeinen Austro-Poppers auf den wohl berühmtesten Emigranten des Landes erscheint unangemessen – selbst wenn sich der Steirer-Stenz Arnold Schwarzenegger in jüngster Zeit durchaus mit Erfolg in die Schlagzeilen der Medien und gleichzeitig bei seiner Ehefrau ins erotische Abseits gevögelt hat; weil diese nämlich durchaus bemerkt hat, dass der Sohn der Haushälterin sehr viel Ähnlichkeit mit ihrem Arnie aufweist. »Ich bin halt nicht perfekt«, soll daraufhin der untreue Gouverneur im US-Fernsehen zu seiner Entschuldigung gesagt haben. Das ist natürlich wenig gscheid und eines echten Terminator-Stenzes unwürdig. Von einem coolen Außerirdischen hätte man schon Originelleres erwartet.

Mag der männliche Lustbarde österreichischer Provenienz eher einfach gestrickt sein, so sagt man der Wienerin hingegen seit jeher nach, dass sie »die komplizierteste unter allen deutschen Frauen sei«. Das zumindest behauptet Albert Friedenthal in seinem wissenschaftlich verbrämten Stenz-Ratgeber *Das Weib im Leben der Völker*: »Die ideale Wienerin ist wie ein lebendiges Gedicht, voller Schönheit gepaart mit Pikanterie im Gepräge, voller Anmut und Grazie in der Gliederung, und im Inhalt von einem seltsam harmonierenden Gemisch von Grundgüte und Freimut, Sentiment und Frivolität. Sie ist intelligent, nicht ohne Witz, hat das Köpfchen stets voller Flausen, ist in der Treue nicht allzu philiströs, liebt mit warmem Herzen öfters nach dem Grundsatz variatio delectat, und schwärmt für Genüsse jeder Art, besonders für Musik, Theater und Tanz.«

Sowohl mit den speziellen Wienerinnen als auch den bairischen Mädeln kannte sich der österreichisch-ungarische Schriftsteller Ödön von Horvath gut aus, der lange Jahre im oberbayerischen Murnau am Staffelsee beheimatet war. Seine Geschichten und Dramen aus dem Kleinbürgermilieu der 1920er- und 1930er-Jahre wimmeln nur so von Glückssucherinnen, die in unglücklichen Zeiten der Wirtschaftskrise auf den großen Wurf hoffen und dabei doch immer nur auf halbseidene, aalglatte Stenze treffen, die das »gnädige Fräulein« charmieren.

Emma: Musik ist doch etwas Schönes, nicht?
Havlitschek: Ich könnt mir schon noch etwas Schöneres vorstellen, Fräulein Emma.
Emma: (summt leise den Walzer mit).
Havlitschek: Das tät nämlich auch von Ihnen abhängen, Fräulein Emma.
Emma: Mir scheint gar, Sie sind ein Casanova, Herr Havlitschek.
Havlitschek: Sagens nur ruhig Ladislaus zu mir.
(Ödön von Horvath: *Geschichten aus dem Wiener Wald*)

Die Stadt des Stenzes Ladislaus Havlitschek ist auch die Stadt der Libido und ihres Entdeckers Sigmund Freud. Als Befreier einer unterdrückten (weiblichen) Sexualität schrieb der Wiener Arzt 1905 seine *Drei Abhandlungen zur Sexualtheorie*. Für Freud, den Erfinder der Psychoanalyse, waren Frauen stets ein »dunkler Kontinent«, den es wissenschaftlich zu erforschen galt. Ein Stenz im herkömmlichen Sinn war der arbeitswütige Kopfmensch Freud wohl keiner – eher eine wissenschaftliche Vaterfigur für seine Jünger und Patientinnen und ansonsten im privaten Leben ein solider Familienmensch, der bis ins hohe Alter jeden Sonntag seine Mutter besuchte und vier Jahre lang fast täglich einen Liebesbrief schrieb, bis er endlich seine Angebetete Martha heiraten durfte. Für Freud war die zügellose Befriedigung der Triebe nach dem puren »Lustprinzip« unvereinbar mit dem »Realitätsprinzip« und den Erfordernissen einer zivilisierten Gesellschaft. Freilich, die dauernde Unterdrückung solcher Triebe führe unter Umständen zu Neurosen, konstatierte der Meister. Aber gerade das macht ja seine Theorie aus psychoanalytischer Sicht so wertvoll, denn seelische Konflikte konnte sich der moderne Mensch fortan auf Freuds Couch mittels einer Redekur zumindest bewusst machen. Freud traf damit den Zeitgeist. Denn nicht zuletzt das Thema Erotik war damals schwer en vogue.

Zwei Jahre vor Freuds Sexualtheorie erschien Otto Weiningers sexualpsychologische Abhandlung *Geschlecht und Charakter*. Und im selben Jahr kam es zur skandalträchtigen Erstveröffentlichung von Arthur Schnitzlers Komödie *Reigen*, die ein sich flott drehendes Liebeskarussell beschreibt, bei dem sich alle möglichen gesellschaftlichen Figuren beim erotischen Ringelpietz nicht nur die Hand reichen: Dirne und Soldat, Soldat und Stubenmädchen, Stubenmädchen und junger Herr, junger Herr und verheiratete Frau; deren Gatte wiederum vergnügt sich mit dem süßen Mädel, die ihrerseits bald mit dem Dichter, der daraufhin mit der Schauspielerin ... und die hat was mit dem Grafen, der am End' mit der Dirne etwas anfängt – womit sich der Kreis wieder schließt.

»Sex ist allgegenwärtig in Wien. Auf den Trottoirs wimmelt es von Prostituierten, sie inserieren auf den hinteren Seiten der *Neuen Freien Presse*. Jedermann und alle Bedürfnisse werden befriedigt«, schreibt Edmund de Waal in seinem Roman *Der Hase mit den Bernsteinaugen* über das Wien um 1900. Und der Münchner Anarchist und Literat Erich Mühsam wäre im Sommer 1911 in sein geliebtes Wien gereist, wenn ihm nicht noch eingefallen wäre, »daß meine Geschlechtskrankheit mir in Wien furchtbarer sein müßte als irgendwo. Ach, liebe Wiener Erinnerungen! Sofie Stöckl, Irma Karczewska, Ferry Werner und Paula, holdes Bordellmädchen in der Blutgasse! Nein, nach Wien, wo jeder Pflasterstein vor Erotik zittert, gehe ich nicht mit einem Tripper.«

An der Donau tummelt sich seinerzeit so manche Schönheit, die einst schon auf dem Schulweg gelernt hat, »was Liebe heißt in Ottakring«, wie Hans Adler in seiner *Vorstadtballade* dichtet:

Sie wurde groß und lachte gern
Und ging, weiß Gott, mit jedem Herrn,
Das leichte blonde Ding.
Und man besang sie damals als
Das schönste Mädel von Hernals
Und Ottakring.
Man liebt sich müd, man küßt sich satt
Der Nutzen, den man davon hat,
Ist relativ gering;
Es zahlt oft so ein Kavalier
Nichts als ein Gulasch und ein Bier
In Ottakring.

Für ein Gulasch und ein Seidl Bier war freilich auch in Ottakring nicht jede zu haben; dafür sorgte schon der Wiener Strizzi als typisches Kind der Vorstadt; zur Welt gekommen in Zeiten der Industrialisierung des Habsburgerreiches, als das flache Land sukzessive in das städtische Gefüge integriert wurde. Die Wiener Vorstadt – eine Art Schleuse für diesen Modernisierungsprozess – vereinigte in sich stets Elemente der ländlichen und der urbanen Kultur. Mit »Menschenmaterial« gefüttert wurde die Vorstadt durch die Krisen des Kapitalismus. Der Wiener Börsenkrach 1873 und einige Missernten führten zu Depression, Agrarkrisen und Verarmung weiter bäuerlicher Schichten, die aus den verschiedensten Gebieten des Habsburgerreichs in die Hauptstadt wanderten. Dort verdingten sich die schlecht ausgebildeten Landflüchtlinge in der Industrie, im Gewerbe oder als Dienstboten in privaten Haushalten. Junge, frische, sinnliche Mädel und kräftige Burschen kamen vom Land und fristeten oft bald schon ein trauriges Dasein im anderen Wien. Um 1910 zählte Wien knapp 100.000 Dienstmädchen. Und die fühlten sich verdammt oft einsam, fremd, sprachlos und ausgeschlossen.

In den proletarischen Vorstädten wie Ottakring, aber auch Favoriten, Brigittenau oder Floridsdorf kämpften diese Einwanderer, Arbeitslose, Dienstbotinnen, Kriminelle und Taugenichtse täglich ums Überleben. Oft hausten in einem Zimmer mehrere Generationen, sie schliefen und sie liebten sich, siechten vor sich hin und starben – und manchmal geschah all das gleichzeitig. Proletariat, Prostitution, Kriminalität – aus der männlich-bürgerlichen Sicht war diese Troika ein Geschwür, das es auszumerzen galt. Der Wiener Polizeiarzt schrieb im Jahr 1886 sogar von den »drei Feinden der Zivilisation«.

Wo betrunkene Männer, verwahrloste Kinder und schlampige Weiber im Schmutz und Gestank billigen Branntweins dahinvegetierten, dort waren »sittenlose« und »leichtfertige« Mädchen ebenso daheim wie professionelle Prostituierte, in deren Nähe sich jede Menge kleinkriminelle Hallodri, Schlawiner und Strizzi tummelten. Sein Handwerk lernte so ein Strizzi auf der Straße, und zwar schon als junger Bursche im Alter von 12 bis 15 Jahren. Vor allem nachts beherrschten kriminelle Jugendgruppen, die sogenannten »Platten«, die Straßen der Arbeiterviertel. Diese Strawanzer, Strotter oder Krameltreiber (»Kramel« ist ein Dialektbegriff für Prostituierte) traten frech auf und neigten zu Gewalttätigkeiten. Die Strizzis waren leicht zu erkennen: auf dem Kopf eine Kappe mit aufgebogenem Schirm, das Haar mit Schweinefett und Zuckerwasser glatt gestrichen, »an beiden Schläfen ›mächtige Locken‹, auffallend gesteifte Krawatten, im Winter einen Pelz, im Sommer die ›zeugene Jacke‹«. So beschreiben es Maderthaner und Musner in ihrem Buch *Die Anarchie der Vorstadt*.

Nach erfolgreich absolvierter Grundausbildung lebte der Jung-Strizzi dann als »Peitscherlbua« (Zuhälter) von den »Pferdal« (Prostituierten), oder gelegentlich auch als »Taschlziaga« (Taschendieb) vom »Fladern« (Stehlen), wenn er nicht gerade »an Bruch machte« (Einbruchdiebstahl). Bewaffnet war der Wiener Strizzi mit dem »Fisch« (einem Schnappmesser) oder der »Krachn« bzw. der »Puffn« (Handfeuerwaffen). Er konnte aber auch in guter alter Handarbeit seinen Widersacher so lange »faschiern« (verprügeln), bis von dem nur noch Hackfleisch übrig war. Vorausgesetzt natürlich, dass unseren Strizzi nicht vorher die »Kiewara« (Kriminalpolizisten) »eisackln« (verhaften) konnten, weil ihm dann der »Herr Rat« (Richter) eine saftige Portion »Schmalz« (Strafe) auftrug, dass er in »den Häfn« (Gefängnis) einfahren musste. Aus unserem Strizzi wurde dann ein »Häfnbruada« (Strafgefangener), der seine Vorstadtspezln, die »Pülcha« (leichte Jungs) und die »Beißa« (schwere Jungs) für längere Zeit nicht zu Gesicht bekam.

Die Vorstadt mit diesen düsteren Gestalten empfand das Wiener Bürgertum naturgemäß als Bedrohung. Denn »durchrasst« und »durchmischt« wie sie war, war dieser Ort der Unordnung auch der ideale Nährboden für Renitenz und Rebellion. Tausende und Abertausende »Tachinierer« (Drückeberger) und Strizzis lagen hier nur »auf der faulen Haut«, dösten schlaftrunken durch den Tag, hatten für »die Arbeit keine Zeit«, weil sie gegen Abend wieder Karten spielen und saufen und huren mussten. Solche Ressentiments gegenüber der Unterschicht waren oft mit antisemitischen und antislawischen Vorurteilen vermengt. So schrieb der katholische Pfarrer und Reichsratsabgeordnete Rudolf Eichhorn 1884 mit Blick auf die Vorstadt von Juden »mit listigen Augen«, »hageren Gestalten«, denen Stumpfsinn und Unzufriedenheit oder – bei den Frauen – der Leichtsinn leicht anzusehen sei.

Vor allem letzterer löste bei verklemmten bürgerlichen Männern sexuelle Ängste oder erotische Fantasien aus. Manchmal wohl auch beides. Der Schriftsteller Felix Salten kommentierte die losen Sitten 1912 in *Der Wurstelprater* folgendermaßen: »Einfach, wie nirgendwo sonst, enthüllen sich hier die einfachen menschlichen Triebe. Die Lust des Weibes am Manne. Die Lust des Mannes am Weibe. (…) Unschuld gibt es hier nicht, wenigstens nicht in unserem Sinne, nicht im gesellschaftlichen Sittlichkeitsbegriff.« Diese Auffassung teilt Alfons Petzold, der »das raue Leben« in der Wiener Vorstadt beobachtet und beschreibt, wie im Dunst von Brunst, Rausch und Rauflust »die Weiber ihre entzündete Geschlechtlichkeit durch den Saal schleuderten, und die Männer tanzten gierig um sie herum. Eine Schnellpolka jagte die andere, die übrigen Tänze waren der rasenden Lebensgier nicht mehr schnell genug.«

Neben der vermeintlich so freien Liebe des Vorstadtproletärs blühte in den Vorstädten die Prostitution. Felix Salten, der mit seinen Tiergeschichten über das Rehkitz »Bambi« berühmt geworden ist, wird immer wieder auch als Autor der 1906 erschienenen Lebensgeschichte der Wiener Dirne *Josefine Mutzenbacher* gehandelt. Die Ottakringer Prostituierte hatte nicht nur als 13-Jährige einen katholischen Kooperator und danach noch zahlreiche Freier zu »bedienen«, sondern als literarische Figur auch die Fantasien bürgerlicher Leser.

Wobei der wesentliche Unterschied zwischen dem bürgerlichen Flaneur und dem proletarischen Strizzi der zwischen goldener Taschenuhr und lärmender Fabriksirene ist. Während der Flaneur nämlich stets viel Zeit hat, um auf die Pirsch zu gehen, musste der Proletarier, der lange, anstrengende Arbeitstage zu bewältigen hatte, stets flott auf seine Kosten kommen. Und so entwickelte sich in den Vorstädten jene Kultur der Tanzlokale und Beiseln, der Schaubuden und Varietés, in denen das Bedürfnis nach dem schnellen abendlichen Vergnügen bedient wurde. In den Gastgärten knüpfte man die Liebesbande für eine Nacht oder manchmal auch für etwas länger. »Der Verehrer brauchte nur die Seligkeiten des Ringelspiels zu bezahlen und mit seiner Erwählten die abenteuerliche Fahrt zu machen, und sie war sein. Das Kreischen der Mädchen und Jauchzen der Herren bildete nebst einem ewig verstimmten, knarrenden Werkl die anmutige Begleitmusik zu diesem Stück irdischer Wonnen. (…) Liebesschwüre werden hier in schales Abzugbier umgesetzt, und innig umschlungen treten die Pärchen den Heimweg an, der durch die idyllischen Wege des Laaerwaldes führt.« So steht es 1894 in der Zeitschrift *Wiener Bilder* zu lesen.

Sonntags setzte das fröhliche Treiben übrigens schon ab Mittag wieder ein, wenn die nett frisierten Damen allein oder zu zweit durch den Böhmischen Prater schlenderten. Dann mussten die »Bonvivants der entersten Gründe und die jeunesse dorée vom zehnten Bezirk« Posten stehen wie die Elegants der

Ringstraßen-Corsos, »um sich mit treffsicherem Blick eine ›Herzenskönigin‹ für den Sonntag oder länger zu erwählen«. Wild wurde getanzt und die Pausen gehörten den noch wilderen Flirts. Pressiert hat's im nervösen Wien der Jahrhundertwende; denn anders als der gemächliche Flaneur hatte der Vorstadt-Stenz ja keine Zeit zu verlieren. Weil obendrein der Wohnraum fehlte, wurden Kino und Riesenrad zum halböffentlichen Ort fürs gemütliche Stelldichein. Vor allem das Wiener Riesenrad, das 1897 eingeweiht wurde und sich gleich größter Beliebtheit erfreute, wurde mit seinen Wagons séparés oft missgedeutet. Zahlreiche Paare wurden nach dem erotischen Höhenflug in der Gondel von der Polizei arretiert – wegen unsittlichen Benehmens in der Öffentlichkeit.

Als gar nicht unsittlich empfand man wohl damals die Hinrichtungen, die deswegen auch öffentlich vorgenommen wurden. Am Vorabend dieser zweifelhaften Veranstaltungen jedenfalls ging es immer besonders wild her, wenn »lange Scharen liederlicher Weibspersonen mit ihren Strizzis zur Richtstätte« pilgerten, wo »bis zur Morgendämmerung Orgien in der wildesten Form gefeiert wurden. Unter dem Spiel der Gitarre und Harmonika und unter den Rufen: ›Kauft brennheisse Würsteln‹ und bei dem Verkaufe von Branntwein wurde Unzucht in der unverschämtesten und frechsten Weise ausgeübt, wozu die umliegenden Felder mit ihren Gesträuchen die geeignetste Gelegenheit darboten.« (Josef Schrank: *Die Prostitution in Wien in historischer, administrativer und hygienischer Beziehung*)

Und wie schaut es heute mit der öffentlichen und freien Liebe auf den Straßen und in den Anlagen Wiens aus? Als vor einigen Jahren Bürgerinitiativen mit Fackelzügen gegen den Straßenstrich in Wohngebieten demonstrierten, rief das den Gesetzgeber auf den Plan. Seit Ende 2011 durften die Huren nur mehr an wenigen Orten in Wien öffentlich anschaffen – etwa in Auhof oder im Wiener Prater. Dadurch hat sich auch die Zahl der Strizzis wieder rasant vermehrt. »Viele der Frauen, die vorher keinen ›Beschützer‹ hatten, brauchen jetzt einen. Der sorgt dafür, dass sich nicht noch mehr billige Konkurrentinnen aus dem Osten auf dem begrenzten Platz drängeln. Gegen Schutzgeld, versteht sich. Handfeste Konflikte stehen auf der Tagesordnung«, berichtete 2012 *Der Spiegel*. Seit jenem Jahr ist der Straßenstrich nun im Prater tagsüber verboten, von Herbst 2013 an soll die Prostitution dort ganz verschwinden. Das Ende des Wiener Strizzis wird das wohl kaum bedeuten.

Ware Liebe 2: Das Tagebuch einer Dame

Liebe, Lust und Leidenschaft treiben im Süden gelegentlich gar seltsame Blüten. Meist dann, wenn sich die Obrigkeit einmischt. Wie in folgendem Fall, in dem nicht der Stenz auf die Stanz geht, sondern die Zenz. Oder genauer gesagt, eine Dame. Und zwar eine, die noch dazu Tagebuch geführt hat. Lassen wir diese Geschichte an einem Spätsommertag des Jahres 1907 beginnen. Damals betritt nämlich ein königlich-bayerischer Beamter eine Münchner Buchhandlung. Sein Blick wandert von Regal zu Regal und bleibt schließlich an einem Werk hängen, das im Schaufenster ausliegt. *Tagebuch einer Dame* – schon der Titel kommt dem Beamten verdächtig vor. Noch verdächtiger freilich erscheint ihm die Tatsache, dass kein Autor genannt ist und auch der Herausgeber anonym bleibt. Der bayerische Beamte liest weiter, mit großem Interesse. Dienstlichem, versteht sich. »Pah! Er will mich ja nicht anders haben als treulos. Ich reize ihn. Ich stimuliere ihn, wie seine Zigarren. Er will ja meinen stets wachen Widerstand haben. Was küsste er mich sonst auf den Nacken, wo er doch weiß, dass dann das Tier in mir los wird ... Und ich brauche den steten Kampf gegen ihn ebenfalls. Unsere Körper aber, wie wachsen sie schön zusammen.« Körper im Allgemeinen und zusammenwachsende im Besonderen lassen bei bayerischen Beamten des Jahres 1907 die Alarmglocken läuten. § 184 Strafgesetzbuch. Pornografie! Jetzt oder nie! Sagt sich der Polizist. Der Schund muss weg. Und so kauft er das Buch und liest die vermeintliche Sauerei – von Amts wegen – und zwar ganz, von vorn bis hinten! Pflichtbewusst markiert er alle schlüpfrigen Stellen mit Bleistift. Und dann wird die Sache amtlich gemacht. Mit einem Schreiben:

6. September 1907
Dem Herrn Ersten Staatsanwalt am Königlichen Landgerichte München I
mit dem ergebensten Ersuchen um strafrechtliche Würdigung aus § 184 Strafgesetzbuch (...). Das »Tagebuch einer Dame«, Piper Verlag 1907, Verfasser unbekannt, (...) ist seit einigen Tagen im Buchhandel und in fast sämtlichen hiesigen Buch-Schaufenstern ausgestellt; seine Verbreitung dürfte, falls nicht rasch eingeschritten wird, eine erhebliche werden.
In dem Buche werden die Schicksale einer, mit einer »Hetärennatur« begabten Dame der Gesellschaft geschildert; bezüglich des Charakters dieser Schilderungen, die von ästhetischen, literarischen, kulturhistorischen, religiösen und politischen Exposés unterbrochen werden, gestatte ich mir, auf die mit Bleistift angezeichneten Stellen (...) hinzuweisen.
Kgl. Polizeidirektion
I. V. Bittinger.

Die Jahre um 1900 sind für Moralapostel und Sittenschnüffler ein Goldenes Zeitalter. Pfarrer, Lehrer, Richter, Politiker, Polizeibeamte – sie sehen die Moral und den Anstand bedroht. Denn all der Schund der Unterhaltungsindustrie bedroht in ihren Augen das Abendland! Oft ist es eine Mischung aus Ängsten und Wunschvorstellungen, die zu teils grotesken Entwicklungen in Sachen »Moral und Zensur« führt. So kommen in der Gründerzeit die Sittenwächter schon mal auf die Idee, Grimmelshausens *Simplicissimus* auf den parlamentarischen Prüfstand zu stellen oder eine Bildergeschichte von Wilhelm Busch konfiszieren zu lassen. Grotesk genug, möchte man meinen. Doch welche erotischen Fantasien haben wohl jenen Münchner Magistratsrat gepeinigt, der 1895 den Antrag stellte, aus sittlichen Gründen den Transport von abgehäuteten Kalbshinterteilen durch die Stadt zu verbieten? Nicht von ungefähr befinden wir uns in den Jahren, in denen Sigmund Freud seine ersten wichtigen Werke zur Psychoanalyse veröffentlicht. Eine Freud'sche Fehlleistung steckt wohl auch hinter der Aktion jenes Polizisten, der 1904 wild entschlossen in die Münchner Buchhandlung Theodor Ackermann eindrang und verlangte, ein Buch mit dem Titel *Liebhaberkünste* sofort aus der Auslage zu entfernen. Anderntags war in der Zeitung zu lesen, dass es sich bei dem inkriminierten Druckwerk um ein Buch über Laubsägearbeiten handelte.

Der Grund dafür, dass in jenen Jahren nicht einmal der gemeine Laubsäger vor staatlichen Übergriffen sicher war, lag in dem seit 1900 geltenden Zensur-Gesetz. Mit der sogenannten »Lex Heinze« – benannt nach dem Berliner Ehepaar Heinze, das in einem Mordprozess mit Zuhälterei und Prostitution in Verbindung gebracht wurde – sollte das ganze kulturelle Leben gemaßregelt und die öffentliche Darstellung unsittlicher Handlungen in Kunst, Literatur und Theater zensiert werden. Der Kaiser selbst hatte den Gesetzentwurf angeregt.

In solch zensurwütigen Zeiten gehörte es zu den alltäglichen Pflichten eines Kriminalwachtmeisters, die Auslagen der Buchhandlungen in seinem Bezirk zu durchforsten, um verdächtiges Material – seien es Bücher oder Ansichtskarten – aus dem Verkehr zu ziehen. Der Münchner Kriminal-Wachtmeister Georg Fürst stellte dazu 1904 in einem Polizeibericht fest: »Einzelne Buchhändler stellen mit Vorliebe solche Bücher aus, welche den Geschlechtsverkehr und die Geschlechtskrankheiten behandeln. Diese Bücher sind zwar nicht verboten, doch erregen gerade diese Bücher, wenn sie ausgestellt sind, im Publikum Unwillen. So haben sich die Pater in St. Bonifaz früher über die Ausstellung solcher Bücher im Laden des Buchhändlers Tscheschlog, Augustenstr. 60 beschwert. Buchhändler Tscheschlog, welchen ich ersuchte, die Auslage etwas ändern zu wollen, gab an, das könne er nicht tun, denn diese Bücher müssen Kunden anlocken.«

Sex sells! Mit erotischen Darstellungen kann man den Verkauf steigern und Kasse machen. Das alles ist uns Heutigen wohl vertraut. Erstaunlich bleibt nur, was damals – vor 100 Jahren – als erotisch anregend galt: »Seinen Körper lieb ich, denn er passt zu dem meinen. Viele Männerkörper sah ich schon: jeden Alters und Standes – aber seines Körpers wegen bin ich ihm hergefolgt ...« Auch diese eher harmlosen Zeilen gehören zu den beanstandeten Stellen im *Tagebuch einer Dame*, deretwegen am 9. September 1907 Polizisten die Räume des Piper Verlags und diverser Buchhandlungen durchsuchten. Insgesamt wurden in München 102 Exemplare eingezogen, Leipzig meldete über 800 konfiszierte *Tagebücher*.

Der Piper Verlag hatte schon des Öfteren mit der Polizei zu tun bekommen. Einmal ging es um ein Büchlein mit dem Titel: *Aus Urgroßmutters Garten – ein Frühlingsstrauß aus dem Rokoko*. Herausgeber war der naturalistische Schriftsteller Arno Holz. Reim des Anstoßes waren für die Behörden Zeilen wie diese:

»Sizz dich hier auf meinen Schoß/Ich mach dir beyde Brüstgens bloss.« Ärger bekam Piper auch Anfang September 1907. Wegen einer Mappe mit dem Titel *Japanische Erotik*.

Nach aufwändigen Recherchen gelang es jedenfalls der Münchner Polizei, die Schreiberin des konfiszierten Tagebuches zu ermitteln. Es handelte sich um die Schriftstellerin Elfriede Meinhold, geboren am 25. August 1868 zu Schloss Schweinsburg in Sachsen, als Tochter des Rittergutsbesitzers R. Meinhold und Maria, geb. v. Nostiz-Drzewiecka. Sie verkehrte unter der Schwabinger Bohème, wurde vielfach im »Café Luitpold« gesehen in der Gesellschaft von Michael Georg Conrad, Maler Eduard Lammert, Hans von Gumppenberg, Max Halbe, Frank Wedekind, Generalmusikdirektor Hermann Levi oder der Freiin von Bülow, wie die Polizeiakten vermerken. Außerdem war sie, so steht dort zu lesen, bekannt als Dame, die »ihre Jungfernschaft nicht los wird«.

Interessanterweise hatte Elfriede Meinhold das Tagebuch zwar geschrieben, veröffentlicht jedoch hat es wohl einer ihrer Geliebten nach deren Tod 1906. Die Polizei enttarnt nicht nur diesen Herausgeber – Dr. phil. Benno Rüttenauer, 52 Jahre alt, Verfasser kunstgeschichtlicher Essays und einer großen Zahl von Novellen und Romanen –, sondern auch fast alle Figuren, die in dem Tagebuch vorkommen. Als da wären:

Frau Ottilie: Das ist Elfriede Meinhold höchstpersönlich. Die Möchtegernautorin, der manchmal selbst Zweifel kommen, ob sie von der Schwabinger Künstlerszene, in der sie verkehrt, auch wirklich ernst genommen wird. Dann Ernst Wehrmüller, alias Eduard Lammert, ein Münchner Kunstmaler – ein Herr mit krummen Beinen, was Ottilie aber nicht abschreckte. »Und dann mit Wehrmüller, wir können das doch nicht so forttreiben. Wenn ich seine Hässlichkeit bedenke, überkommt mich eine namenlose Scham. Und doch werde ich, wenn ich ihn unglücklich sehe, immer wieder schwach sein.« Dr. Schönemann ist in Wirklichkeit Dr. phil. Michael Georg Conrad, Schriftsteller zu München und eine zentrale Figur der naturalistischen Bewegung an der Isar, später national-liberaler Reichstagsabgeordneter. Auch Schönemanns Frau sitzt mit am Tisch: Marie Conrad-Ramlo, Hofschauspielerin zu München. Ebenso die dicke Schotterstiel. Das ist in Wirklichkeit die Freiin Frieda von Bülow, eine damals renommierte Romanautorin und Freundin von Lou Andreas-Salomé und Rainer Maria Rilke. Auch die Romanfigur Franz Weidlich ist im echten Leben recht bekannt: Es ist der Schriftsteller Frank Wedekind, »der die berüchtigten Brettl-Lieder und unanständigen Komödien schreibt; er flüsterte Grünzer fortwährend Zoten ins Ohr, aber so, dass unsereiner sie auch hören konnte. Mich fragte er einmal ganz laut, ob ich meine Jungfernschaft noch immer auf Lager hätte, und ich glaube, er war nicht einmal betrunken.« Hinter dem Namen Bissig verbirgt sich Dr. Max Halbe, Schriftsteller, München. Im Tagebuch heißt es über ihn: »Dieser Mann hat eine Art Löwenphysiognomie, aber wie der Fötus eines Löwen.« Weiterhin kommt im Tagebuch noch Georg Ringwald vor: »Ein Ideal von Mann in seinem Äußern: schlank, schwarzbraunes weiches Haar, die schönen Lippen nur gerad verdunkelt vom Bart …« Georg Ringwald ist in Wirklichkeit Benno Rüttenauer – der spätere Herausgeber des *Tagebuchs*. Und als solcher steht er Anfang 1908 mit einem Bein fast im Gefängnis. So weit kommt es dann allerdings doch nicht. Herausgeber Rüttenauer sowie Verleger Reinhard Piper und Verlagsteilhaber Dr. Curt Bertels werden im Februar 1908 »mangels Nachweisbarkeit des Bewusstseins der Unzüchtigkeit des Buches außer Verfolgung gesetzt«. Nach längerem Rechtsstreit darf das Buch mit erheblichen Kürzungen später wieder vertrieben werden.

Die Originalfassung vom *Tagebuch einer Dame* ist heute übrigens nur mehr schwer zu bekommen. Selbst im Hausarchiv des

Piper Verlags in der Münchner Georgenstraße ist die Erstausgabe nicht mehr vorhanden. Nur in der Staatsbibliothek Berlin Unter den Linden liegt noch ein Originalexemplar. Dass es sich beim Inhalt dieser Erstausgabe nicht um Pornografie handelt, wird schon beim raschen Durchblättern deutlich, wie bereits der literarische Gutachter im Gerichtsverfahren 1908 festgestellt hatte: Das Buch, meinte Professor Dr. Munker damals, enthalte zwar einige psychologische Unmöglichkeiten und plumpe Stellen, aber manche hübsche Naturschilderung. Wer Sinn für Humor hat, wird auch heutzutage noch diese Stellen zu schätzen wissen. Wann sonst singt der Föhn so schön und rauschen die Wasser so wild? Der königlich bayerischen Zensurbehörde sei Dank! Für solche Zeilen: »Und dann auf einmal, ich weiß nicht mehr wie es gekommen ist, war ich allein mit dem Dichter. Ich hing an seinem Arm, wir wanderten an einem Abgrund hin, in der Tiefe rauschten die Wasser, und ihr wilder Gesang klang zusammen mit dem Gesang des Föhns in den Lüften. (...) Und dann sagte er viel Schönes von der Schönheit Münchens, legte all seine Liebe in seine begeisterten Worte, und immer schritten wir hart am jähen Abgrund hin, in der Tiefe rauschten die Wasser, und ihr wilder Gesang klang zusammen mit dem Gesang des Föhns in den Lüften.«

Der braune Stenz

In den 1920er-Jahren beginnt ein Mann namens Christian Weber in München eine steile politische Karriere. Geboren 1883 in einem mittelfränkischen Dorf und aufgewachsen in ärmlichen Verhältnissen, arbeitet er zunächst als Pferdepfleger, Stallbursche, Hausknecht in einer Münchner Wirtschaft und schließlich als Viehhändler, bevor er sich als Nationalsozialist der ersten Stunde und Duzfreund Hitlers den Weg nach oben freikämpft. Zahlreiche Narben im derben Gesicht, das linke Auge zeitweise erblindet, ein künstliches Gebiss! Keine klassische Schönheit also, aber das Paradebeispiel des grobschlächtigen und gewalttätigen Nazi-Haudegens. Weber ist das gemütliche Urviech, das gern Bier säuft und sich als »Ladykiller« gefällt. Ein brauner Stenz also!

Einer der Lieblingsgegner Christian Webers ist damals der kommunistische Stadtrat Josef Hirsch. Die Feindschaft zwischen Nazis und Kommunisten im Münchner Stadtrat vor 1933 ist so erbittert, dass es nicht selten zu handgreiflichen Auseinandersetzungen kommt. Vor diesem Hintergrund klingt es schon eher wie ein Schwank, dass sich der Nazi-Stadtrat und der KPD-Stadtrat eine Prostituierte geteilt haben sollen. Aber genau so stand es in der sozialdemokratischen Zeitung *Münchner Post* vom 8. Mai 1931 zu lesen: Christian Weber und Josef Hirsch waren angeblich Bettgenossen! Konnte das sein? Waren der rote und der braune Stenz tatsächlich miteinander auf dem Lotterbett der käuflichen Liebe zugange gewesen? Christian Weber, der braune Münchner Potentat, sah sich veranlasst, als Privatkläger gegen den Inhalt des fraglichen Artikels vorzugehen. Die Behauptung, er »habe ein Freudenmädchen im Café Martin Greif in München aufgesucht« und sei zusammen mit seinem politischen Gegner Hirsch und dem Freudenmädchen nach Pasing gefahren, um dort mit ihm, also dem Mädchen, »geschlechtlich zu verkehren«, sei dazu geeignet, den »Privatkläger verächtlich zu machen und in der öffentlichen Meinung herabzuwürdigen«.

Dass solch ein »Herabwürdigen« im Jahr 1931 schon kaum mehr möglich war, weil die öffentliche Meinung bezüglich Webers Person schon fast unterirdisch tief stand, interessierte das Gericht so wenig wie die Tatsache, dass jeder in München von

Webers beiden Leidenschaften wusste: Der braune Stenz war berüchtigt wegen seiner Vorlieben für die Pferderl – sowohl die vier- als auch die zweibeinigen! Erstere hatten schlank zu sein, weil sie laufen sollten und zwar möglichst schnell, weil Weber ein Freund und Förderer des Pferderennsports war, der während der NS-Diktatur u. a. »Das Braune Band von Deutschland« organisierte; letztere durften gern üppig bis barock sein, denn laufen mussten sie nicht, sie wurden gefahren oder durften reiten. So wollte es der Pferde- und Frauenflüsterer, der die sogenannte »Nacht der Amazonen« als Rahmenprogramm zum »Braunen Band« maßgeblich mitgestaltete. Hierbei marschierten 2.500 Mitwirkende und 700 Pferde im Park von Schloss Nymphenburg auf, darunter ausgewählte, meist etwas fleischigere BDM-Mädchen, die nur mit Helm und Sandalen bekleidet waren, und so an Christian Weber und der ganzen Nazi-Schickeria vorbeireiten durften. Webers »lebende Bilder« wurden von vielen belächelt – aber das zwei Zentner schwere Raubein war in Geschmacksfragen halt eher eine Schmalznudel, die den rokokohaften Kitsch samt erotischem Zuckerguss ebenso liebte wie die Madln, vor allem, wenn sie jung und kräftig waren. Dann war der Ratsherr Christian Weber Feuer und Flamme. Am liebsten sollen ihm die siebzehnjährigen Münchner Kindl gewesen sein. Sagt man.

Und was die Sache mit der Taxifahrt nach Pasing anging, stellte sich vor Gericht bald heraus, dass es der verantwortliche sozialdemokratische Schriftleiter der *Münchner Post* mit der Wahrheit nicht sehr genau genommen hatte. Es war halt gerade wieder mal Wahlkampfzeit. Das Gericht verurteilte ihn zu 600 Reichsmark Strafe oder wahlweise 15 Tage Haft wegen übler Nachrede. Dabei spielte keine Rolle, dass die Geschichte sich durchaus so ähnlich hätte zutragen können.

Im März 1933 wurde Christian Weber übrigens von Hitler persönlich zum Präsidenten des Kreistags von Oberbayern und zum

Präsidenten des »Wirtschaftsbundes Deutscher Rennstallbesitzer und Vollblutzüchter« ernannt. Seine Karriere als Förderer des Rennsports und der schönen Künste konnte beginnen. Ebenso die einer gnadenlosen Selbstbereicherung. Sein angeblicher »Bordellgenosse«, der KPD-Stadtrat Josef Hirsch, hingegen wurde noch im März 1933 wegen angeblicher Verbreitung von »Gräuelnachrichten« von der Bayerischen Politischen Polizei in sogenannte Schutzhaft genommen.

Christian Weber sollte später übrigens in die bayerische Literaturgeschichte eingehen, als Protagonist in Herbert Rosendorfers Roman *Die Nacht der Amazonen*. Folgende Szene spielt in der Frühzeit der NS-Bewegung, als Weber längst schon ein berüchtigter brauner Stenz und Puffgänger war: »›Bravo, Österreicher!‹, schrie Weber, als er vorbeiging. ›Kennst mich nimmer?‹ Aber der Österreicher blickte nur mit seinen hellblauen Augen knapp über Webers Stirn hinweg. Danach gingen Weber und Moritz noch in ein Bordell in der Landsberger Straße.«

Graf Bodo oder: Der Stenz als Heiratsschwindler

Der Stenz ist oft eine halbseidene Figur. Und manchmal nicht einmal das. Dann ist er nur noch fadenscheinig, was durchaus wörtlich zu verstehen sein kann, etwa wenn das Gewebe seines Anzugs so abgenutzt ist, dass bereits die einzelnen Fäden hervorschauen. Dann steckt der Stenz tief in der Krise. Und es ist für ihn an der Zeit, sein ganz besonderes Talent zu entwickeln, nämlich andere zu überzeugen, vorzugsweise »weibliche Andere«. Wie im nächsten Fall, der mit einer Heiratsanzeige beginnt. Anfang Oktober 1933 steht in den *Münchner Neuesten Nachrichten* zu lesen: »Selbstinserat. Graf, 38 Jahre, 1.85 groß, dunkelblond, weise, zur Zeit Holland, sucht auf diesem Wege Dame mit gutem Charakter und etwas Barvermögen (jedoch nicht Bedingung), eventuell Einheirat in Grundbesitz. Freundl. Zuschriften mit Bild, welches zurückgesandt wird, unter B.v.F. 6708 Hoofdpostkantoor Amsterdam.«

Ein Graf, dunkelblond, relativ jung und noch dazu weise!? Da bleiben die Antwortschreiben natürlich nicht aus. Zahlreiche Bewerberinnen greifen in jenen Herbsttagen des Jahres 1933 zur Feder; auch Maria Rizzi aus München. Ein erster Brief, ein erstes Foto – Rizzi ist angetan vom Herrn Grafen. »Wirklich gut aussehend!«, denkt sich die 29-Jährige, die immer noch bei ihren Eltern in München lebt. Höchst interessiert betrachtet sie das Bild des Adligen: dunkelblondes, nach hinten gekämmtes Haar, gepflegte Erscheinung, kräftig-energisches Kinn ... und trotzdem hat er etwas Sanftes im Blick! Graf Bodo von Falkenburg scheint eine wirklich gute Partie zu sein.

Das große Schreiben beginnt. Hin und her geht die Post, her und hin, zwischen München und Amsterdam, und irgendwann im Verlauf des Briefwechsels erkundigt sich der Graf nach den Rizzi'schen Vermögensverhältnissen. Worauf ihm Marie mitteilt, sie habe eine Erbschaft in Höhe von etwa 30.000 tschechischen Kronen zu erwarten. Bodo reist sofort an. Anfang November 1933 verbringt er einige Tage bei den Rizzis, wo er als Graf von Falkenburg firmiert und sich auch sonst recht weltgewandt gibt. Schon nach einigen Tagen hält er bei Frau Mama um Maries Hand an. Kaum vier Wochen nach der Heiratsannonce sind die beiden verlobt. Alle sind glücklich!

Scheinbar beiläufig und noch vor der Verlobung erzählt Bodo seiner Liebsten, dass er in Köln eine Generalvertretung angenommen habe. Er wolle einen Motorradhandel aufmachen, mit Filialen in Amsterdam; er brauche Geld, um Maschinen kaufen zu können. Denn ohne Startkapital könne er kein Geschäft gründen und folglich auch nicht heiraten. Marie Rizzi versteht die Botschaft und erklärt sich noch am Verlobungstag bereit, dem Grafen Geld zu überlassen. Sie bevollmächtigt ihren Verlobten, bei der Gräfin Czerni in Dymokur, in der damaligen Tschechoslowakei, 33.000 Kronen abzuholen. Bodo reist umgehend ins Böhmische.

Auf dem Weg von München nach Prag lernt er im Zug das 30-jährige Fräulein Rosa Perlinger aus Furth im Wald kennen. Sie kommen ins Gespräch. Die ledige Leder- und Holzschuhfabrikantentochter ist keine leichtgläubige Person. Sie lässt sich sogar den Reisepass und den Führerschein des Grafen zeigen. Bodo erzählt, er sei Ingenieur, nur leider derzeit ohne Anstellung. Er fahre nach Prag zu alten Bekannten, um dort Kronen zu holen. Was ja tatsächlich stimmte, auch wenn keine Rede von »Bekannten« sein konnte, geschweige denn »alten«.

Zwei, drei Tage nach dieser Begegnung im Zug, auf dem Rückweg von Prag nach München, steigt Graf Bodo in Furth aus und bleibt für ein paar Stunden, um sich mit Fräulein Rosa zu treffen. Er erzählt ihr von seinen Geschäftsplänen. Und gesteht Rosa plötzlich seine Liebe. Er wolle sie heiraten, sagt Bodo. Die gestandene Frau aus dem Bayerwald nimmt dieses Liebes- und Heiratsversprechen nicht ganz ernst. Zumindest sagt sie das später bei der polizeilichen Vernehmung. Um Geld habe der Graf sie damals nicht gefragt. Er habe zwar keinen vermögenden Eindruck auf sie gemacht, aber er wirkte immerhin so, als habe er genug zum Leben. Also keineswegs fadenscheinig, im ganzen Äußeren. Und überhaupt, sein gewandtes Auftreten ließ ihn als gebildeten Mensch erscheinen. Sie habe dann zwei Monate nichts mehr von ihm gehört. Dass er ein Betrüger sein könnte, kommt der Fabrikantentochter damals nicht in den Sinn.

Graf Bodo steigt also wieder in den Zug und fährt nach München, wo ihm seine Verlobte Rizzi die von ihm mitgebrachten 33.000 Kronen offiziell anvertraut, dazu noch 22.500 belgische Franken, eine Armbanduhr, zwei Ringe und vier elektrische Kochapparate. All das ist gedacht als Anschubfinanzierung für die Generalvertretung – und natürlich als Investition in die gemeinsame eheliche Zukunft.

Graf Bodo reist umgehend ab. Aus Würzburg kommt noch einmal eine Nachricht von ihm, danach hört Marie nichts mehr von ihrem Verlobten. Tage und Wochen lang – nichts! Sie schreibt einen Brief nach Amsterdam. Und erfährt auf diese Weise von einer weiteren, angeblichen Verlobten des Grafen. In Marie keimt langsam der Verdacht, dass Bodo ein Gauner ist, der nie vorhatte, sie zu heiraten. Er wollte nur ihr Geld, um dann schnell zurück nach Holland zu fahren, wo er bereits ein Verhältnis mit einer gewissen Ans de Ruiter hatte. Marie geht zur Polizei und erstattet Anzeige.

Graf Bodo jedoch gerät in Köln in eine Schlägerei und wird verhaftet. Er hat nur noch 200 Kronen und 21.000 belgische Franken sowie den Schmuck und die Kochapparate bei sich. Der Rest des Geldes sei ihm geklaut worden, sagt er. Später gehen die Behörden davon aus, dass er das Geld zur Seite geschafft hat, vermutlich bei Freunden in Köln deponiert. Noch bei den Kölner Behörden gibt er an, Bodo Graf von Falkenburg zu sein. Dieser Name wird auch in das Gefangenenregister eingetragen: »Rolf, Bodo, Arnim Joachim Graf von Falkenburg, geb. 28.12.1894, zu Orenburg, Kurland (Russland), staatenlos, wohnhaft in Amsterdam. Vater: Viktorowitsch von Falkenberg. Mutter: Elinora geb. von Bengowski. Beruf: Dr. Ingenier.«

Freilich, bald wird sich herausstellen, dass Graf Bodo nicht nur ein Heiratsschwindler ist, sondern auch ein einschlägig vorbestrafter Betrüger und Hochstapler, nach dem wegen verschiedener Delikte gefahndet wird. Sein echter Name ist Karl Heinz Päsler. Mitte März 1934 kommt der ledige Kraftwagenfahrer Päsler in Untersuchungshaft. Von dort schreibt er Briefe an alle möglichen Leute: auch an Marie und die Fabrikantentochter im Bayerwald. Meist sind diese Briefe verbunden mit Bitten um Geld, Papier, Tabak. Päsler wendet sich an den Oberstaatsanwalt, den er zu überzeugen sucht, dass das Fräulein Maria Rizzi ihn freiwillig unterstützt habe und er niemanden betrogen habe: »Ich bitte Herrn Oberstaatsanwalt sich in meine schwere und traurige Lage hinein zu denken, wie schwer es für mich ist, länger hier unschuldig zu sitzen. Ich bitte Herrn Oberstaatsanwalt sich meiner anzunehmen, meine Angelegenheit zu beschleunigen, damit ich bald freikomme.«

Auch diesen handschriftlichen Brief zeichnet Päsler mit »B. Graf Falkenburg«. Selbstverständlich werde er, Graf Bodo, seine Verlobte Maria Rizzi baldmöglichst ehelichen. Die düpierte Marie freilich und ihre Familie – Hofratseheleute aus Wien, die erst seit einigen Jahren in München lebten – hatten keinerlei Interesse mehr an den gräflichen Kontakten. Kein Wunder, sahen sie sich zu allem Überdruss auch noch dem Verdacht eines »Vergehens gegen die Devisenvorschriften« ausgesetzt. Die Rizzis mussten einem Richter erklären, woher all die böhmischen und belgischen Gelder stammten.

Der angebliche Graf Bodo aber konnte im Knast lückenlos und durchaus glaubwürdig seine Biografie herunterbeten. Den Namen Päsler habe er nur verwendet, um als Adliger bei einer Reise in die russische Heimat nicht den Bolschewisten in die Hände zu fallen. Den echten Päsler kenne er persönlich sehr gut, er habe ihn schon 1918 in Kurland kennengelernt und mit ihm 1920 in der Eisernen Division gegen die Bolschewiken gekämpft.

Fantasie hatte er zweifelsohne, der kriminelle Stenz. Aber sie half ihm nichts. Denn seine Schwester Berta erkannte ihn auf

Fotos, damit war der Herr Graf eindeutig als Karl Heinz Päsler identifiziert. In öffentlicher Sitzung wurde er am 16. Oktober 1934 wegen Betrugs und falscher Namensführung zu einem Jahr und acht Monaten Gefängnis verurteilt.

Alle Versuche, möglichst schnell wieder aus dem Gefängnis zu kommen, scheiterten. Päsler schluckte in der Untersuchungshaft sogar ein Messer. Der Gefängnisarzt glaubte ihm zunächst nicht, vermutet Fluchtabsichten: »Ich kenne den Gefangenen seit 1924 und zwar genau. Damals gab er seine Personalien an als: Graf Egon von Falkenburg. (…) Er behauptet am 2. Mai 34 Messer und Gabel geschluckt zu haben ›nicht absichtlich‹!!!! Objektive Krankheitszeichen bestehen nicht, auch nicht die behaupteten Blutungen. Der Gefangene hat es offenbar darauf abgesehen, in ein Krankenhaus transportiert zu werden, um auf dem Transport dorthin, spätestens im Krankenhaus auszureißen.«

Päsler muss dann allerdings doch operiert werden und hat durch das verschluckte Messer lange Zeit schwere gesundheitliche Probleme. Aus der Haft wird er dennoch nicht frühzeitig entlassen. Ein Jammer, denn draußen hätten noch so viele Damen auf den scheinadligen Stenz gewartet. Die Polizeidirektion München vermutete damals, dass Päsler das fehlende Geld der Marie Rizzi »bei Freunden in Köln versteckt« und dass »er im Inland noch weitere Heiratsbetrügereien beabsichtigt« hatte. Dies gehe aus mehreren Briefen hervor, die »auf verschiedene weitere Damen in München hinweisen, mit welchen Paesler bereits eine darauf abzielende Verbindung angeknüpft hat.«

Derartige Anknüpfungspunkte deuteten zum Beispiel auf jene verwitwete Freifrau von X, wohnhaft in München. Sie hatte auf Graf Bodos Annonce in den *Münchner Neuesten Nachrichten* am 2. Oktober 1933 mit folgenden Zeilen geantwortet:

Sehr geehrter Graf!
Ihre Anzeige in der M.N.N. interessiert mich. Im ersten Briefe kann man nicht viele Worte machen. Zwischen Menschen ist in diesem Falle entscheidend die gegenseitige Anziehung + diese kann man nur feststellen durch ein persönliches Kennenlernen.
Ich bin junge Witwe 1,74 gr., schlank, blond, vornehme Erscheinung, fürsorgliche Hausfrau. Ich habe hier mein eigenes hübsches Heim. Von philosophischer, aber heiterer Weltanschauung glaube ich noch an das Gute und Schöne im Leben.
Es ist möglich, dass wir uns etwas »sein« können. Wenn Sie aufgrund meiner Zeilen und meines Bildes den Eindruck haben, dann schreiben sie mir bitte einige Zeilen und legen ein Bild bei. (...) Diskretion ist Ehrensache und verlange dies auch von Ihnen
Ich grüße Sie, sehr geehrter Graf
gez. Freifrau von X

Heiratsschwindler gibt es übrigens auch heute noch. Experten schätzen, dass in Deutschland und Österreich jährlich 15.000 einschlägige Fälle vorkommen. Dazu noch 8000 virtuelle Liebesgaunereien, also sogenanntes »Romance Scamming« in Onlinepartnerbörsen und auf Internetplattformen. Die Masche ist immer die gleiche: Gut gekleidet und bestens aufgestellt findet der Stenz die große Amore, gerät aber plötzlich unverschuldet in Geldnot! Die alte Masche des Grafen Bodo eben ...

Der Tolle-Stenz oder die 1950er-Jahre

Die Bundesrepublik in den 1950er-Jahren: Es riecht wieder nach Wohlstand und Schweinsbraten, nach Fortschritt und Persil-Waschmittel, nach Wirtschaftswunder und Wohlanständigkeit – die Deutschen suchen mit dem ökonomischen Aufschwung auch eine Normalität, die es nach den Nazi-Jahren und dem Krieg nicht mehr geben kann. Die Jungen spüren das, und nicht zuletzt die Teenager aus der Arbeiterschaft rebellieren gegen Staat und Eltern, gegen die Spießigkeit und Verlogenheit der sogenannten Adenauerzeit. Man nennt sie Halbstarke. Sie tun sich in ihren Stadtteilen zu sogenannten Blosn zusammen (in München gab es zum Beispiel die Westend-Blosn, die Brudermühl-Blosn oder die Neuhauser Rio-Blosn) und fordern mit ihrem provokanten, kraftmeierischen Auftreten die Alten heraus. Die Burschen tragen weiße T-Shirts, Röhrenjeans und Lederjacken, stylen das Haar mit Brisk-Brillantine zur Bill-Haley-Schmalzlocke oder zum sogenannten Henker (hinten über den Nacken hängend). Aus dem Kofferradio tönt Rock 'n' Roll, wenn sie sich vor Tankstellen, Kinos und Eisdielen treffen. Schlampenschlepper nennt der schmalztolle Stenz sein Moped oder seinen Motorroller. Wenn er nicht sogar schon eine verchromte Horex oder eine Adler sein Eigen nennt.

Der amerikanische Lebensstil hat nicht nur Kaugummi und Cola gebracht, sondern auch ein neues Selbstbewusstsein der Jugend, das sich im Kampf gegen die Obrigkeit und gegen Verbote bemerkbar macht. Fast schon legendär sind die Schlachten, die die Jugendgangs in den 1950er-Jahren untereinander ausfochten, ohne dass die Polizei nur den Hauch einer Chance gehabt hätte, dies zu verhindern. Übrigens nicht nur in der Großstadt, sondern oft genug zwischen benachbarten Kleinstädten. Auch dort wurde in der Adenauerzeit so mancher Stenz gesichtet – wenig gearbeitet hat er, dafür stand er immer »fein z'ammg'richt«, also aufgestylt, den ganzen Tag vor dem Postamt herum, oder wo halt sonst viele junge Frauen vorbeigekommen sind, und hat auf seine Chance gewartet. Gelebt hat dieser Kleinstadt-Stenz übrigens gern vom Einkommen anderer – etwa seiner fleißigen Mutter. Solche »schmalzlockigen Playboys für Arme, die es leider nur noch als Rarität in der Provinz gibt« (Lisa Fitz) waren noch in den 1980er-Jahren vereinzelt präsent.

Doch zurück zum städtischen Stenz, nämlich dem *Stenz von der Au*. So lautet auch der Titel eines Romans von Hans Mühlberger, der die Geschichte einer Münchner Arbeiterfamilie erzählt, und zwar aus der Sicht des 1930 geborenen Sohnes Oskar Oberleitner, genannt Ossi. Ossis Vater wird als aufrechter Sozialdemokrat von den Nazis ins KZ gesteckt, während er selbst im Nachkriegs-München kein besonders politischer Mensch wird, sondern sich mehr nach Geld, Frauen und Anerkennung umschaut. Er macht Schwarzmarktgeschäfte und bald auch Bekanntschaft mit der Polizei. Als Ossi im Gefängnis den Zuhälter Manni kennenlernt, der bald sein bester Freund sein wird, steht einer Karriere im Münchner Rotlichtmilieu nichts mehr im Weg. Ossi – immer fesch mit Bomberjacke und Pilotenbrille – treibt sich in den 1950er-Jahren mit seinen halbstarken Freunden vorzugsweise rund um den Auer Dultplatz und die Mariahilfkirche herum.

Ossi war also ein »junger Kerl, der gut aussah, viele Frauen um sich hatte, modische Klamotten trug, aber nichts arbeitete«. Kurzum, er war ein Stenz geworden, und als solcher legte er großen Wert darauf, nicht als »Strizzi« bezeichnet zu werden. Ein Strizzi war aus seiner Sicht nämlich »ein Jugendlicher oder Erwachsener, der nur Blödsinn im Kopf hatte und kleinere Betrügereien beim Kartenspiel beging«. Ossi wollte also kein Strizzi sein, sondern ein echter Stenz. Deswegen zog er bald durch die Münchner »Lustschuppen«, die alle ihre eigene Kundschaft hatten. In der »Haidhauser Klause« waren zum Beispiel die schwarzen US-Boys daheim, im »Schmuckkastl« in der Balanstraße hingegen die weißen Amis und jeweils natürlich die dazugehörigen »Amiflitscherl«, also Mädchen, die mit US-Soldaten gingen. Im »Blauen Engel« gab's guten deutschen Hausfrauenstriptease, beim »Schwanerwirt« am Rosenheimer Berg war die Unterwelt daheim, und beim »Fischerwirt« am Viktualienmarkt wärmten sich die Straßenmädchen auf. In diesen Etablissements lernt der Stenz-Lehrling Ossi dann auch, wie man g'scheit aufreißt:

1. »Mädchen, die was taugen fürs Geschäft, die findest Du in Tanzlokalen, vor allem entlassene Frauen aus dem Gefängnis, aber auch junge Mädchen aus den Erziehungsheimen.«
2. »Jungblut bekommst du am Bahnhof, junge Dinger, die unerfahren vom Land kommen und in der Stadt einen Job suchen. Besonders wichtig fürs Geschäft sind auch die Informanten, die einem Mädchen gegen Provision zuführen, zum Beispiel aus Friseursalons.« Denn merke:
3. »Friseurinnen sind immer eine gute Sache. Sie wollen immer gut aussehen und verdienen wenig Geld. In jedem Fall musst du ein geschultes Auge haben, um als Jäger auf Mädchenfang zu gehen.«

Friseurinnen waren in den 1950er-Jahren offenbar nicht sonderlich gut beleumundet. Jedenfalls bekommt Ossi von seinem Zuhälterfreund Manni Stenz-Unterricht in den Münchner Tanzlokalen: im Café »Stadt Wien« am Hauptbahnhof, im »May Fair Lady« [sic!] in der Dachauer Straße, wo mit Tischtelefonen angebandelt wird, oder im »Märzenkeller« in der Bayerstraße, im »Park Café« am Justizpalast, im »Regina« am Maximiliansplatz. Und später natürlich in den zahlreichen Schwabinger Lokalen: »Manni steckte dem Ober schon beim Betreten des Lokals immer ein dickes Trinkgeld zu. Der führte uns dafür zu jungen Frauen an den Tisch oder an die Bartheke. Die Ober wussten schon Bescheid, welche Frauen Manni gefielen und eventuell für das Gewerbe interessant waren. Gerade die Ober waren gierig nach Provisionen. Sie wurden immer dann ausbezahlt, wenn der Deal geklappt hatte. Wichtig für unseren Auftritt waren unsere Klamotten. Schwarzer Anzug, weißes Hemd, immer mit Krawatte. In den meisten Tanzlokalen war diese Kleiderordnung sogar vorgeschrieben. (...) An der Theke im Café ›Stadt Wien‹ stand eine Gruppe von Mädchen. Manni hatte ein Auge auf ein ganz bestimmtes geworfen. Sie passte genau in sein Beuteschema. Aber sie hatte schon einen anderen Tänzer. Als dieser gerade auf der Toilette war, sagte Manni laut, sodass sie das hören musste: ›Der wäscht sich nicht mal die Hände und tanzt mit so einem schönen Mädchen!‹ Beim nächsten Tanz wies sie ihren Tänzer ab und Manni führte sie auf die Tanzfläche. Ich unterhielt mich mit den anderen Mädchen und lud sie zu Sekt ein.«

Das Rotlichtviertel im München der 1950er- und 1960er-Jahre lag übrigens um den Hauptbahnhof herum und war als »Fleisch-Topf« nicht nur bei den US-Soldaten bekannt. Am Färbergraben, am Platzl, in der Sendlinger oder der Herzogspitalstraße – also mitten in der Stadt – haben Zuhälter wie Ossi mit ihnen damals ihre Geschäfte gemacht. Striplokale, Straßenstrich, Stundenhotels und einschlägige Clubs versorgten die Männerwelt mit den Schönen der Nacht. Ende der 1960er-Jahre hat sich die Prostitution immer mehr weg von der Straße, hin zu Lokalen und Eros-Centern entwickelt. Die Puffs in der Bahnhofsgegend schossen wie Schwammerl aus dem Boden, und die Huren wurden immer jünger und zahlreicher. Mit ihnen stieg auch die Zahl der Zuhälter; die Kriminalpolizei schlug Alarm. Bald jeder vierte Raubüberfall finde in der Gegend um den Hauptbahnhof statt. Drei von vier Zuhältern seien vorbestraft, manche gar mehrmals, hieß es in einem Bundestagshearing 1972. Die

Olympiade stand bevor; München sollte sauber werden und kein zweites St. Pauli!

Deshalb blockierte am 10. April 1972 ein Zug der Münchner Schutzpolizei einige Freudenhäuser in der Bahnhofsgegend. Es kam zu turbulenten Szenen zwischen Beamten und spärlich bekleideten Liebesdienerinnen, die für »Bumsfreiheit« in der Innenstadt demonstrierten. Es half alles nichts: Der »Dirnensperrbezirk« in Münchens Innenstadt wurde Wirklichkeit, weshalb die bayerische Rock 'n' Roll-Kapelle »Spider Murphy Gang« 1981 mit *Skandal im Sperrbezirk* einen Hit landen konnte, in dem es hieß: »Und draußen vor der großen Stadt/stehen die Nutten sich die Füße platt!« Denn: »In München steht ein Hofbräuhaus/Doch Freudenhäuser müssen raus,/Damit in dieser schönen Stadt/Das Laster keine Chance hat!«

Freilich, der geneigte Boulevardzeitungsleser blieb auch danach noch gut informiert, weil dort nicht nur »Rosie täglich inseriert« – sondern bis heute Rosies Kolleginnen ihre Dienste anbieten! Meistens am unteren Rand der Sportseiten! Klar, wo sonst!

Die sündige Hauptstadt des Südens ist übrigens längst nicht mehr München. Diesen zweifelhaften Titel darf sich Rosenheim mit seinen 60.000 Einwohnern aufs Stadtwappen kleben. Zwar kämpft die dortige Stadtverwaltung seit Jahren gegen die Verpuffung ihrer Gemeinde: vergeblich, denn die Nähe Münchens und Österreichs macht Rosenheim zum strategisch günstigen Standort für Prostitution in Bordellen und Wohnungen. Und obendrein wird diese Entwicklung durch die bayerische Gesetzgebung gefördert, die seit 1989 in Städten unter 30.000 Einwohnern die Prostitution generell verboten hat. Die meisten Städte Südostoberbayerns sind also zu klein fürs horizontale Gewerbe; deshalb kommt alles, was liebeshungrig und vom Land ist, nach Rosenheim und dort zu liegen. Sehr zum Leidwesen der jeweiligen Wohnungsnachbarn. Denn nicht nur mindestens 15 Bordelle und »Massageclubs« gab es im Jahr 2011, sondern jede Menge Wohnungsprostitution. Der bairische Strizzi wohnt heutzutage also nicht mehr an der Isar, sondern am Zusammenfluss von Mangfall und Inn.

Krieg der Stenze

Wer über das München der 1950er-Jahre und seine Stenze spricht, der kommt an einem Mann nicht vorbei: Sigi Sommer, der flanierende Poet, geboren 1914 in München, gestorben 1996 ebendort. Wo auch sonst? Dass seine Heimatstadt ihn heute mit einer Bronzestatue in der Fußgängerzone und mit einem »Sigi-Sommer-Platz« ehrt, zeigt nicht nur die literarische Bedeutung dieses Schriftstellers und Journalisten, sondern auch die Liebe und Verehrung Münchens für seine Stenze.

Jene Gattung junger männlicher Menschen also, über die Sigi Sommer 1983 in der *Münchner Abendzeitung* schrieb, dass sie ständig auf die »Stanz« gehen und früher in Baiern auch »Gigerl« genannt wurden: »Sie sind immer auf der Suche nach amourösen Abenteuern und haben Ameisen nicht nur in den Schuhen, sondern auch in der Unterwäsche. Der Stenz zeichnet sich durch einen perfekten Windsorknoten aus, hatte meist eine kleine Stieglitzfeder unter dem Band des leicht in den Nacken geschobenen Hutes, manchmal auch ein Stangerl, sprich Zigarette hinter dem rechten Ohr und gerne zwei Finger in der unteren Westentasche. Seine Jagdbeute waren nicht selten die sogenannten ›Kocherl‹, Dienst- und Alleinmädchen und mindere weibliche Geistesgrößen, die er mit einem gezielten lustigen Schmus in die Horizontale zu bringen versuchte. Jedoch war er auch zu Höherem fähig, kreierte immer den neusten Tangoschritt, war tapfer im Nahkampf, unter Umständen sogar mit einem Schlagring und stahl dem lieben Herrgott einfach deshalb den Tag ab, weil er sich sagte: ›Der große Zampano hat ja genug davon.‹«

Sigi Sommer weiß natürlich bestens, wovon er da schreibt. Der Sohn eines Münchner Möbelpolierers lernt zwar Elektrotechniker, jobbt jedoch in der Zeit der Arbeitslosigkeit als Hausknecht, Bote, Spüler und – wen wundert es? – auch als Eintänzer. Früh übt sich eben und früh beginnt Sommer auch, Gedichte und Erzählungen zu schreiben; nach dem Krieg arbeitet er kurz für die *Süddeutsche Zeitung* und bald schon für die *Münchner Abendzeitung*, wo am 2. Januar 1949 zum ersten Mal seine Lokalkolumne *Blasius, der Spaziergänger* mit Illustrationen des Karikaturisten Ernst Hürlimann erscheint. »Blasius« ist in den 1950er-Jahren der mit Abstand beliebteste Mitarbeiter der *AZ*. Und er wird es fast vier Jahrzehnte lang bleiben.

Sigi Sommer ist auch als Romancier erfolgreich. 1956 erscheint *Meine 99 Bräute*. Zwei Jahre zuvor begeisterte er schon die Leser mit seinem Roman *Und keiner weint mir nach*. Für Bertolt Brecht ist es damals der beste Roman, »der nach dem Krieg in Deutschland geschrieben wurde«. Die Geschichte spielt in einem Mietshaus in der Münchner Vorstadt, also dort, wo die sogenannten kleinen Leute wohnen – mit all ihren Liebenswürdigkeiten, Leidenschaften und Abgründen. Der Autor hieße nicht Sigi Sommer, hätte er seinen männlichen Lesern nicht auch Tipps an die Hand gegeben, wie man junge Mädchen um den Finger wickelt. Leo heißt der junge Stenz im Roman, der sich vornimmt, dass ihm »die Neue« ganz bestimmt nicht mehr auskommt: »Der Leo hatte schon stundenlang über die Weiber nachgedacht und genau herausbekommen, wie man eine Frau an sich fesseln mußte. Das war doch ganz klar. Da mußte man eben der sein, den so ein Mädchen wollte. Und was so eine wollte, mußte man ganz schnell herauskriegen. Nach höchstens einer Stunde mußte man wissen, was so ein neues Mädchen von einem erwartete – und der Leo war sich klar darüber, daß er jeden Wunschmann spielen konnte. Vielleicht wollte da eine einen Träumer, der sentimental war und poetisch und unglaublich romantisch. Konnte sie haben bei ihm. Bitteschön. Der Leo würde einer solchen von Palmen und Flieder erzählen, vom Goldenen Tor und der Hagia Sophia und dem Bosporus und eine Menge sehnsüchtiger und rätselhafter Namen gebrauchen wie Gaurisankar, Jaspis, Lotosblüte und Sierra Nevada. Er hatte sich schon allerhand angelesen. Ja, da würde sie staunen, wie romantisch er war. Er würde allerhand Fernweh in so einer erwecken können. Unter Umständen würde er auch ganz leise singen, vielleicht das sündige Jugendlied: ›Auf ihre Ringellocken, da fielen Blütenflocken.‹ Und er würde, wenn sie mittat, feuchte große Augen kriegen, das fiel ihm gar nicht so schwer, und von Wehmut und Trennung sprechen, bis sie ganz weich war und er auch.«

Freilich, bei Bedarf konnte der Leo auch den knallharten, kühlen Helden mimen, verschlossen, herrisch und kalt. Den Naturburschen, der für sie durch die Isar schwimmt und so lange taucht, bis ihr oben auf dem Brückengeländer die Luft weg bleibt; den Helden, der den aufdringlichen Widersacher abfertigt mit den Worten: »Was willst du von meiner Freundin, du Nikolaus, du Harlekin, du trauriger. Wenn du eine Braut willst, dann such dir selber eine.«

Wenn Sigi Sommer letzteren Supertipp selbst beherzigt hätte, wäre ihm so manche Unbill erspart geblieben. Denn »Such dir selber eine!« hätte er besser zu seinem Verleger Werner Friedmann sagen sollen. Knallhart und unmissverständlich. Hat er aber nicht. Stattdessen hat er dem damaligen Gesellschafter und Chefredakteur der *Süddeutschen Zeitung* regelmäßig seine Wohnung für Schäferstündchen überlassen, samt dem Mädchen – erstere wohltemperiert, letztere quasi noch handwarm. Beides zusammen hat dann zu großem Ärger geführt. Denn das Mädchen war jung. Sehr jung. Und das Strafgesetzbuch kannte damals noch Paragrafen wie den mit der Überschrift »Kuppelei«.

Im Bermudadreieck von Macht, Moral und Medien verschwindet damals nicht nur so manch guter Ruf, sondern auch der Chefredakteur der *Süddeutschen Zeitung*. Wenige Minuten zuvor hat Werner Friedmann noch einen letzten prüfenden Blick auf die Schlagzeilen der morgigen Ausgabe seines Blattes geworfen; hat vielleicht über den heiteren Roman auf Seite 14 mit dem Titel *Wer nie in fremden Betten lag* geschmunzelt und über die Karikatur, die er selbst für die Seite zwei ausgesucht hat. Sie zeigt den amerikanischen Präsidenten Eisenhower, dem das biblische 11. Gebot vorgehalten wird: »Du sollst dich nicht erwischen lassen.« Als der geneigte *SZ*-Leser darüber schmunzelt, ist dem inhaftierten Friedmann längst nicht mehr zum Lachen zumute.

Bevor drei Polizisten am Nachmittag des 10. Mai gegen 17 Uhr den 51-Jährigen vom Schreibtisch weg verhafteten, hatten sie in den frühen Morgenstunden schon den Kuppler-Spezl Sigi Sommer aus seiner Wohnung in der Münchner Wurzerstraße 17 geholt.

Die gesamte deutsche Öffentlichkeit blickte damals auf den Fall. Besonders engagiert und hämisch berichtete die *Passauer Neue Presse* (*PNP*) über die »Münchner Sittlichkeitsaffäre«. Die konservativ-katholische Monopolzeitung aus Niederbayern, auch Blasrohr der CSU genannt, schießt von Beginn an giftige Pfeile und lässt über Monate hinweg nicht locker. Die Artikel über Friedmann und Sommer werden gern neben Kriminalfällen von Mördern, Autodieben und Sexualverbrechern platziert.

Pikant an der Sache ist, dass Franz Josef Strauß, Duzfreund des *PNP*-Eigentümers und Herausgebers Dr. Johann Evangelist Kapfinger, 1958 schon einmal einen Staatsanwalt über Friedmann und die Lolita-Gerüchte informiert hatte. Doch die Justiz reagierte damals nicht, was Strauß – laut Nachrichtenmagazin *Der Spiegel* – sehr geärgert hat. Aber warum hat Kapfinger sein Wissen über Friedmann nicht früher verwendet? Aus Respekt vor der Privatsphäre, wie er schreibt? Oder doch eher aus Furcht, Friedmann seinerseits habe Material gegen ihn, den sittenstrengen Dr. Kapfinger, in der Hand? *Der Spiegel* berichtete jedenfalls in seiner Ausgabe vom 18. Mai 1960, Werner Friedmann habe bereits im Frühjahr 1957 von außerehelichen Kontakten Kapfingers gewusst und habe erzählt, »dass Kapfinger in der Nähe des Englischen Gartens, in einem Haus Am Biederstein, mit einer jungen Dame abgestiegen sei«.

Die Dreckschleudern waren also auf beiden Seiten geladen. Kapfinger soll am 4. Mai 1957 in einem Brief an Friedmann geschrieben haben, er sei bereit, »auf dieser Ebene den Kampf aufzunehmen.« (...) »Ich bin überzeugt, dass mein Material über Sie ebenso interessant ist wie das Ihrige über mich.«

Am Ende werden Friedmann und sein Spezl Sommer Ende Juni 1960 zu Bewährungsstrafen verurteilt. Werner Friedmann ist damit gesellschaftlich stark angeschlagen. Als Chefredakteur der *SZ* muss er zurücktreten. Immerhin bleibt er Mitherausgeber. Und widmet sich – bis zu seinem Tod 1969 – als Herausgeber vor allem dem Aufbau der *Münchner Abendzeitung*.

Und Hans Kapfinger, der sich ein gutes Jahr zuvor im Fall Werner Friedmann zum Sittenrichter aufschwang und im Brustton der Entrüstung den Untergang des Abendlandes beschwor? Der musste sich im Januar 1962 selbst vor Gericht verantworten. Und zwar – man lese und staune – ausgerechnet wegen Kuppelei. Der konservative Verleger war nämlich angeklagt, »fortgesetzt aus Eigennutz durch seine Vermittlung und Verschaffung der Gelegenheit der Unzucht Vorschub geleistet zu haben.« Das Passauer Gericht sah es als erwiesen an, dass der katholische Zeitungszar Ende 1959 in seiner Wohnung im Verlagsgebäude der *PNP* sogenannten Triolenverkehr gehabt habe, was den Tatbestand der Kuppelei erfülle. Kapfinger habe nämlich zwei Frauen »zwecks Vollführung der Unzucht zusammen gebracht, um sich selbst eigennütziger Weise gesteigerte Geschlechtslust zu verschaffen.« Das Urteil für den flotten Dreier: Vier Monate Gefängnis mit dreijähriger Bewährungsfrist und 5000 Mark Geldstrafe. Das Gericht ging offenbar nicht davon aus, dass sich der Verleger – wie von ihm und seiner langjährigen Freundin behauptet – nur zur Entspannung von den Damen an den Fußsohlen kitzeln ließ. Eine der Damen hatte da ganz andere Details berichtet. Und so kam der sogenannte Passauer »Triolen-Prozess« ins Rollen.

Der moralinsaure Sittenrichter Johann Evangelist Kapfinger erwies sich also selbst als ein »Stenz« erster Güte. In den frühen 1960er-Jahren war solch eine Dreier-Feier noch ein veritabler Skandal, zumal in einer klerikal geprägten Bischofsstadt wie Passau. Für den Spott musste der konservative Moralapostel jedenfalls nicht eigens sorgen. Die Münchner Faschingszeitschriften waren in jenem Winter voll mit bissigen Kommentaren und Illustrationen zur »John-Capfone-Story« in El Passau, der »Stadt der recht Losen«. Und an Dr. Kapfingers Büro – so erzählen es sich ehemalige *PNP*-Journalisten bis heute – hatte ein Spaßvogel das Türschild ausgebessert. Aus »Zutritt verboten« wurde ein anspielungsreiches »Zu dritt – verboten!«.

Tagesablauf eines Stenz' in den wilden Sixties

Ewige Liebe
Er hat gesagt,
diese Nacht dauert ein Leben.
Da hat sie sich hingegeben.
So haben sie eine Nacht
verbracht.
(Wolf Wondratschek)

Sex findet nie im luftleeren Raum statt – außer vielleicht bei Astronauten. Aber davon war in der Apollo-Berichterstattung der späten 1960er-Jahre nie die Rede. Was durchaus verwunderlich ist, denn eigentlich war sonst das ganze Jahrzehnt hindurch fast ständig von Sex die Rede. Befreite Lust und Liebe sollten zu einem bestimmenden Motto der 1960er werden – denn schließlich war es ja das Zeitalter der sogenannten sexuellen Revolution. In jenen Jahren fielen alle möglichen Schranken, nicht nur physische, etwa in Form von Büstenhaltern, sondern auch moralische – so manches Tabu wurde seinerzeit gebrochen.

Als Anfang der 1960er-Jahre die Kundenkartei eines Versandhauses für erotische Artikel in Deutschland bereits 11 Millionen Einträge umfasste, sah sich sogar die evangelische Akademie Tutzing veranlasst, eine Tagung mit dem abendländisch anmutenden Titel »Durch die Zeit geht ein Hunger nach Lust« zu veranstalten. Da wäre unser lebensfroher Stenz um ein Haar noch evangelisch geworden, wenn er in der Zwischenzeit nicht Besseres zu tun gehabt hätte. So freilich verpasste er all die schlauen akademischen Kommentierungen der Tatsache, dass damals bereits 30 Prozent der erwachsenen Deutschen dem sogenannten »süßen Leben« zuneigen – sprich, dass sie geneigt sind, den erotischen Genuss als Selbstzweck konsumieren zu wollen, flüchtig und ganz ohne tiefere seelische Bindungen. Das hörten natürlich all jene besonders ungern, die seit zweitausend Jahren für die sittliche Überwachung des menschlichen Unterleibs zuständig waren, nämlich die Herren Theologen. So war es kein Wunder, dass das Tagungsschlusswort von einem katholischen Religionsphilosophen kam, der diesen »ungeheuren Hunger nach Lust« kurzerhand mit »verkümmerten Sinnen«, »verlorener Geborgenheit«, »Verzweiflung und Angst« und »Flucht vor sich selbst« erklärte.

Geholfen hat der erigierte Zeigefinger des Religionslehrers allerdings wenig. Dank der Einführung der Antibabypille am 18. August 1960 sollten sich nämlich fortan nicht nur Bettgebaren und Moral, sondern auch Gesellschaft, Staat und Wirtschaft weitreichend verändern, was die katholische Kirche mithilfe einer Enzyklika zwar zu verhindern suchte; allein, es blieb vergeblich. Noch 1968 schrieb der Klerus vor, »dass jeder einzelne eheliche Akt nur dann sittlich gut ist, wenn er für die Weitergabe des Lebens offen bleibt«. Geholfen hat auch das nichts. Die Sache mit dem Sex hat sich in jenen Jahren gehörig ausgeweitet, ja sie hat sogar politische Dimensionen angenommen.

»Make Love not war« wurde zum Motto politisch bewegter Studenten, die nicht nur gegen Notstandsgesetze, Vietnamkrieg und alte Nazis in neuen bundesrepublikanischen Positionen demonstrierten, sondern auch für eine Befreiung der Libido von bürgerlich-verklemmter Scheinmoral. Mit den Schriften Wilhelm Reichs unterm Arm rufen sie zur »freien Liebe« auf, während die Rechten und Konservativen geifern, dass die permissive Gesellschaft, in der alles erlaubt ist, nur ein Mythos sei und mit der Realität nichts zu tun habe, ja letztlich nichts zu tun haben könne. Denn nur harm- und hoffnungslose Träumer und Spinner seien all jene Blumenkinder, die den Ausstieg aus der Leistungs-, Konsum- und Industriegesellschaft predigen und nur noch den ganzen Tag Liebe machen wollen, um die Menschheit von allen Übeln und Konflikten zu befreien. Viel gefährlicher seien hingegen all jene revolutionären Linken, die Sex- und andere Wellen nur zur Unterhöhlung der bürgerlichen Tugenden benutzten, auf dass der Staat zusammenbreche und nicht nur eine erotische, sondern eine politische Umwälzung stattfinde.

Aber auch mancher Linke sieht damals in der sexuellen Revolution nur eine Mogelpackung, einen perfiden Trick des Kapitalismus. Die sogenannte freie Liebe diene den Herrschenden nämlich nur dazu, die Menschen von ihren eigentlichen Problemen abzulenken. Vor lauter Augenverdrehen beim Dauervögeln sähen die werktätigen Massen nicht mehr die ausbeuterische Wirklichkeit im staatsmonopolistischen Kapitalismus. Und obendrein mache die Profitgesellschaft ihren fetten Reibach mit der ganzen »Sexwelle«.

Der 68er-Stenz nimmt linke wie rechte Einwände gelassen, frisiert sich sein Haupthaar nach hinten und zieht los zum nächsten Rendezvous. Denn schließlich ist er damals in höherer Mission unterwegs, genauer gesagt im Dienste der sexuellen Weltrevolution – eine selbstlose und aufopferungsvolle Tätigkeit! So ein 68er-Sex-Revolutionär hat nämlich alle Hände – und weiß Gott was sonst noch – voll zu tun. Schließlich kommen jedes Jahr »etwa 10.000 Mädchen zwischen 16 und 25 Jahren« nach München; gar nicht zu reden von all den alteingesessenen Münchnerinnen, die auch nur darauf warten, beglückt zu werden. So zumindest verspricht es ein Stenz-Ratgeber aus dem Jahre 1969, der einen vielversprechenden Titel trägt: *München für Schürzenjäger. Wo sie die hübschesten Mädchen fangen*.

Glaubt man dieser »Gebrauchsanweisung zur Anbahnung

von Geschlechtsverkehr«, dann stehen damals Tausende von jungen Frauen in der Warteschlange, um vom Stenz beglückt zu werden: Studentinnen und Schülerinnen, Einzelhandels-Azubinen und angehende Dolmetscherinnen, Mannequins und Fotomodelle, Stewardessen und Bürohäschen, Partygirls und charmante Damen reiferen Alters. Das Ganze selbstverständlich nicht nur im nationalen Kontext, denn München ist damals auf dem Sprung, Weltdorf mit Herz zu werden. Und so geriert sich auch der Stenz weltoffen, und schwingt sich auf zu olympischen Höchstleistungen, die ihm bald Ringe – wenn auch nur unter den Augen – bescheren.

Überhaupt wird internationale Solidarität damals groß geschrieben! Holländerinnen, Schwedinnen, Französinnen – nur keine im Stich lassen. Der viel zitierte Spruch »Wer zweimal mit derselben pennt, gehört schon zum Establishment« ist so gesehen durchaus ein ernst zu nehmender Beleg für angewandte Nächstenliebe und Völkerfreundschaft. Es ist wahrlich kein leichter Auftrag für unseren 68er-Stenz, und doch schlägt er sich stets tapfer im Nahkampf – nicht nur mit den Polizisten auf der Straße, sondern auch mit den Kommilitoninnen in der Wohngemeinschaft. Werfen wir also einen Blick auf seinen dichtgedrängten (und zugegebenermaßen fiktiven) erotischen Terminkalender:

10:00 Uhr Aufstehen. Abarbeiten erotischer Altlasten aus der Vornacht: »Ich ruf an! Sicher! Ganz sicher! Nein, nein … ich ruf Dich an!«

10:30 Uhr Schnelles Frühstück auf der Leopoldstraße; zum Milchkaffee ein Lächeln von der Blonden am Nachbartisch.

10:45 Uhr Warmlaufen am Universitätsbrunnen, Geschwister-Scholl-Platz, vor der Uni, »wo der hübschere Teil akademischer weiblicher Jugend Kühlung und manchmal auch Ansprache« sucht.

11:00 Uhr Der Ernst des Lebens beginnt: In der Staatsbibliothek (kurz Stabi), Ludwigstraße 16, »ein Geheimtipp für die Jagd in akademischen Gefilden«. Dort kann der Stenz seine ganze Lebenserfahrung spielen lassen, denn er studiert seit 17 Semestern Germanistik und Soziologie und weiß daher, wie die grünen und weißen Leihscheine in der Stabi auszufüllen sind. Die Erstsemester-Studentinnen lassen sich dabei dankbar über die Schulter schauen und gegebenenfalls die Hand führen. Ach ja, was für traumhafte Zeiten, als es in Bibliotheken noch Leihscheine gab!

11:30 Uhr Sprachen- und Dolmetscherinstitut, Amiraplatz 1: Der Stenz bietet »jungen Ausländerinnen aller Hautfarben« praktische Nachhilfe im Spracherwerb an. Geheimtipp – das schwarze Brett! »Ein kleiner Zettel mit dem Text ›Gebe kostenlos Nachhilfe in Deutscher Sprache‹ kann viele kostspielige Tanzabende ersetzen und sogar später einen kleinen Beitrag zur Völkerfreundschaft darstellen.«

12:30 Uhr Mittagspause im Prinzregentenbad, im Volksmund »Wallfahrtsort der Münchner Partygirls« genannt: Hier jagt der Jäger wohlproportionierte Figuren in knappen Bikinis.

14:00 Uhr Flughafen München-Riem: Und weil der Mensch ein Mensch ist, drum braucht er was zum Essen bitte sehr ... Deshalb nichts wie hinaus mit dem Flughafenbus zur Betriebskantine des Flughafens, wo ganze Stewardess-Staffeln darauf warten, dass ein Stenz bei ihnen landet.

16:00 Uhr Schwabing! Wo die Mädchen von der großen weiten Welt träumen, gibt sich der Stenz ganz weltmännisch und lädt zum Drink an einen der Tische, die eigens »für intimere Gespräche konstruiert sind«. International ist das Flair; im O-Ton 1969 liest sich das ungefähr so: »Diskjockey Nicki legt ständig neue Hits auf, und Originalneger servieren zu durchaus zivilen Preisen alle möglichen Drinks. Den größten Ansturm erlebt der

Drugstore abends, wenn das Vergnügungsviertel Schwabing zu seinem wahren Leben erwacht.«

17:00 Uhr Termin an der Fotoschule: Die Stenz-Bibel *München für Schürzenjäger* rät: »Beste Jagdzeit: ab 8 Uhr bis nachmittags.« Denn die Fotoschülerinnen »träumen von der großen Karriere, sind künstlerisch verspielt und wollen es im allgemeinen auch der Umwelt zeigen.« Für Nahaufnahmen aller Art empfiehlt sich das »Café Huber« schräg gegenüber der Schule. Sollte dem 68er-Stenz der Sinn aber eher nach weiblichem kaufmännischen Personal stehen, empfiehlt der Connaisseur den Sekretärinnenlehrgang einer Abendschule, deren Motto lautet: »Wir wissen, was in Ihnen steckt!« Tja, der Stenz ahnt es auch schon.

18:00 Uhr Alter Botanischer Garten: »Reifere Mädchen in reicher Auswahl, darunter ab und zu auch etwas ganz Junges. Die einen wollen es romantisch, die anderen wollen lieber gleich über die Vermögensverhältnisse aufgeklärt werden. Fast alle haben eines gemeinsam: Sehnsucht nach dem Leben zu zweit.«

19:30 Uhr Internationaler Studentenclub e. V., Adelheidstraße 15: Weil die Fremde nur in der Fremde fremd ist, greift ihr der Münchner Stenz gern unter die Arme: »Ewig lächelnde Chinesinnen, superblonde Schwedinnen, ganz keusche Italienerinnen, charmante Französinnen und Holländerinnen Typ Beatrix benutzen den Club, um der Einsamkeit im fremden Land zu entrinnen.«

22:00 Uhr Ball der einsamen Herzen, Klenzestraße 71: Geht der Stenz beim internationalen Jungvolk dennoch leer aus, bleibt ihm zu guter Letzt immer noch die reifere Jugend, deren einsame Herzen im Dreivierteltakt schlagen: »So brechen auch die Wogen der Zuneigung oft sehr ungestüm über jeden nur erreichbaren Tanzpartner. Man weiß hier sehr gut, wie sich Kontaktschwierigkeiten überwinden lassen, denn immerhin haftet diesem Lokal doch etwas die Aufgabe eines Eheanbahnungsinstituts an.« Dies freilich gilt es in letzter Konsequenz dann doch zu vermeiden. Deshalb bricht der Stenz zeitig wieder auf, weil er noch einen wichtigen Termin hat.

24:00 Uhr »Gaslight-Club«, Ainmillerstraße 10. »Hier treffen sich die hübschen und süßen weiblichen Geschöpfe mit ihrem Schmollmund und dem kessen Augenaufschlag.« Kein Ort für Hippiebräute, sondern ein »ideales Jagdrevier, wo Kitze und Rehlein zum Abschuß freigegeben sind«.

Die sexuelle Revolution prägt nicht nur den Alltag des aufopferungsvoll kämpfenden 68ers, sondern auch Film, Theater, Kunst und Werbung; ja sogar den Schulunterricht. So müssen im Februar 1968 bei einer Tagung der Katholischen Akademie München 350 katholische Philologen dem Zeitgeist Zugeständnisse machen. Die Religionslehrer wollen der Geschlechtserziehung fortan mehr Raum geben und nicht immer gleich von »Sünde« sprechen. Kein Wunder, schließlich hat die »geschlechtliche Wirklichkeit« die Damen und Herren Pädagogen längst überholt. So berichtet ein verzweifelter Pfarrer von einem Schüler seiner Klasse, der gleich drei Freundinnen habe. Respekt, mag man da einwenden, es sage ja keiner mehr, die 68er-Jugend habe damals keinen Ehrgeiz gehabt. Für den Pfarrer blieb die Sache jedoch äußerst prekär: das »leuchtende Vorbild der Ehe« konnte er dem Jung-Stenz verständlicherweise nicht empfehlen – schließlich wäre das ja Anstiftung zu Polygamie gewesen. Also ist er schon froh, wenn er den jungen Stenz »so weit bringen kann, dass er nicht mehr die eine mit den anderen betrügt«.

Das mit der Polygamie hat sich dennoch durchgesetzt, wie das Beispiel Rainer Langhans zeigt. Der rüstige Revolutionsrentner, heute tief in seinen 70ern angekommen, lebt mit fünf Freundinnen zusammen, die teils noch eigene Wohnungen und teilweise auch noch andere Partner haben. »Der Harem«, wie sich das seit den 1960er-Jahren laufende Münchner Projekt nennt, ist eine virtuelle Kommune, deren tieferen Sinn Rainer Langhans der *Bild*-Zeitung einmal so erklärt hat: »Liebe ist immer etwas Geistiges, etwas Nichtmaterielles. Und damals haben wir zum Glück erkannt: Kommune ist es. In der Kommune lebt man zusammen, es gibt keinen Besitz, keine Zweierbeziehungen.« Denn die sind irgendwie immer materiell und daher nervig. Was Langhans am Beispiel der schönen Uschi Obermeier verdeutlicht: »Sie konnte nicht begreifen, dass mir irgendwann die Schönheit, die sie mir vorgelebt und angeboten hat, nicht genügte. Dabei hat sie alles versucht. Aber irgendwann war mir das zuwider, dass sie dauernd ankam: ›Komm ins Bett.‹ Fürchterlich wurde das dann, grauenhaft.« Am Ende klingt es dann doch wieder irgendwie nach Theologie, was uns der Spiritual-Stenz der 60er-Jahre da vermittelt. Warum auch nicht, in Gottes Namen …

Tschuffi, Tschiens und Dschamsdara oder: Die Kunst des Einkochens in den 70er-Jahren

Die Frage, was ein Stenz ist, kann nicht mit allerletzter Verbindlichkeit und für alle Zeiten beantwortet werden, weil der Stenz im Kern zwar ewig ist, dabei aber doch stets dem Wandel unterworfen bleibt – zumindest, was seine Erscheinung und sein Auftreten angeht. Eines freilich scheint immer klar zu sein: Der Stenz ist kein prolliger Aufreißertyp, der die Mädels klar macht und letzten Endes doch nur auf billige Weise seine Frau betrügt. Das reicht natürlich nicht aus, um die Ehrenbezeichnung »Stenz« tragen zu dürfen.

Der echte Stenz braucht Fantasie, Charme, Witz, Schlitzohrigkeit und immer auch einen Hang zum Höheren. Wobei man natürlich lange und ausführlich darüber streiten kann, wo dieses Höhere zu verorten ist und wer es mit Stil und Charme anzustreben in der Lage ist. Manchmal kann das sich Strecken nach dem Höheren recht lächerlich daherkommen. Jedenfalls geht es um diesen bestimmten Hang. Womit wir bei einer Figur wären, die wie keine zweite das Lebensgefühl des Südens in den 1970er-Jahren vermittelt. Die Rede ist von Karl »Tscharli« Häusler, dem Antihelden aus neun Episoden jener *Münchner Geschichten*, die 1974 und 1975 gedreht wurden und bis heute den Status einer »Kultserie« haben. (In diesem Fall ist der arg strapazierte Begriff wirklich erlaubt.)

Tscharli, ein nicht mehr ganz junger Berufsjugendlicher, der bei seiner Oma in München wohnt, verfügt über ein ausgeprägtes Selbstbewusstsein, das freilich nicht wirklich im direkten Verhältnis zu seinen beruflichen Erfolgen steht. Tscharli hat zwar immer eine »Riesenidee«, aber keiner seiner halbgenialen Existenzgründungspläne (Pferdewetten, Künstleragentur, Musikproduzent, »Tschiens«-Ladenbesitzer, Erfinder der Negativwerbung in der Reisebranche) führt zu längerfristigem Erfolg. Was natürlich immer auch ein wenig an Tscharlis angeborener Faulheit liegt (»Woast, I arbat wirkli ned ungern, gwiss ned. Aber was kann i dafür, wenn i oiwei so schnoi miad werd.«).

Dabei verhält er sich durchaus ökonomisch vernünftig. Sein Umgang mit knappen Gütern (Arbeitslust) folgt dem Minimax-Prinzip: Ein bestimmter Erfolg soll mit geringstmöglichem Mitteleinsatz erzielt werden. Denn Tscharli ist ja nicht dumm, immerhin verfügt er über »Dreiviertelreife« und strebt stets nach dem Höheren! A bisserl arbeitsscheu, a bisserl halbseiden, doch immer sehr charmant. Der Tscharli halt! Und der – das bestätigt ihm sein grundsolider und kreuzbraver Freund, der Versicherungsangestellte Gustl – ist halt der »King«. Allerdings ein König ohne Land, denn Tscharli regiert nur im Zwischenreich seiner fantastischen Riesenideen; treffend beschreibt das seine Freundin Susi mit den Worten: »Zu g'scheit, um für andere zu arbeiten, zu blöd, um selber was zu machen.« Dabei ist der Tscharli nicht irgend so ein dahergelaufener halbkrimineller Strizzi – solche hat er auch in seinem Bekanntenkreis –, sondern immer nur das eine, nämlich ein echter Münchner Stenz, in seiner 70er-Jahre-Ausgabe mit Jeans und Sakko!

Als Stenz ist der Tscharli natürlich ein Spezialist im »Anbandeln«, wie man damals das Herstellen neuer Bekanntschaften mit dem anderen Geschlecht nannte. In dieser Disziplin ist der Tscharli quasi Weltmeister – sagt er. Und sein schüchterner Freund Gustl glaubt es ihm gern, schließlich hat der Tscharli immer schon einen Schlag bei den Frauen, bei der Babsi und bei der Tschuffi und bei der ... und so weiter. In Folge 6 jedenfalls, die den bezeichnenden Titel *Maulhelden* trägt (Regie: Herbert Vesely, Buch: Franz Geiger), verspricht Tscharli, der als Gebrauchtwagenhändler gerade viel Zeit und noch mehr heiße Fahrzeuge zur Verfügung hat, seinem Spezl praktischen Unterricht im Anbandeln: »Hergeh duad a jede, du muast as nur richtig eikocha. Eikocha – des is de ganze Kunst! Und wenn oane richtig eikocht is, dann gibt's koa bremsen mehr.« Die Kunst des Einkochens hat in diesem Fall nichts mit herkömmlichen kulinarischen Verführungskünsten zu tun, sondern ist zu verstehen als Methode des schrittweisen Erhitzens mittels suggestiver Techniken. Der Blick des Stenzes ist dabei eine seiner wichtigsten Waffen: »Dann hob I's ogschaut – lang und eindringlich.« Für das weitere Anheizen des Liebesspiels gibt es unterschiedlichste Rituale, die jeder Stenz recht individuell einzusetzen vermag. Sie beginnen mit einer Esseneinladung oder einem Tanzabend und gehen dann weiter zum Beispiel über das »fuasseln« (Kontaktaufnahme mit den Beinen) bis zum »aufganseln« (ein wunderbarer Wiener Ausdruck, der anschaulich beschreibt, wie die entsprechende Technik der physischen Erregung des Partners bei diesem zu Gänsehaut führt).

Das Aussehen des Stenzes ist dabei nicht das Wichtigste, entscheidend ist immer nur seine sexuelle Ausstrahlung. Wie sagt der Tscharli in *Maulhelden* völlig treffend zu seiner Freundin Susi: »Ausschaung alloa macht's doch heid scho lang nimmer. Heitzutag valangt ma von uns a Männlichkeitsimage und a sexuelle Signalwirkung, dass glei d'Lichta durchbrennan. Warum moanst, dass Du auf mi stehst? Doch ned bloß, weil I guad ausschau.«

Auch wenn Susi in dieser Szene eher verwundert dreinschaut, lässt sich Tscharli in seinem Selbstbewusstsein nicht erschüttern, denn keiner weiß besser als er, dass beim Anbandeln nichts wichtiger ist als das Selbstbewusstsein – auch und gerade, wenn man schon zahlreiche Niederlagen hinter sich hat. Aber jeder – und das ist die tiefe philosophische Weisheit und Menschenfreundlichkeit des Stenzes Tscharli Häusler – kann sein Erfolgserlebnis haben. Auch der schüchterne Gustl. Es ist alles nur eine Frage der Zeit, sagt der Tscharli, als die beiden über das nächtliche München blicken: »Schaug, a riesn Stadt! Millionen Lichter! Und hinter all den erleuchteten Fenstern, da wohnen Weiber. Tausende von tadellosen Weibern, die auf uns warten. Da kommen wir wie Attila der Hunnenkönig und nehmen uns, was guad und teuer ist. Aba da braucht ma halt a bisserl a Zeit.«

Eine wunderbare, tiefgründige Szene! Fast eine Schlüsselszene der Stenzologie! Zum einen dieser wehmütige Blick auf »all die erleuchteten Fenster«, hinter dem das Prinzip Hoffnung steckt, dass die gute alte Epoche des Kammerfensterlns nur in ihrer klassischen Variante ganz vorüber sein möge und im übertragenen Sinn in der Ära des Hochhauses weiterlebt. Auch wenn man dafür »a bisserl Zeit« braucht. Zum anderen die Anspielung auf Attila den Hunnenkönig. Dieser reitende Stenz der Spätantike soll viele Frauen und noch mehr Kinder gehabt haben; vor allem aber soll er im Jahr 453 ausgerechnet in seiner Hochzeitsnacht mit der Gotin Ildico gestorben sein. Natürlich wird so etwas an dieser Stelle der Münchner Geschichten nicht eigens ausgesprochen, aber die Botschaft ist eindeutig: die Ehe ist der Tod des Stenzes! Endstation Mandlstraße (ein Münchner Standesamt)! Tscharli Häusler spricht es an anderer Stelle dann auch deutlich aus, als seine Freundin Susi das Thema Heirat wieder einmal anschneidet: »Heiratn? Heiratn! Hi-ha-Heiratn! Susi, ich bin erschüttert. Eine solche Verantwortungslosigkeit hätt ich mir nie denkt von Dir. Hast Du dich jemals gfragt, ob Du mi ernähren kannst?«

Da dies nun – allerdings nur scheinbar – geklärt ist, kann sich Tscharli wieder ganz der Ausarbeitung seiner erotischen Schachzüge widmen. Dazu gehört zum Beispiel eine antizyklische Eröffnung im Waschsalon. Der strategisch denkende Stenz, so erklärt Tscharli seinem Schüler Gustl, schlägt nämlich am Vormittag zu: »Wenn die Männer bei der Arbeit sind, dann haben die Hausfrauen sozusagen ihre romantische Stunde. (…) A gmahde Wiesn! (…) Am Vormittag, da sans wie entfesselt.«

Dass der berühmte Tscharli-Charme dann doch nicht ins Bett der Schönen führt, weil diese kein Gschpusi (also keinen Seitensprung) und auch keine Vormittagserotik sucht, sondern zwei kräftige Burschen zum Teppichklopfen, damit sie in Ruhe ihren Gatten vom Flughafen abholen kann, quittiert Tscharli mit den Worten: »An Moo hods aa no. So eine Schlampn, dass se de ned schamt!«

Die 70er-Jahre sind halt bereits eine Zeit des Übergangs, des Wandels, der Modernisierung. Nicht nur München ändert sich und wird schön langsam eine moderne Großstadt mit allen Vor-

und Nachteilen. Auch die Frauen werden bewegter und moderner. Langsam setzt der Rollentausch ein – es ist nicht mehr der Stenz allein, der sein Dschoppal oder Drudschal an der Nase herumführt. Manchmal ist es auch die selbstbewusste junge Frau, die sich ihren Dschamsdara (ihren vorübergehenden Liebhaber) selber anlacht, um ihn nach einiger Zeit auch wieder abzuschießen.

Nehmen wir zum Beispiel die reiche und hübsche Touristin Karin, die der Tscharli an der Isar aufreißt (»Wissens, I bin a Problemkind. I brauch sehr viel Liebe!«) und die er in einem Anflug von Größenwahn ins Nobellokal einlädt, wo dann auch Flirtschüler Gustl dabei ist, vor allem, weil er die Zeche schließlich zahlen soll. Es reicht dennoch nur für ein Möwenei mit Preiselbeerkompott. Klar, natürlich durchschaut Karin die Hochstapelei. »Und wozu das Ganze?« fragt die Norddeutsche den Gustl. »Zum Einkochen! Zum Garkochen!« antwortet der Flirtschüler treuherzig. Also zum Rumkriegen! Als die adrette Preußin entgegnet, dafür müsse man doch nicht solche Sprüche machen, erwidert der Gustl: »Doch! Des gehört irgendwie dazu. Das ist das Südländische an uns. Und unsere Madln mögen des gern, aa wenns koa Wort glauben. Aber da sehns, ob se oana a Müh macht; ob er sich was einfallen lasst; ob er a Fantasie hat. Weil a Fantasie, des is wichtig.« Der Stenz und die Stanz sind halt doch letztendlich Phänomene des Südens.

Und dass bei der Karin nicht der Meister selbst den Stich macht, sondern sein Lover-Lehrling Gustl, kann der Tscharli gut verwinden: »Der hod halt auf oamoi a ausgesprochen guade Venus, der Gustl.« Und wird deshalb auch künftig von jungen Frauen umschwärmt. Denn Erfolg macht sexy! Oder mit den Worten des Stenzes: »Des braucht a jeda Mensch, sein Erfolgserlebnis.« Und der Tscharli? Der ist weiterhin der King. Allerdings neigt sich die Zeit der Stenz-Monarchie schön langsam ihrem Ende entgegen. Eher ein trauriger König also, der seinen Job als Gebrauchtwagenhändler verliert und nachts frierend vorm Haus von der Susi steht. »I mog zu Dir, mi frierts!«, winselt er hinauf und wirft Steinchen an ihr Fenster. Und am Ende öffnet sie ihrem traurigen Stenz gutmütig das Kammerfenster. Denn was wäre ein Stenz ohne jene mütterliche Frau, die ihn am Ende aller Abenteuer dann doch wieder aufnimmt? Was wäre der Tscharli ohne seine Susi? Oder der Franze ohne das Spatzl?

»Schauns, Fräulein« – Der Monaco Franze oder: Das Märchen vom ewig sanften Stenz

Die letzte Phase einer weltgeschichtlichen Gestalt ist ihre Komödie.
(Karl Marx)

Eines muss jetzt schon einmal klar gesagt werden: Er meint es nicht bös, der Stenz. Niemals! Er kann halt nicht anders. Vielleicht, weil er so schlecht Nein sagen kann? Tausend Mal hat er es versucht. Aber nach einem Glaserl Chablis ist dann doch wieder alles ganz anders! Vielleicht liegt es daran, dass er so gut ausschaut, unser Stenz? Oder ist es sein charmantes Lächeln? Sein herzerweichender Dackelblick? Jedenfalls passiert's immer wieder. Und dann tut's ihm leid. A bisserl wenigstens. Bloß gut, dass sie ihm immer wieder verzeiht. Weil sie ihn kennt. Und weil sie ihn so liebt, wie er ist. Denn eines ist klar: Er ist zwar ein Striahbesen, wie man in Baiern einen Herumstreuner nennt, aber bös meinen tut er es nicht, der Stenz.

Zumindest nicht der aus der Vorabendserie *Monaco Franze*, die im Untertitel *Der ewige Stenz* heißt und im Frühjahr 1983 erstmals – und seither immer wieder, zur großen Freude des Publikums – im Bayerischen Rundfunk gezeigt wurde und wird. Dieser intelligent und heiter erzählte Zehnteiler mit seinen großartigen Schauspielern darf durchaus als »Kultserie« und Sternstunde deutscher Fernsehunterhaltung bezeichnet werden. Nicht nur in Berlin und Nordrhein-Westfalen, wo der Erfolg am größten war, wie Regisseur Helmut Dietl in einem Interview erzählte. Auch in Bayern. Jedenfalls hat die Serie eine enorme Wirkung auf unser Thema, denn wer heute über den Stenz spricht, kommt um den Antihelden Franz Münchinger alias Monaco Franze garantiert nicht herum.

Der Franze ist Kriminalbeamter, stammt aus ganz einfachen Verhältnissen und ist seit 20 Jahren glücklich verheiratet mit Annette von Soettingen (»Spatzl«), einer stattlichen und attraktiven Dame aus besten Kreisen, die mit Antiquitäten handelt und die Hochkultur genießt. Natürlich liebt der Franze sein Spatzl ganz unbandig. Aber eben nicht nur sie, sondern auch seine Freiheit und sein München und überhaupt alles Schöne, Wahre und Gute – nicht zuletzt wenn es in Gestalt junger Frauen daherkommt; weshalb der Franze viel unterwegs ist. Vorzugsweise am Abend und mit seinem Spezl, dem Kripokollegen Manni Kopfeck (der in der Serie kongenial dargestellt wird von Karl Obermayr).

Autor und Regisseur Helmut Dietl hat die Monaco-Geschichten zusammen mit Co-Autor Patrick Süskind teils in den USA und teils in Frankreich geschrieben, nie aber in München selbst, weil solch ein charmantes München-Märchen wohl gar nicht entstehen kann, wenn man die real existierende Stadt vor Augen hat. Es war also mehr das Heimweh nach dem alten, vor-olympischen München, mit seinen Glasscherbenvierteln, Kneipen und Vorstadt-Stenzen, die aus einfachsten Verhältnissen kommend stets ein bisschen nach dem Höheren streben (»Wissens«, sagt der Monaco Franze, »da wo ich herkomm', da hat's weit und breit keine schönen Dinge geben.«). Was man dem Monaco freilich später nicht mehr ansieht. Im Gegenteil, ein richtiger Gentleman ist er – schwärmt jedenfalls das Fräulein Elli in Episode 1, die leitmotivisch für die ganze Serie den Titel trägt *Ein bissel was geht immer*: Die Elli sagt, dass er ganz seriös ausschaut: »Wie ein besserer Herr, weißt, so elegant, so gute Manieren ... und überhaupt nicht aufdringlich – so einer geht nicht in eine Disco ... so einer geht in ein nettes Café oder schön zum Essen – weil so jung war er ja auch nimmer, aber sehr attraktiv ... graue Schläfen ... tadelloses Gebiss – ein richtiger Gentleman.«

Jung nicht, aber alt eben auch noch nicht – der Monaco ist nämlich so um die 49½, und das schon seit geraumer Zeit. Ein Gentleman halt, mit Anzug und Krawatte, fesch gescheitelt, mit Trenchcoat, Hut und einem Ring am kleinen Finger. Gelegentlich kommt er aber auch noch ganz jugendlich daher, mit College-Pullover oder cooler Lederjacke. »Gelegentlich« bedeutet in diesem Zusammenhang: je nach Jagdgebiet. Und je nachdem, wie die Gelegenheit gerade heißt: Elli oder Jaqueline oder ...

Regisseur Helmut Dietl jedenfalls definiert seinen Stenz der frühen 1980er-Jahre so: »Die wesentlichen Merkmale liegen im Äußeren, wie überhaupt die Wirkung nach außen für den Stenz von größter Bedeutung ist. Von etwas windiger Eleganz, der jeweils herrschenden Mode immer einen Schritt vorausstolzierend, hat der Stenz die Pflege seines Haupthaares sowie die Pflege seiner Schuhe (von denen er unzählige besitzt) zu kultischen Handlungen entwickelt. Er legt Wert auf Umgangsformen bzw. das, was er dafür hält, ist einem strengen Ehrenkodex verhaftet und schafft es trotz alledem, das oberste Ausstrahlungsziel dabei nicht aus den Augen zu verlieren: immer cool und lässig zu sein. Seine Sprache ist cool und lässig, die Art, wie er ein Glas, eine

Zeitung oder eine Sonnenbrille hält, ist cool und lässig. Unentwegt ist er damit beschäftigt, cool und lässig zu wirken – auf Frauen, Freunde, Feinde, Kellner, Taxifahrer, Onkel und Tante, im Supermarkt und im Krämerladen, in öffentlichen Verkehrsmitteln, in Cafés und Restaurants, in Biergärten und Frühlokalen, im Fasching, zur Fastenzeit, auf dem Oktoberfest, zu Ostern und zu Weihnachten sowie an sämtlichen Wochen- und Feiertagen …«

Der Monaco Franze ist zwar durchaus ein seriöser Gentleman, aber keinesfalls ein »ernsthafter älterer Herr«. Letzteres gilt es, mit allen Mitteln zu vermeiden. So wird aus dem Monaco ein Stenz in seiner lustigen Light-Version, stets gutartig und manchmal fast ein bisserl deppert dreinlächelnd, wenn er mit seinem »Sie, Fräulein« einen damals schon leicht antiquierten Anbaggerversuch startet. Der garantiert nicht erfolgreich ist. Denn eigentlich kann der Monaco nicht so recht landen bei den Frauen, und von Sex ist in dieser öffentlich-rechtlichen Serie natürlich hinten und vorne nichts zu sehen. So gesehen ist der Monaco fast ein bisschen ein Loser. Aber genau das macht ihn so sympathisch. Und der Dumme ist er dennoch nur ganz selten, dieser leichtfüßige Hallodri, der da mit einem Schuss Italianità versehen durch die italophilen 1980er-Jahre strawanzt, mitten in Italiens angeblich nördlichster Stadt, München. Weshalb er ja auch »Monaco« heißt, selbstverständlich bairisch betont, also auf der vorletzten Silbe. Der Münchinger Franze soll ja nicht nur der Bub der Aushilfskellnerin Maria sein, einer bairischen Venus von »großer Appetitlichkeit«, sondern auch – zumindest gerüchtehalber – der uneheliche Sohn eines italienischen Offiziers. Was sein südländisches Aussehen erklären und den in jungen Jahren erworbenen Spitznamen »Monaco Franze« rechtfertigen würde.

Ein bisserl italienisch ist er also, dieser halb domestizierte Teilzeit-Casanova mit seinem »Spatzl«, das ihm in langjähriger glücklicher Ehe abwechselnd Ehefrau, Geliebte, Ersatz-Mutti oder strenge Erzieherin ist. Allerdings will er an der langen Leine geführt werden, auf dass er stets genug Auslauf kriege, denn sein Spatzl weiß mit der intuitiven Weisheit einer Frau, wie ihr Franze tickt: »Er ist ja da wie ein Kind … im Grunde nie erwachsen geworden: Diese romantischen Vorstellungen von Freiheit und Abenteuer … dieser Großstadtjäger, auf der freien Wildbahn zwischen Schwabing und Sendlinger-Tor-Platz! Aber bitte – soll er. Das sitzt so tief, da rührt man besser gar nicht dran. Man muss nur dafür sorgen, dass ihm seine romantische Ader nicht zu sehr schwillt. Ganz behutsam. Listig.«

Der Monaco freilich glaubt fest an die Unverrückbarkeit seiner Freiheitsideale: »Wissen S', mich wollten schon viele ändern … also Frauen, meine ich, hauptsächlich, aber – es geht nicht. Ich brauche das Abenteuer. Nicht jetzt nur des, was Sie meinen. Mir geht's mehr um das Unerwartete … das Überraschende … um das spontane Erlebnis.« Welches ihm dann auch – fast planmäßig – begegnet. Dabei geht es dem weichgespülten Stenz selbstredend nicht – zumindest nicht immer – um »körperliche Gelüste«, sondern mehr um eine »seelische Sehnsucht«: »Mich interessieren Menschen. Ganz normale Menschen. Darunter können auch Frauen sein. Alle möglichen Frauen. Ehrlich gesagt: Ich interessiere mich wahnsinnig für Frauen!«

Es ist also »mehr so eine Art erotisches Heimweh«, von dem der Monaco Franze gelegentlich gequält wird. Vielleicht ist es auch noch eine Art erotisches Fernweh, das ihn etwa zur Faschingszeit als »Herr der Sieben Meere« hinaustreibt auf die sturmumtosten Ozeane der Liebe, selbst wenn dadurch eine Lungenentzündung droht. Ein Fernweh, das den Midlife-Crisler (»Hast Du Dir die Haare färben lassen?« – »Nur die Schläfen, Spatzl!«) einen fast fatalen (Box-)Kampf mit der ewigen Jugend – genauer gesagt mit einer ihrer schlagkräftigsten Inkarnationen, nämlich einem Boxmeister mit dem aparten nom de guerre »Stier von Sendling« – antreten lässt, nur weil dabei vermeintlich ein 21-jähriger blonder Wanderpokal namens Jaqueline zu gewinnen ist. Ein Fernweh also, das dem Monaco so manches »Gschiss« (nicht nur mit der Elli) einbrockt, und das ihm nach jahrelanger stürmischer Überfahrt dann fast zum Verhängnis wird, als er am Ende fern von neuer Heimat (Ehefrau Annette sitzt längst allein im karibischen Steuerparadies) und Dolce Vita als heruntergekommene Existenz strandet – um am Ende dann doch wieder von seinem Spatzl gerettet zu werden. Ja mei, was wären die Stenze nur ohne Frauen – ohne diese mütterlichen, verständnisvollen, treusorgenden, stets klugen und liebenden Frauen? Nichts, aber auch gar nichts wären sie. Und das weiß natürlich niemand besser als der Frauenverehrer Franz Münchinger, der ewig liebe Stenz, der nichts mehr Zuhälterisches, nichts Brutales, Frauenverachtendes oder Ausbeuterisches hat. Einer, der nur mehr ein kleiner Hallodri ist, immer freundlich, nett, charmant – und mit seinem »Schauns, Fräulein« auch ein bisserl altertümelnd. Der Stenz, wie Helmut Fischer ihn verstanden und unnachahmlich dargestellt hat, »ist unfreiwillig komisch, ein wenig infantil – auf jeden Fall liebenswert«.

Seinen Macho-Kern, der jedem Stenz seit frühesten Tagen innewohnt, hat man dem Monaco Franze quasi per Drehbuch herausoperiert. Bei ihm wird der literarisch konstruierte Gegensatz zwischen spielerischem Stenz und tierisch-ernstem Macho gewissermaßen zum tragenden Element einer unterhaltsamen, öffentlich-rechtlichen Soft-Stenz-Komödie, die in einer Zeit spielt, als man junge Frauen (gerade) noch ungestraft mit »Fräulein« ansprechen konnte – sprich: ohne gleich mit einem feministischen Handkantenschlag niedergestreckt zu werden.

Dietl und Süskind haben aus ihrem Stenz einen urbanen Gentleman gemacht, einen »zivilisierten Mann des Volkes«, einen etwas verspielten Frauenfreund, der in vielerlei Hinsicht das Gegenteil des handelsüblichen Machos ist. Ihm ist alles Ländlich-Derbe zuwider. Mag sein, dass diese domestizierte Variante eine vorläufig letzte Stufe in der Emanzipationsleiter des Mannes vom Affen über den Macho zum Edel-Stenz mit Stil ist; eine Entwicklung, die zwar gelegentlich von animalisch-maskulinen Regressionen bedroht sein mag, insgesamt aber als Erfolgsmodell zu deuten ist, weil es sich bestens verträgt mit jener Emanzipation der Frau, die zeitgleich einhergeht mit der Zivilisierung des Stenzes. Wenn diese nicht gar von jener erzwungen wurde.

Dietl und Süskind haben jedenfalls ein wunderschönes Märchen erzählt. Ein frauenfreundliches, und in gewisser Hinsicht auch ein sozialdemokratisches Märchen. (Für die jüngeren Leser sei erwähnt: sozialdemokratisches Zeitalter nennt man eine sehr, sehr kurze Epoche, in der der Begriff »Reform« noch kein Brechmittel war und der Slogan »Mehr Demokratie wagen« niemanden zur Frage animierte: »Was wagen? Wie viel PS hat'n der?«)

Eigentlich ist der Monaco Franze ein Vorzeigeproletarier, wie ihn sich die Sozialdemokratie immer gewünscht hat. Er stammt aus ganz einfachen Verhältnissen, ist aufgewachsen im Münchner Westend, gleich hinter der Schwanthalerhöhe, in einem Glasscherbenviertel also, und hat trotzdem den sozialen Aufstieg geschafft. Was keine Selbstverständlichkeit ist in seinen Kreisen – statt Krimineller wird er ein Kriminaler. Aus dem Vorstadtabenteurer wird ein Beamter, der seine berufliche Langeweile mit kleinen erotischen Abenteuern kompensiert. Eigentlich also ein Unterschichten-Casanova, der im Großen und Ganzen ein verlässlicher Sozialpartner der Oberschicht wird – wenn er nicht gerade in die Oper gehen muss, die mag er nämlich gar nicht. Aber die Klassen bleiben versöhnt, und der Vorstadtburschi gibt seine Rebellion gegen die Oberschichtmutti auf, solang er nur manchmal seine kleine kulturelle Autonomie pflegen darf, sprich: ein bisserl Freigang kriegt und dabei die Lederjacke tragen darf. So überstehen der Franze und sein Spatzl trotz aller Unterschiede gemeinsam alle Krisen (»Ja – da sind wir ja jetzt eigentlich aus dem Gröbsten raus – was meinst du, Spatzl?«). Weshalb Monacos Schlusssatz in der Serie auch folgerichtig und märchengerecht lautet: »Genau, jetzt wird wahrscheinlich alles ganz wunderbar …«.

Und wenn sie nicht gestorben sind, dann schlendern sie noch immer über den Münchner Viktualienmarkt, kaufen Flusskrebssalat, saufen Schampus und pflegen den schönen alten bairischen Grundsatz: Leben und leben lassen! Nur schad, dass doch schon so viele gestorben sind. Nicht nur das sozialdemokratische Zeitalter, sondern auch zahlreiche wunderbare Schauspieler, die in der Monaco-Serie auftreten: Karl Obermayr, Erni Singerl, Ruth Drexel, Gustl Bayrhammer oder Walter Sedlmayr – um nur einige zu nennen. Und natürlich der Hauptdarsteller, der mit dem liebenswürdigen Monaco Franze die Rolle seines Lebens gespielt hat. Die Figur ist mit dem Münchner Schauspieler Helmut Fischer nämlich so genial besetzt, dass die Öffentlichkeit am Ende nicht mehr wirklich zwischen beiden unterschieden hat; weshalb der Fischer der Monaco war. Und umgekehrt. Und weshalb am 14. Juni 1997 gleichzeitig mit dem 70-jährigen Helmut Fischer auch der Monaco Franze von dieser Erde gegangen ist. Geblieben ist ein Bronzedenkmal vor dem »Café Münchner Freiheit« in Schwabing, wo Helmut Fischer zu Lebzeiten gern saß. Es zeigt den »Monaco-Fischer-Stenz« auf ewig so, wie er sich zehn Episoden lang in die Herzen des Fernsehpublikums gespielt hat – sympathisch lächelnd, lässig und den jungen Frauen hinterherschauend.

Stenz' End? Ein verfrühtes Schlusswort!

Doch eins tut mit am meisten weh,
Mir g'fall'n die Madln noch, wie eh',
Nur is es jetzt der Unterschied:
Ich g'fall durchaus den Madln nit!
Mein Herz is jung, nur's G'sicht is alt,
Das is grad, was in d'Augen fallt!
(Johann Nestroy)

Der Monaco Franze ist also tot. Und jetzt? Wie geht's weiter? Geht's überhaupt weiter? Oder ist er völlig antiquiert und zum Aussterben verurteilt, unser mehr oder minder charmanter Frauenjäger und -sammler? Muss er endgültig dem neuen Mann weichen? Auch wenn dieser in den vergangenen 500 Jahren schon mindestens zwanzig Mal immer wieder aufs Neue ausgerufen wurde, um dann doch nicht zu kommen? Wird der Stenz also den Strick über einen Ast im wild wuchernden Dickicht der Gender Studies werfen, um sich dran aufzuhängen, bevor er links und rechts so lange hin und her gegendert wird, bis er nimmer weiß, ob er Manderl oder Weiberl ist? Oder metrosexuell? Übrigens, solche Metros treiben's nicht im gleichnamigen Lebensmittelgroßmarkt hinter den Regalen, sondern sind eine Art moderner Mann, bei dem weibliche und männliche Attribute im Lebensstil vollends und bis zur Unkenntlichkeit miteinander verschwimmen. Wenn der Metro das Rennen macht, wäre wohl wirklich kein Platz mehr für unseren alten sturmerprobten

Stenz, bei dem stets ein kleiner Hauch Machismo zum guten Ton gehörte. Ein Auslaufmodell, das nur noch in alternden Restexemplaren durch die Straßen geistert? Ist der »Wanderstab« also endgültig zerbrochen? Stents statt Stenz?

Eines steht fest. Im Leben jedes Einzel-Stenzes kommt früher oder später der Tag, an dem eine verdammt gut aussehende junge Frau in der U-Bahn aufsteht, um ihm milde lächelnd Platz zu machen. Von da an wird alles anders sein. Fragen werden auftauchen. Ernste Fragen, grausame Fragen: »Wer bin ich? Wohin geh ich? Und vor allem: Mit wem? Wo sind sie eigentlich alle hin, die jungen, feschen Madl von früher? Wo ist die Heidi von der Weihnachtsfeier? Wo die Gisela vom Waschsalon? Wo die Petra aus dem Fitness Studio? Alle weg? – Wie bitte? Was? Nein, nicht verstorben! Nur verheiratet! Ah so! Hafen der Ehe also? Naja, sagen wir lieber: Schiffbruch der Liebe! Ja und jetzt?«

»Was tun?«, fragt sich unser Stenz, und sein alter Spezl hätte schon wieder eine gute Idee: »Geh weida, schwing Dich auf! Sommer wird's! Heut schau'n die Madl wie Äpfel aus«, wie es im Lied von Konstantin Wecker heißt. Aber unser Stenz mag sich nicht mehr recht aufschwingen und jammert: »Was hilft's denn, wenn die Madl wie Äpfel ausschauen, aber unsereins wie eine Birn'?« Worauf sein Freund erwidert: »Geh weida, schön zum Anschauen sind's doch allerweil noch, die Frauen!« Aber der Stenz bleibt resigniert: »Schee? Schee? Wos is heitzutag scho no schee?«, raunzt er abgrundtief pessimistisch vor sich hin. Und zum ersten Mal in seinem Leben verstreicht ein Tag – ein Tag ganz ohne Äpfel, ohne Birnen, ohne Madln und ohne Sonnenschein. Es ist der Tag X, an dem alles anders ist. Und im Hintergrund singt Jim Morrison »This is the end, my beautiful friend! Stenz' End, my only friend!«

Danach kann eigentlich nichts mehr kommen. Der Stenz ist in der Krise – mitleidlos schlägt es zu, das grausame Grau des

Alters, wenn selbst das kühle Grab wärmer und barmherziger erscheint als der eisige Wind des weiblichen Desinteresses, das dem Stenz im Spätherbst seines Mannesalters immer häufiger entgegenzuwehen droht. Wer jetzt kein Haus hat …!

Vielleicht sollte er sich ja eine Zehnerkarte fürs Fitness Studio besorgen, zwengs dem idealen Körperfettanteil? Vielleicht wär jetzt ein Vorgespräch beim Schönheitschirurgen sinnvoll? Oder einfach nur mehr Rotwein trinken – viel mehr Rotwein! Soll ja angeblich den Testosteronspiegel erhöhen! Oder sollte er sich wieder mehr um seine liebe Ehefrau kümmern? Einen Abend lang. Vielleicht zwei. Und dann? Wenn schon Gamie, dann wenigstens Bi- oder Tri-? Eine jüngere fürs Bett, die gleichaltrige für den Geist? Eine dritte für … Aber nein? Stopp! Aufhören! Es muss jetzt endlich Schluss sein mit der Stenzerei. Bringt doch nichts! Und seien wir doch ehrlich, Spaß macht's auch keinen mehr, die ganze Nacht unterwegs zu sein! Immer die Locations ableuchten? Ruhelos im Kreis, wie der Hamster im Rad? Nein! Vorbei! Dass die Stenzerei langfristig keinen Taug hat, kann man doch schon bei Ludwig Thoma im Roman *Altaich* nachlesen: »Bal oan dös ins Bluat ei'gschossn is, ko ma nix macha. (…) Da muasst ans Kammafensta, ob's d'magst oda net …« Und was bringt's? Nichts als Stress und Scherereien hat man am End zwecks Liebe, Lust und Leidenschaft: »Dös sell is a hart's Leben. Die Arwat beim Tag muaßt do macha sinscht valierst Dein Platz, und bei der Nacht umanand gambs'n, da kimmt oana oba …«

Am besten also nicht mehr gamsen? Und a »Ruah von de Weibsbilda«? Nun, gesünder wär's zweifelsohne. Haben Sie's nicht gelesen? »Eunuchen am koreanischen Hof erfreuten sich einer enormen Lebenserwartung«, stand unlängst in der Zeitung. Und weiter: Die Kastraten am Hofe der Koreanischen Herrscher lebten durchschnittlich 14 bis 19 Jahre länger als »normale« Männer der gehobenen Schicht. »Ja schon«, murmelt da unser krisengeschüttelter Alt-Stenz leise vor sich hin. »Fragt sich nur: Wozu?«

Und so besinnt er sich und findet einen Ausweg aus seiner Krise. Von wegen »they never come back«. Das gilt für Boxer, nicht für Stenze. Denn der Stenz – so viel Prophezeiung sei an dieser Stelle erlaubt – kehrt immer wieder zurück, hört nie ganz auf, an sich zu glauben. Und drum wird er halt immer noch hinter den Mädchen herschauen, selbst noch mit minus 15 Dioptrien. Und alterszitternd wird er im Supermarkt fesche junge Frauen ansprechen und sich von ihnen zeigen lassen, wo der Champagner steht. Und dann wird er seinen ganzen Charme zusammennehmen und bedauernd sagen: »Oh mei, des is ja viel zu viel für mich allein. Hamm Sie schon was vor, schönes Fräulein?« Nein, aufgeben wird er nicht. Niemals. Denn a bisserl was geht immer. Deshalb geht es nach diesem leicht verfrühten Schlusswort auch weiter: Mit dem Stenz-Ratgeber!

Der Stenz-Ratgeber: 20 Tipps für den garantierten Erfolg

Tipp 1: Lernen Sie Sächsisch! Oder halten S' lieber den Mund!

Der ambitionierte Stenz von heute tut gut daran, sich in der Stadt niederzulassen. Warum? Weil es junge Frauen vor allem in Großstädte zieht; das hat unlängst eine wissenschaftliche Studie gezeigt. So wandern vor allem gut ausgebildete 18- bis 29-Jährige aus dünn besiedelten Räumen Ostdeutschlands in die Städte des Westens, vor allem aber des Südens. Dort lauert dann der urbane Stenz schon ungeduldig und bemüht sich um eine waidgerechte Annäherung an Mandy aus Bautzen und ihre Freundinnen. Wer jetzt nicht unbedingt einen Sächsisch-Kurs bei der Volkshochschule belegen will, muss trotzdem nicht leer ausgehen. Er kann sich einfach nur irgendwo blöd hinstellen und warten – die Trefferquote ist bei dieser »Deppen-Stenz«-Methode immer noch einigermaßen hoch; dies bestätigte unlängst erst wieder die Umfrage einer Boulevardzeitung unter Münchner Singles: »Ich genieße mein Leben«, sagte zum Beispiel die 21-jährige Krankenschwester Julia, die mit ihren Freundinnen gern im Glockenbach-Viertel ausgeht: »Da gehen auch viele Single-Männer hin. Komisch ist nur, dass die oft sehr zurückhaltend sind.« Was dem Fräulein Julia allerdings ziemlich wurscht zu sein scheint, denn: »Gefällt mir einer, ergreife ich schon mal die Initiative.« Und nicht nur die, denn: »Auf seine Kosten kommt man als Frau in München so oder so. Wer hier eine Affäre anfangen will, der bekommt auch eine.« Oder zwei. Also, liebe Stenz-Eleven: Einfach nur hinstellen! Nix reden! Nur abwarten! Die Julia meldet sich dann schon. Bloß das Atmen dürft ihr in der Zwischenzeit nicht vergessen! Falls diese Methode nicht funktionieren sollte, lohnt es sich, alternativ auf Fräulein Susanne zu warten.

Tipp 2: Steißlage oder Lassen Sie sich doch helfen!

Susanne ist 27 und Hebamme. Sie behauptet von sich: »Ich bin schwer zu haben.« Das ist löblich. Einerseits. Andererseits birgt es nicht nur Vorteile. So beklagt sich Susanne zum Beispiel und zwar zu Recht, dass heutzutage nicht mehr allzu viele aktive Stenze unterwegs sind. Das sei dann doch sehr schade, meint die Hebamme, denn: »Erobert zu werden, das ist das Schönste.« Nur, wie soll man es in die Wege leiten, wenn der depperte Stenz stumm im Eck sitzen bleibt und ums Verrecken nicht aus seinem Schneckenhäusl herauskommt? Als erfahrene Hebamme weiß Susanne natürlich, dass man bei Steißlagen aller Art nicht allein mit Druck arbeiten darf, sondern eine Reihe von Spezialgriffen einsetzen muss, um den Kopf zu befreien, also ihn zu »entwickeln«, wie es im Fachjargon der Geburtshelferinnen heißt. Das Ganze ist nämlich immer nur reine Kopfsache. Auch bei erotischen Steißlagen. Die Saugglockentaktik kluger Hebammen wie Susanne hört sich dann im O-Ton ungefähr so an: »Leider sind die wenigsten Frauen heutzutage bereit, mal einen Schritt zurückzugehen und sich erobern zu lassen. Damit nehmen wir den Männern etwas, was in ihrer Art verwurzelt ist. Wir Frauen übernehmen viel zu oft das Zepter, weil wir kein Vertrauen mehr zu den Männern haben.« Das läuft natürlich hinunter wie kühles

Fassbier und – da schau her, wer sagt's denn – kaum sind die klugen Zeilen ausgesprochen, kommt er auch schon aus sich heraus, unser erotischer Schneckenhäusler und bläst zum Angriff. Und die Sprüch' hätten S' hören sollen, danach … von wegen, de kloane Hebamm' vom letzten Samstag: »Ja mei, a gmahde Wiesn! Oans, zwoa, drei – so schnoi hod de fei gar ned schaun kenna!«

Tipp 3: Die Reise nach Jerusalem!

Der Stenz von heute hat stets die Qual der Wahl. Jetzt schon zugreifen oder lieber weitersuchen? »Jeder wartet darauf, ob nicht an der nächsten Ecke vielleicht ein noch besserer Partner steht«, stellte die 30-jährige Studentin Kerstin auf Nachfrage bedauernd fest. Keiner will sich unnötig binden, jeder hält sich ein Hintertürchen offen. Die Stanz wird dadurch härter und schneller; und irgendwie erinnert sie ein wenig an das alte Kinderspiel »Die Reise nach Jerusalem«. Bei diesem Spiel, bei dem es immer einen Stuhl zu wenig gibt, macht am Ende nur einer den Stich und kommt zum Sitzen respektive zum Liegen. Wie im richtigen Leben! Der Stenz hat sich also stets in der Kunst des fliegenden Wechsels zu üben. Dabei geht es darum, den einen Stuhl rechtzeitig zu verlassen und auf dem nächsten genauso rechtzeitig anzukommen, ohne zwischen zweien zu landen. Die gute Nachricht von Studentin Kerstin lautet: Wer heute leer ausgeht, spielt einfach in der nächsten Runde weiter. Stühle sind genügend für alle da. Und Mitspielerinnen auch: »Weil wir Frauen ja nicht mehr auf einen Partner angewiesen sind – wir lieben die Freiheit und können uns selbst versorgen.« Können vielleicht schon. Aber wollen? Zumindest in betuchten Kreisen ist manches

Bäumchen-wechsle-dich-Spiel mit hohen Ablösesummen verbunden, wovon so einige Lifestyle-Stenze aus München-Bogenhausen oder Grünwald ein Liedchen singen können.

Tipp 4: Herr Vangelis öffnet Türen!

Vangelis S. ist Angestellter und seit kurzem wieder Single. Auf die berühmte Polt-Frage »Sie sind Grieche – wie lange machen Sie das schon?« müsste Herr Vangelis wahrheitsgemäß antworten: »Seit 35 Jahren.« Aber Herr Vangelis spricht nicht gern darüber, sondern macht aus der Not seines Alters eine Tugend. Er sagt: »Ich bin ein Gentleman der alten Schule.« Dies, behauptet Herr Vangelis, öffne Türen. Bei genauerer Betrachtung ist es freilich Herr Vangelis selbst, der die Türen öffnet, und zwar den Damen. Deshalb, sagt er, habe er auch keine Probleme, »mal eine kennenzulernen«. Denn er kümmere sich gern um Frauen. Vorzugsweise um die anderer Männer. Denn selber hat er ja keine mehr. Wie er dabei vorgeht? Nun, indem er tut, was seiner Meinung nach heutzutage nicht mehr viele Männer tun. Herr Vangelis plaudert also aus der Schule, genauer gesagt aus der Old-School für Stenze, wenn er über den artgerechten Umgang mit dem fremden Wesen Frau verrät: »Wenn sie sich beim Abendessen frisch machen möchte, stehe ich kurz auf. Ich öffne ihr die Tür, gebe ihr Feuer, wenn sie rauchen möchten. Viele Männer machen so etwas leider nicht mehr. Ich habe mal in einem Restaurant ein wirklich stilvolles Pärchen gesehen, das dort gegessen hat. Er hat sich überhaupt nicht gekümmert. Am Ende bin ich dann aufgestanden und habe ihr in den Mantel geholfen, weil er es nicht getan hat. Sie war beeindruckt und hat gesagt: ›Wenigstens Sie sind ein Gentleman, meiner schläft noch!‹« Dies ist eine durchaus kryptische Antwort der Dame. Denn wer ist der Gentleman? Wer der Ehemann? Sind sie identisch? Wenn nicht, wer schläft dann, und vor allem mit wem? Und sie? Mit wem schläft die Dame eigentlich? Nun, offenbar nicht mit Herrn Vangelis. Denn trotz Mantelhilfe und Apportieren zieht sie lieber mit dem rüpelhaften Begleiter ab, von dem man nicht weiß, ob er nun Ehe- oder Gentle- oder sonst was für ein Mann ist.

Tipp 5: Don't think twice, it's all right!

Der ultimative Stenz-Ratschlag lautet: Gehen Sie! Meinetwegen auch mit Gott! Aber gehen Sie! Und zwar ran! Jetzt! Gleich! Nicht lang überlegen! Einfach nur rangehen! Zumindest dann, wenn Sie der Meinung sind, dass sie vor Ihnen steht, die eine und einzige (fürs Leben oder zumindest für die nächsten paar Stunden)! Dann beherzigen Sie bitte aufs Genaueste die Anweisungen, die der Wiener Dichter Hans Adler in seinem *Sonett* gibt. Darin heißt es:

Wie glücklich sind die Tiere auf der Weide!
Ein Stier sieht eine junge blonde Kuh,
Sie schwenkt kokett den Schweif, er springt hinzu,
Und selig durch die Liebe werden beide,
Denn kein Bedenken stört ihr Rendezvous.
Der Mensch jedoch in seinem Liebesleide
Durchforscht betroffen Hirn und Eingeweide
Nach dem Rezept zu dem Gefühlsragout.
Er zwängt sich mühsam durch ein dichtes Netz
Beachtenswerter Gegenargumente,

Philosophiert bis an den Rand des Betts
Und denkt im physiologischen Momente
Noch an den Arzt und an das Strafgesetz
Und an die etwaigen Alimente.

Zusammengefasst könnte man also raten: Überlegen S' nicht so viel! Das Gschiss kommt eh von allein und früher, als Ihnen lieb ist. Also, nichts wie ran! Oder? Moment mal, vielleicht doch noch nicht … Ah, geh weiter, auf geht's! (Bloß die Gummis nicht vergessen! Warum, das erfahren Sie im nächsten Abschnitt!)

Tipp 6: Warum man manchmal eine Lederjacke tragen und wild dreinschauen sollte

Gute Ratschläge sollten nicht teuer sein, dafür aber kurz und bündig. Weshalb wir drauf verzichten, die genaue Versuchsanordnung zu beschreiben, die in einer Studie der Universität Konstanz ganz besonders Stenz-taugliche Ergebnisse für den amourösen Nahkampf zu Tage gefördert hat. Wir begnügen uns also an dieser Stelle mit dem Ergebnis, das da lautet: Frauen bevorzugen aggressive Männer für eine Affäre, jedoch nicht für die Familiengründung. Was lernt Stenz daraus?

Nun, er muss natürlich nicht gleich schon beim Reinkommen den Türsteher des Schuppens unterm Arm tragen und die Einrichtung zerlegen, um als aggressiv zu gelten und anschließend die Dame seiner Wahl für einen One-Night-Stand mit nach Hause nehmen zu dürfen. Vermutlich reicht es schon, wenn er sich einen leicht aggressiven Touch gibt; er könnte zum Beispiel eine Harley mieten, eine Lederjacke anziehen und die schwarz getönte Sonnenbrille im Halbdunkel des Clubs erst dann abnehmen, wenn »sie« ganz nah vor ihm steht – um ihr dann ganz cool entgegenzuraunzen: »Packmas, Baby!« Und das Baby wird ganz große Augen machen und ihm wortlos folgen; und ganz hinten im Eck des Ladens werden der Goassmass-Bäderl und seine Freunde, die allesamt seit Jahren nur erotische Almosenempfänger sind, wieder leise in sich hineinfluchen, weil sie an diesem Abend erneut leer ausgegangen sind. Wie schon an den 10.000 Abenden zuvor.

Der Lederjacken-Stenz triumphiert also. Aber Obacht! Die stärksten Präferenzen für solche Männer zeigen laut Studie stets Frauen, die sich in der fruchtbaren Phase ihres Menstruationszyklus befinden! So was kann fei saublöd ausgehen! Und längerfristige Folgen haben. Dabei wollen Frauen ja gar keine Lederjacken-Stenze als langfristige Lebenspartner, sondern viel lieber empfindsame und einfühlsame Männer.

Daraus ergeben sich zwangsläufig Widersprüche, die der Stenz zu antizipieren und frühzeitig aufzulösen hat. Für ihn ergeben sich dabei folgende Kombinationsmöglichkeiten: Entweder will er mit Frauen gar nichts zu tun haben, dann schaut er anfangs ganz treuherzig dumm und lieb drein und später dann ganz grantig-wild. Sucht er hingegen langfristige Bindungen, geriert er sich anfangs wild und wird dann ganz handzahm. Der kluge Stenz freilich bleibt immer born to be wild und grantig; dann bekommt er den schnellen Zuschlag und wird die Dame genauso schnell auch wieder los. Es kann ihm gar nichts passieren. Also, fast gar nichts! Aber das müssen S' jetzt schon selber ausprobieren!

Tipp 7: Stenz Dance!

Eines ist klar: Stenze brauchen Tänze, deshalb sollten sie sie möglichst alle beherrschen. Also nicht nur Jitterbug und Cha-Cha-Cha, sondern vor allem auch die ganz engen Varianten, den sogenannten Begattungstango, den Befruchtungswalzer oder den Hosentürl- bzw. Nabelwetzer. »Stenz dance!« – lautete die eherne Parole zu allen Zeiten, bis heute. Denn tanzend reüssieren junge und alte Stenze gleichermaßen und zwar (fast) immer; also nicht nur beim gediegenen »Vieruhrtanztee« im feinen Hotelsaal, sondern auch beim mitternächtlichen Nahkampf mit der blondierten Sekretärin in der Wein- und Schenkelpresse seines respektive ihres Vertrauens. Selbstverständlich geht auch immer ein bisserl was beim Frei-Tanz, beim Ethno-Tanz oder donnerstags beim Trance-Tanz, wo der Stenz die »spirituelle Kraft seines Körpers« erwachen lässt, wodurch »die ursprüngliche Verbundenheit« mit »seinem höheren Selbst und seiner inneren Stimme«, vor allem aber mit seiner rothaarigen, großbusigen Hippie-Nachbarin kosmisch voll zum Tragen kommt. Auch mit Schamanentänzen vor bairisch-indianischen »Frauen-Schwitzhütten« kann der Eso-Stenz durchaus den einen oder anderen schönen Teilerfolg erringen. Sofern der Kursleiter als Stenz-Guru nicht Wert darauf legt, alle karmischen Begattungen selbst zu erledigen. Soll ja auch gelegentlich vorkommen!

Tipp 8: »Zmozd?« oder: Liebe in Zeiten der tragbaren Telefone

Früher meinte der junge Mensch, dass Alte keinen Sex haben. Was bekanntlich falsch ist. Heute existiert das Vorurteil genau anders herum: Ältere glauben, dass Junge keinen Sex mehr haben, ja haben können, weil sie Tag und Nacht vor ihrem Handy sitzen und wie wild hineintippen. Freilich, auch das ist ein Trugschluss. Denn das Tippen selbst ist zwar noch kein purer Sex, aber immerhin eine Art Vorspiel dazu – günstigstenfalls! Simsing statt Petting lautet die Devise des 21. Jahrhunderts. Der Stenz des digitalen Zeitalters tut also gut daran, das erotische Simsen wenigstens einigermaßen zu beherrschen. Wir beginnen daher mit den einfachsten Übungen. Nähert sich der Stenz virtuell einer Schönen, simst er – selbstverständlich auf Bairisch – zum Beispiel folgende Kurznachricht:

Stenz: DIAMDODA? = Bist Du öfter hier in diesem Laden?

Mit ein bisschen Übung und Glück kann sich bei den Fortgeschrittenen unter den Daumenkünstlern daraus durchaus ein längerer Dialog entwickeln. In etwa so:

Schöne: DIAMSCHODA = Ja, gelegentlich.
Stenz: HÄAZ? = Hädsd amoi Zeit?
Schöne: FZWOSN? = Wozu denn bitte schön?
Stenz: BAB! = Bussi auf's Bauchi!
Schöne: OB8 = Obacht! (Sei vorsichtig, mein Freund!)
Stenz: ZMOZD = Zu mia oder zu dia?
Schöne: WUM? = Warum?
Stenz: MOVE? = Mogsd vegeln? (Willst du mit mir schlafen?)
Schöne: AG! = Ah, geh!
(kurz danach)

Stenz: UNMOVE? = Und nachad, mogsd vegeln?
(Willst du nun mit mir schlafen?)
Schöne: SCHO! = Schon!
(etwas später)
Stenz: DUWASU! = Du warst super!
Schöne: UDUWIPA! = Und Du wirst Papa!
Stenz: DUMIA! = Du mich auch! Verarschen kann ich mich selber!
Schöne: DäDa = Depp, damischer!!
Stenz: SIMS = Schatzi, ich mach' Schluss.

Tipp 9: Gehen S' halt hin, in Gottes Namen!

Mit dem Karneval ist es im Süden so eine Sache. Erstens heißt er dort Fasching, was wohl nicht zufällig an »faschieren« erinnert (Österreichisch für »etwas durch den Fleischwolf drehen«). Leicht faschiert fühlt man sich nämlich an bairischen Rosenmontagen, wenn mancherorts Umzüge veranstaltet werden, gegen die eine Wiener Beerdigung eine Fetzn-Gaudi und der Auszug aus Ägypten eine heiter-vergnügte Landpartie ist. Daher ist auch nur schwer zu beurteilen, ob der Anteil von Faschingsmuffeln in Bayern heute so hoch ist, weil die Umzüge so traurig sind – oder umgekehrt. Was wiederum auch egal ist: Hauptsache trostlos! Das also ist der Karneval in Bayern, und selbst München mit seinem faschingsdienstäglichen »Tanz der Marktfrauen« auf dem Viktualienmarkt steht nicht wirklich im Verdacht, Rio de Janeiro oder Köln demnächst den Rang als Karnevalshochburg abzulaufen. Vor diesem Hintergrund ist es auch kein Wunder, dass Baierns größter Philosoph Karl Valentin an einem Rosenmontag verschieden ist, und der ewige Stenz Monaco Franze – als »Herr der sieben Meere« verkleidet – auf seinen heißgeliebten Hausball im »Donnersberger Hof« verzichten musste, weil der Wirt die Traditionswirtschaft kurz vorher in einen Schnellimbiss umgewandelt hatte. Immerhin war der Imbiss verziert mit ein paar Luftschlangen! Der Baier weiß eben, was er dem Fasching schuldig ist.

Zugegeben, ganz so traurig geht's nicht immer zu, irgendein Ball findet sich zur Not auch hierzulande in der narrischen Zeit. Der Monaco Franze flirtete und tanzte immerhin jede Nacht auf einem anderen Münchner Vorstadtvergnügen. Man kann also einem diesbezüglich interessierten Stenz auch heute nur uneingeschränkt und voller innerer Begeisterung zurufen: »Ja mei, wenn S' meinen, dann gehen S' halt hin, zum Fasching – in Gott's Nam'!« Erwarten S' aber keine rauschenden Atelierfeste, wie es sie zu Zeiten der Schwabinger Boheme gegeben hat. Die sind schon lang vorbei, denn der »wildeste, bewegteste und lustigste Fasching, dessen ich mich in meiner ganzen Münchener Zeit erinnere, war der letzte vor dem Kriege, im Februar 1914«, schreibt Erich Mühsam über die gute, alte Zeit. »Ich denke an ein Fest bei Körting, das vom Abend bis zum übernächsten Morgen dauerte – wir sprachen nachher von der Nacht vom Dienstag zum Donnerstag – und endlich mit einem Frühschoppen in einer noch nie betretenen Kneipe abgeschlossen wurde.«

Damals war der Fasching neben dem Oktoberfest noch Münchens zweite große Jahreszeit. Und für jeden anständigen Münchner Stenz war es eine Frage der Ehre, nicht nur die obligatorische Wiesnbraut, auf die wir noch zu sprechen kommen, sondern auch eine »Faschingsbraut« sein Eigen zu nennen. Der Anarchist Erich Mühsam wusste noch, was sich gehört: »Das nette Modell, das mir bei der Flasche Wein (...) Gesellschaft leistete, wurde meine erste Münchener Freundin, meine erste ›Faschingsbraut‹, wie solche Bekanntschaften in meinem engeren Freundeskreise hießen, wenn sie sich zu einer den Tag überdauernden Beziehung entwickelten.« In diesem Sinne also: Seien S' traditionsbewusst und gehen S' halt hin, zum Fasching! Irgendwer wird in Gottes Namen schon da sein.

Tipp 10: Mähen Sie den Rasen!

Man traut es sich ja fast nicht hinzuschreiben, aber: Gleichberechtigung schafft Probleme! Und zwar angeblich im Bett! Eine US-amerikanische Studie hat unlängst bestätigt, was zumindest bairische Macho-Stenze längst schon wussten. Paare mit klassischer Arbeitsteilung haben mehr Sex. Denn Männer, die sich um Garten, Geld und Auto kümmern, wirken offenbar attraktiver und haben daher im Schnitt 1,6 Mal so häufig Geschlechtsverkehr wie jene Kollegen, die daheim weiche, quasi unmännliche Aufgaben erledigen mussten – also Bügeln, Abspülen und solche Sachen. Gleichberechtigte Paare haben also mehr sexuelle Schwierigkeiten als jene mit klassischer Rollenaufteilung! Als Grund dafür wird ein Nachlassen von Lust und Leidenschaft genannt. Was natürlich nur eine klassische Symptombeschreibung ist. Die genaueren Ursachen sind offenbar nicht analysiert worden. So ist zum Beispiel nicht ganz auszuschließen, dass gleichberechtigte Frauen, die sich um Garten und Auto kümmern müssen, gern mal den Nachbarn um Hilfe bitten. Der erledigt dann auch gleich die anderen Jobs – bis aufs Bügeln und Abwaschen natürlich. Denn das macht ja schon ihr Ehemann. Okay, zugegeben, das ist jetzt nur eine Hypothese. Dennoch, an dieser Stelle der Rat an alle Stenze, egal ob für Heim- oder Auswärtsspiele: Mähen S' halt den Rasen! Wo auch immer. Dann ist der Rest aa scho a gmahde Wiesn! Apropos …

Tipp 11: A gmahde Wiesn!

Der folgende Ratschlag darf getrost als Klassiker unter den Stenz-Tipps gewertet werden. Er lautet: »Gehn S' auf's Ganze! Gehn S' auf d' Wiesn!«. Mehr muss dazu eigentlich nicht gesagt werden. Die Handlungsanweisung ist klar, die Trefferquote einigermaßen hoch. Alles andere ergibt sich von allein, zumindest wenn man nicht zimperlich ist. Denn auf dem Oktoberfest tummelt sich seit jeher die sogenannte Wiesnbraut, die unter erfahrenen Stenzen quasi immer als »gmahde Wiesn« gilt. Was so viel bedeutet wie – näheres Kennenlernen fällt in ihrem Fall besonders leicht! Auch wenn der Begriff »gmahde Wiesn« ursprünglich nichts mit der Oktoberfest-Wiesn zu tun hat, ergibt sich alljährlich aufs Neue zwischen beiden Begriffen jene enge, fast magische Verbindung, deren Ursprünge tief im Dunkel der menschlichen Seele verborgen liegen.

Ob's wohl am milden Licht des Münchner Spätsommers liegt, dass die Wiesnbraut jedes Jahr so ganz besonders wildromantisch wird? Oder an der einzigartig aparten Duftmischung aus Steckerlfisch und Zuckerwatte, türkischem Honig, Bierdunst und Männerschweiß? Man kann nur mutmaßen, was sich biochemisch im Inneren einer Wiesnbraut abspielt. Dass es sie aber schon seit mehr als 100 Jahren gibt, können wir den Tagebüchern des Schriftstellers Erich Mühsam entnehmen: Auf »der Oktoberwiese gewonnene Freundinnen«, die zu einer den Tag überdauernden Beziehung führten, »nannten wir ›Wiesenbräute‹«, schreibt der liebestolle Anarchist, ohne dabei genauer zu erläutern, was er unter »gewonnen« versteht. Gewonnen im Sinne von Hauptgewinn? Oder mehr als Trostpreis? Beim Losen? Oder beim Schießen? Oder beim Lukas-Hauen? Oder meint er einen Gewinn ganz anderer Art? Etwa an Lebenserfahrung? Wie auch immer, die Wiesn ist stets Schauplatz mehr oder minder romantischer Liebesgeschichten, in denen die Wiesnbraut eine zentrale Rolle spielt.

Eng umschlungen sitzt zum Beispiel der Monaco Franze mit der Elli zu Füßen der Bavaria, als sie anfängt, in Erinnerungen zu schwelgen: »Da sind wir gesessen, und unter uns war das Oktoberfest mit seine tausend Lichter, und gerochen hat's so rauchig nach Steckerlfisch und Brathendl, und du hast mir ein rotes Herzl gekauft in einem Cellophan und eine Zuckerwatte ... und dann hast du mich geküßt, und ich war überall ganz verpappt von dera Zuckerwatte. Weißt des noch, Franze?« Streng genommen war die Elli natürlich keine Wiesnbraut, weil der Monaco sie ja nicht auf dem Oktoberfest, sondern ganz woanders aufgegabelt hat. Sie hätte aber leicht eine sein können. Ein bisserl Hascherl, ein bisserl Haserl – ein wenig naiv, dazu durchaus attraktiv, stets bereit, sich im Taumel der Karusselle vollends zu verlieren und über all die Maßen unwahrscheinlich berechnend-romantisch.

Nicht umsonst wird vor der Wiesnbraut schon immer gewarnt: »Gefährlich ist die Wiesnmaid, / Wenn sie nach einem Opfer schreit. / Der, den sie sich hat auserkoren, / der arme Tropf, er ist verloren«, heißt es schon bei Heinrich Scheiber über das Oktoberfest des Jahres 1911. Es dürfte sich dahingehend nicht viel geändert haben, der bunte Reigen geht stets weiter. In Ödön von Horvaths Oktoberfestklassiker *Kasimir und Karoline*, der ursprünglich »Achterbahn und Wiesnbraut« heißen sollte, lautet das Motto daher treffend: »Und die Liebe höret nimmer auf.« Immer munter im Kreis, wie auf der Achterbahn; und am besten wäre das ganze Jahr über Wiesn; ein endloses Rauschen und Tönen der Fahrgeschäfte, ein grell-buntes Leuchten und Blinken der Standl-Lichter; und gar ewiglich dreht sich der Spinnkopf der Zuckerwattemaschine und webt sein duftendes, amorphes Traumgespinst – aus fünf Gramm Haushaltszucker. Solche Profanitäten stören die Wiesnbraut nicht im Mindesten, denn sie will nichts hören vom tristen Alltag, sondern einfach nur glücklich und lustig sein. »Die Wiesenbraut«, schreibt Ödön von Horvath, »verlässt die Ihren, verlässt ihr Milljöh – geht mit Herren, die sie nicht kennt, interessiert sich wenig für den Charakter, mehr für die Vergnügungen.« Was freilich manchmal zu Verwerfungen, Verwicklungen und Enttäuschungen führt, wie in Horvaths Theaterstück, in dem sich der frustrierte Kasimir in misogyne Fantasien flüchtet und flucht: »Überhaupt sind alle Weiber minderwertige Subjekte – Anwesende natürlich ausgenommen. Sie verkaufen ihre Seele und verraten in diesem speziellen Falle mich wegen einer Achterbahn.«

»Hauptsache nicht in die Achterbahn!« antwortete übrigens Alt-Playboy Rolf Eden, als er 2012 von einer Münchner Boulevardzeitung gefragt wurde, wohin man auf der Wiesn am besten Bräute »abschleppt«. Ob er wohl Horvath gelesen hat? Jedenfalls empfiehlt Senior-Stenz Eden den heutigen Männern, auf der Wiesn Tracht zu tragen und stets »einen flotten Spruch« parat zu haben. Zum Beispiel: »Fräulein, sind Sie vergeben? Nein? Das ist die beste Nachricht des Jahrhunderts.« Oder: »Du siehst so gut aus, ich fall gleich in Ohnmacht.« Letzteres wirft bei genauer Betrachtung medizinische und logische Probleme auf: Eden sagt, der Spruch wirke nur, wenn er ernst gemeint ist. Ist er aber wirklich ernst gemeint, fällt der Stenz demnächst in Ohnmacht. Was soll dann bitte noch klappen? Eine Mund-zu-Mund-Beatmung? Oder der Defibrillator als Sexspielzeug? Oder bleibt der jungen Dame nur mehr der Flirt mit dem Rettungssanitäter – sozusagen »Jenseits von Eden«?

Noch schlimmer, ja richtig gefährlich, können sich Wiesn-Ohnmachten oder Besinnungslosigkeiten für weibliche Wiesnbesucher auswirken. Es ist daher kein Wunder, dass es seit einigen Jahren einen sogenannten Security Point gibt, der als Anlaufstelle für Mädchen und Frauen dient, die auf der Wiesn in Not geraten sind. Ganz bestimmte Nöte können freilich auch dort nicht kuriert werden. Jene etwa, die Oskar Maria Graf in seinem *Bayrischen Dekameron* der bauernschlauen Zenzl in die Feder diktiert. Zenzl berichtet nämlich ihrer »liebsten Teres« von einem Wiesnbesuch, der in eine Schwangerschaft mündet, »weil ein jedes Mannsbuid ein Saubär ist«. Ein ganz besonderer »Dreckbär« sei jedoch der Wiggl, mit dem die Zenzl seinerzeit nach München zum Oktoberfest hineingeradelt ist, und der sie dann auf allerlei Getränke eingeladen, schließlich aber sitzen gelassen habe; und jetzt nicht einmal den Kindsvater machen möcht'. Deshalb ist der Wiggl auch schuld an dem ganzen Malheur, sagt die Zenz! Als er nämlich weggegangen ist, sei kurz danach ein Städter dahergekommen, habe das Schmusen angefangen und ihr das Karussellfahren versprochen. In der Diktion der teil-alphabetisierten Wiesnbraut Zenzi liest sich das so: »Liebste Theres, jetzt muß ich Dir aber schreiben, daß jedes Mannsbild ein Saubär ist, weil mich der Städter gar nicht Karussell fahren hat lassen. Sondern es ist dunkel gewesen und wie wir bei der Fischer-Vroni draußen gewesen sind, hat er mich hinter das Gebüsch gezogen und, sagt er, wenn ich schreie, laßt er mich stehen. Er hat mir den Rock aufgehoben und hat mich fest gepackt und jetzt, sagt er, kommt das Schönste, ich muß aber mein Maul halten. Er fährt nachher Karussell mit mir, sagt er, der Saukerl, und jetzt bin ich in der Hoffnung, weil der Wiggl den Vater nicht mehr machen möchte.«

Vielleicht dient ja das jüngst erfundene »Flirt-Bierfilzl« dazu, solche Verirrungen künftig zu vermeiden? Auf so einem Deckel kann man nämlich sein Kreuzchen machen (vorausgesetzt man kann es noch!). Zur Auswahl stehen: »Zu Dir?«, »Zu Mir?« oder »Lieber no a Bier?« Und auf der Rückseite ist Platz für Namen, Telefonnummern, Körbchengrößen und so weiter!

Ob diese bahnbrechende Erfindung künftig alle Scheidungsanwälte Bayerns in den Ruin treibt, muss man erst noch sehen. Schließlich kann ja nicht ganz ausgeschlossen werden, dass unserem Wiesn-Stenz am Day after nicht doch fünf oder sechs ausgefüllte Flirt-Filzl aus seiner Lederhosn fallen. Das gäb dann wohl schon wieder ein bisserl was zu tun für den Herrn Advokaten!

Tipp 12: Siegen lernen heißt verlieren lernen!

Haben Sie sich auch schon manchmal gefragt, wie bestimmte Männer überhaupt zu einer Frau gekommen sind? Wie zum Beispiel so ein Monaco Franze mit seinem einfältigen »Spatzl, schau wie I schau«-Gschau eine so adrette und stattliche Annette von Soettingen begeistern konnte? Die Antwort ist einfach. Manchmal hat eben der Verlierer das Glück bei den Frauen. Nehmen wir als Beispiel den Atlantikkärpfling. Dessen Weibchen stehen eigentlich auf große, starke Männchen. Wenn sie diese aber bei einem siegreichen Kampf beobachtet haben, entscheiden sie sich lieber für das Verlierermännchen. Das haben Frankfurter Biologen kürzlich herausgefunden. Na, kein Wunder, könnte man einwenden – an deren Stelle würde ich das auch rausfinden, damit im Frankfurter Haifischbecken der Banker und Börsianer auch für einen kleinen, schlecht bezahlten Fischerlzähler mal was warmes Blondes hängenbleibt. Aber nein, das wäre natürlich unwissenschaftlich und obendrein unfair! Die Frankfurter Biologen erklären das Verhalten bei den Atlantikkärpflingen damit, dass Männchen nach einem gerade gewonnenen Kampf die Weibchen stärker sexuell bedrängen. Was diese aber nicht immer mögen. Weshalb dann eben die Maxime gilt: The loser takes it all! Und wer jetzt den Einwand bringt, diese Theorie stehe in krassem Gegensatz zu Stenz-Tipp Nummer sechs (der mit der Lederjacke!), dem sei gesagt: Jawohl, so isses! Nicht jeder Tag ist gleich. Und die Natur lässt sich halt nicht festnageln – schon gleich gar nicht die weibliche!

Tipp 13: Maaama! Oder: Stenze brauchen Schutzengel

Der Stenz verkörpert das ewige Prinzip von Jagd, Bewegung, Spontaneität, Abenteuer und innerer Unruhe. Als Gegengewicht dazu braucht er stets Hegung, Häuslichkeit, Kontinuität und Ruhe. Erst im Spannungsfeld dieser beiden Extreme kann der Stenz seinen vollen spitzbübischen Charme und seine erotische Ausstrahlung entfalten. Fällt das Prinzip des Weiblichen und des Bemutternden weg, stürzt der Stenz unter Umständen sogar ins Bodenlose. »I mog zu Dir, mi frierts!«, winselt der Tscharlie aus den Münchner Geschichten zum Fenster seiner Susi hinauf. Und der Monaco Franze verkommt in der letzten Episode ohne sein Spatzl sogar fast zum Penner. Denn keiner hat die treu sorgende Frau an seiner Seite nötiger als der Stenz. Sie kann leidenschaftliche Geliebte, bemutternde Freundin oder erziehende Ehefrau sein; sie kann aber auch – was in Machokulturen des Südens nicht selten ist – als alles bestimmende Übermamma den Weg des Stenzes schon in frühen Jahren quasi programmiert haben. Und somit viele lange Jahre mitbestimmen.

Ein wunderbares Beispiel für eine enge Mutter-Stenz-Bindung bietet der damals fast noch junge Liedermacher Konstantin Wecker – jener Inbegriff des bairisch-soften Macho-Poeten-Stenzes –, der 1987 als 40-Jähriger einem österreichischen Fernsehteam ein Interview gibt, in dem auch seine Mutter Dorothea Wecker zu Wort kommt. Gefragt, ob sie mit einer Schwiegertochter einverstanden wäre, behauptet die sympathische, recht resolut wirkende Frau Wecker: »Ich wäre glücklich, schon deshalb, weil ich weiß, er kann nicht allein sein, er braucht was Warmes-Weiches. Aber das Warme-Weiche allein reicht ihm nicht für alles andere, und die Aushäusigkeit ist bei ihm so drin, dass man nur hoffen kann, dass es mal in zehn Jahren besser wird. Aber so was nimmt nur eine Frau hin – oder kann's verkraften oder verarbeiten –, die Persönlichkeit hat und gscheid ist und ihn liebt. So was wird's doch in Gottes Namen bei den etwas älteren Semestern, sagen wir zwischen 30 und 40 geben.«

Mit weiblich-mütterlicher Weisheit beschreibt Frau Wecker die Dichotomie vom »Warmen-Weichen« und der »Aushäusigkeit«, jene Achse also, um die sich das Universum des Stenzes unaufhörlich und mit eherner Notwendigkeit zu drehen scheint. Unwidersprochen bleiben ihre Sätze freilich nicht. Sohn Konstantin zeichnet nämlich ein etwas anderes Bild der Frau Mama, indem er liebevoll und keineswegs respektlos erwidert: »Ach, das ist doch alles Quatsch, was sie sagt. Sie wünscht sich überhaupt keine Frau. Auf die Dauer ging das nie gut. Es gibt nur eine Frau an meiner Seite und das ist meine Mutter. (lacht) Und da gibt's nichts dran zu rütteln, sie ist eben eine Mutter, und eine Übermutter irgendwo. Zu dem Ganzen ist sie sehr fair und sehr nett zu den jeweiligen Partnerinnen und Lieben, die ich hab, und bemüht sich wirklich auch, ihnen gerecht zu werden.«

Und so kommen und gehen sie also, die Geliebten, ziehen vorüber wie die Wölkchen am Himmel; nur die Mama, die bleibt gleich, und das ist auch gut so, denn mit der Übermutter im Rücken kann so ein Poetry-Stenz gar nicht übel leben, lieben und reimen: »Ich traf Dich gestern Nacht in Deinen Zwischenräumen/und hatte etwas Zeit, sie auszufüllen./Du konntest währenddessen von der großen Liebe träumen, / ich war darauf bedacht, Dich zu enthüllen.«

Nun kennen wir das lyrische Du in jenem Song nicht gut genug, um beurteilen zu können, ob sich die Enthüllung gelohnt hat. Was auch egal ist, weil so ein Dichter von Welt selbstverständlich nie nur so enthüllt, sondern stets im Dienste der Aufklärung, was in der letzten Strophe ja nicht nur der Leser erfährt, sondern auch die im Lied enthüllte Geliebte, die sich offenbar zunächst etwas uneinsichtig zeigte, weshalb ihr erklärt werden muss: »Du siehst, man kann auch ohne Traumprinz lieben. / Du gibst Dich Dir, sonst nichts, und ohne Angst / siehst Du Dich einig werden mit den Trieben, / und Du erkennst, daß Du Jahrhunderte bezwangst.«

Ja was will sie denn noch mehr, möchte man fast empört aufschreien und für den großen Ent-Zauberer-Dichter eine Lanze brechen. Soll es doch froh sein, das Drudscherl, dass sie sich sich selbst hingeben und mit den Trieben einig werden durfte. Mehr gibt's nicht! Punkt! Und Servus!

Womit wir beim Kern dieses zwölften Stenz-Tipps wären: Verkaufen Sie ihr Stenztum immer als gute, altruistische Tat! Sie erobern nämlich stets selbstlos! Für den Fortschritt! Für die Freiheit! Und über die Jahrhunderte hinweg! Im Dienste der Menschheit! Sollten Sie mit dieser Masche einmal nicht durchdringen, weil die eben enthüllte Dame sich auch nach der »Enthüllung« immer noch nicht von der bürgerlichen Idee des Traumprinzen verabschieden kann, dann sagen Sie's mit Tscharli Häusler aus den Münchner Geschichten: »Wissens, I bin a Problemkind. I brauch sehr viel Liebe!« Dann machen Sie eine bedeutungsschwangere Pause, um nach drei, vier Sekunden hinzuzufügen: »Aber leider leid' ich unter Bindungsangst.« Sie sollten in dieser Situation psychologisch sehr geschickt vorgehen, indem Sie den großen Stenz-Poeten Konstantin Wecker zitieren, der im Interview 1987 klug und glaubwürdig von sich und wohl allen Stenzen sagte: »So eine starke Mutterbeziehung wird immer eine leicht gestörte Beziehung des Einzelsohnes zu den Frauen mit sich bringen. Wenn man so viel Liebe mitbekommen hat, sucht man diese starke Liebe immer wieder, und ist enttäuscht, dass es das nicht noch einmal gibt.« Na also, wer sagt es denn; er kann ja praktisch gar nicht anders als immer weiterzuwandern, von einer Geliebten zur andern, oder? Außer, er trifft doch jenen anderen Schutzengel, der ihm den rechten Weg weist. Bei Wecker war es vielleicht die 27 Jahre jüngere Ehefrau, mit der er 17 Jahre verheiratet war, bevor er 2013 das Ende der Ehe verkündete. Anerkennend sagt der Liedermacher: »Sie ist eine radikale Feministin, eine starke, selbständige Frau geworden und schon lange nicht mehr das Mädchen, das ich geheiratet hatte.« Da staunt der Stenz a.D. und fügt leise hinzu: »Gut so!«

Tipp 14: Cool aus dem Hintergrund!

Wenn es stimmt, was manche Forscher sagen, dass nämlich der Mensch im Laufe der Evolution keineswegs immer cleverer wird, sondern in Wirklichkeit immer depperter, dann würde das für unseren von der Zivilisation in seiner Intelligenz noch nicht vollends geschwächten Stenz bedeuten, dass er sich auf den scharfen Verstand und die klugen Strategien seiner Vorfahren besinnt; auf jene Tugenden also, mit denen unsere Altvorderen fast die ganze Erde erobert haben. Und selbstverständlich auch die darauf lebenden Weibchen.

Für den bairischen Stenz der Jetztzeit heißt das: Er wird sich wie der Jäger der Vorzeit erst einmal dezent im Hintergrund halten und zunächst all die wild vor sich hin fuchtelnden Clowns vorlassen, bis die sich genügend abgestrampelt haben und erste Ermüdungserscheinungen zeigen. Oder bis die Dame genervt um Hilfe ruft! Dann erst tritt der kluge Stenz in Erscheinung. Ganz cool, wie ein Jäger des Mesolithikums, spannt er seinen Bogen und weiß genau, wann er schießen muss! Der Stenz verhält sich also in gewisser Weise wie jener Bildhauer in der Erzählung *Münchener Frühling* des Wiener Humoristen und Schriftstellers Alexander Roda Roda, der lange an der Isar lebte. Sie geht – kurz zusammengefasst – so:

Eines Abends, zur Zeit des Maibocks, schlendert eine hübsche junge Dame in der Abenddämmerung durch die Stadt, als sich ihr ein Unbekannter – von Frühling und kräftigen heimischen Getränken entfesselt – auf unziemliche Weise nähert, worauf sich das Fräulein schreiend wehrt. Aus dem Hintergrund tritt plötzlich der Bildhauer Lehr, der ebenfalls ein Auge auf die junge Dame geworfen hat. Er vertreibt den Fremden mit »der robusten Bildhauerpranke« und dem »Ungestüm des Künstlers«. Freilich tut er das nicht aus selbstloser Menschenliebe! Denn auch der Bildhauer hat im Wesentlichen nichts anderes im Sinn als sein Vorgänger. Nach kurzer Werbung küsst er das verdutzte Mädchen: »Herr, ich dachte, Sie sind ein Kavalier?«, stottert die junge Frau. Worauf der robuste Stenz erwidert: »Na, a Kavalier, des war der andere. I bin Bildhauer.«

Und was lernt der Stenz von heute aus dieser – zugegeben etwas archaischen – Geschichte? Hoffentlich nichts. Zumindest was die aufdringliche und übergriffige Art der Herren angeht. Aber eines vielleicht doch: Erfolgreiche Abräumer bleiben lieber im Hintergrund, sie meiden die erste Reihe, ganz nach dem Motto: Aus der zweiten trifft man besser!

Tipp 15: No-Gos oder: Wie der Stenz besser nicht auftreten sollte!

Jedes Stenz-Zeitalter hat seine spezifischen Vorlieben; aber Schönheitsideale ändern sich bekanntlich ständig. Es hat daher wenig Sinn, ihnen hinterherzulaufen; Kleidung, Schuhwerk oder Barttracht unterliegen Moden und sind obendrein auch noch dem individuellen Geschmack verpflichtet. Selbst bei der Figur eines Mannes gehen die Meinungen der Damenwelt oft so weit auseinander, dass eine allzu schnelle Anpassung des Gewichts allenfalls der Gesundheit des Stenzes schaden würde. Wo die eine nämlich schon George Clooney für einen »rausgfressenen Wampen-Bene« hält – also für einen übergewichtigen Fettsack –, betrachtet die andere jedes männliche Wesen unter 100 Kilogramm als »windiges Grischbal« – einen fehlernährten, leptosomen Schwächling also. Alles ist Geschmackssache! Machen Sie sich über solche Äußerlichkeiten daher lieber keine Gedanken! Sie würden nur ihren selbstsicheren Auftritt als Stenz beeinträchtigen. Denn merke: Frauen sind Realistinnen, sie suchen keinen Supermann! Und wenn doch? Dann lieber Finger weg! Die Gute hat vom Leben keine Ahnung oder schlimmstenfalls einen an der Klatsche!

Dennoch gibt es ein paar äußerliche Dinge, die der angehende Stenz unbedingt beachten respektive vermeiden sollte, wenn er irgendwann in absehbarer Zeit zum Zug kommen will.

Stets einzuhalten sind die fundamentalen Grundregeln der Hygiene und Körperpflege. Ein »rasselnder Ramme« zum Beispiel, also ein streng riechender, ungehobelter und ungepflegter Mann, dem noch hart getrockneter Nasenschleim oder Speisereste vom Vormonat traurig in seinem Dreizehn-Tage-Bart herumhängen, sendet mit seinen Ausdünstungen olfaktorische und ästhetische Signale, die von Frauen in der Regel nicht als »geheimnisvoller Duft der Verführung« gedeutet werden. Und wenn doch? Dann ist besondere Vorsicht geboten! Der berühmte Coco-Chanel-Satz »Das Allermenschlichste ist der Geruch« würde mit seiner ganz besonderen (Duft-)Note wohl zu Recht in der Kategorie »Fetisch« abgelegt werden müssen.

Verloren hat ein Stenz in der Regel immer auch dann, wenn er sich beim ersten Rendezvous als »Dapperer« erweist; ein »Dapperer« ist im Bairischen ein Mann, der seine Griffel nicht unter Kontrolle hat und Frauen antappt, also antatscht. Daher gilt unbedingt: Finger weg! Außer sie mag es! Freilich, das wiederum muss man dann auch mögen!

Der Stenz sollte keinesfalls beim ersten Date als »Wuisla« auftreten, indem er zum Beispiel dauernd darüber lamentiert, wie gemein seine Ex zu ihm war. Meist beginnen solche Trauerspiele ja mit Sätzen wie »Wir haben uns einvernehmlich getrennt und sind weiterhin gute Freunde«. Schnell aber verselbständigen sie sich und heraus kommt unter Umständen ein Satz wie »In Wahrheit war die Alte eine ganz eine räudige Saumatz, eine hinterfotzige!« Solche Ausdrücke kommen bei der Neuen nur selten gut an, vielmehr drücken sie auf die Stimmung beim ersten Rendezvous. Im Falle eines Traumas sollte man also am besten gar nicht viel über früher reden. Übrigens, auch allzu positive Bemerkungen über ehemalige Bekanntschaften (»Ja mei, de Chantal, gell, des war vielleicht ein scharfes Luder, ja da varreck, des sag i da!«) könnten den Eindruck erwecken, dass der Stenz nur ein billiger Aufreißer oder ein unverbesserlicher Berufsjugendlicher mit pubertärer Großmannssucht ist. Kommt in der Regel auch ganz schlecht!

Vielmehr hat der Stenz einer Frau gegenüber stets den Eindruck zu vermitteln, als sei sie die Einzige! Am besten, er sagt ihr, dass er gar keine anderen Frauen kenne – außer ihrer Mutter! Äh, Schmarrn, außer »seiner Mutter« muss es natürlich heißen.

Über die spricht der Stenz selbstverständlich stets in höchsten Tönen, aber halt wenig. Genauer gesagt nur einmal, nämlich in diesem einen Zusammenhang: Ansonsten würde er sich als Muttersöhnchen outen!

Schlechte Karten hat freilich auch der allzu »diplomatische Frauenversteher«, der beim ersten Treffen mit Sätzen wie diesem daherkommt: »Ich würde mit meiner Partnerin gern ergebnisoffen diskutieren können und von ihr auch auf eigene Ungereimtheiten hingewiesen werden wollen.« In der Regel wird die Dame jetzt relativ »ergebnisgeschlossen« aufstehen und gehen. Wenn nicht, dann sollten Sie es tun. Mit solchen Frauen will ein anständiger Stenz nämlich nichts zu tun haben. Er verwendet solche Sätze daher auch als Testballons, um sicherzugehen, dass seine neue Bekanntschaft kein hysterisches Drudscherl mit Psychofimmel ist.

In jedem Fall aber sollte der Stenz beim ersten Treffen stets den Eindruck vermeiden, er sei ein Geizkragen. Kommt er ihr mit Sätzen wie »Eine Beziehung muss immer wieder neu ausgehandelt werden«, um dann die Restaurantrechnung genauestens aufzudröseln, wird er wohl bald wieder allein essen gehen. Dann kann er aber auch gleich sie zahlen lassen, mit den Worten: »Mir ist persönliches Wachstum wichtiger als materielle Werte.« Und ciao, Baby!

Tipp 16: Die Kunst des Speanzlns

»Und da hamm mir a Gart'nfest g'habt, und da hat oana mit meiner Dame 's Speanzeln o'g'fangt … dem hab I aa zoagt, wo da Bartl an Most hoit« – so steht es in Ludwig Thomas Kleinstadtgeschichten, die den Titel *Nachbarsleute* tragen. Das Speanzeln ist im bairisch-österreichischen Wörterbuch aufgeführt mit »(verstohlen) blicken«. Aber es ist natürlich mehr als das. Speanzeln, das ist jener Blick mit dem besonderen Etwas! Jener »Schau mir in die Augen, Kleines«-Blick, der in Baiern noch nie nicht keinen Humphrey Bogart gebraucht hat, weil wir ihn hier in seiner »Schau wia i schau«-Variante schon lange vor dem legendären Monaco Franze praktiziert haben.

Speanzeln ist also die spezifisch bairische Form des Anbandelns – mit den Augen! Nicht mit den Pratzen, das macht nur der oben erwähnte Dapperer (bei dem bekanntlich gern und schnell einmal der Blitz einschlägt!) Speanzeln ist feiner, ist eher das, was man Neudeutsch auch einen Flirt nennen würde. Aber natürlich ist es im Süden um einiges vielschichtiger, feuriger und vor allem auch gefährlicher, wie das oben genannte Thoma-Zitat belegt. Denn der bei Thoma erwähnte Wegweiser zu Bartls Mostlager sollte in Baiern keineswegs missverstanden werden als eine freundlich gemeinte Einladung auf ein Erfrischungsgetränk; im Gegenteil. Wie unberechenbar das Speanzeln werden kann, zeigt sich aber vor allem, wenn man eine fremde anspeanzelt, während die eigene zuschaut – gemeint sind Frauen! Das sollte man tunlichst unterlassen. Es zementiert ja nur alte Vorurteile und das muss doch nicht sein! Denn dass Männer allesamt selbstverliebte, eitle, egozentrische, rücksichtslose und untreue Saubären sind, wissen die Frauen selber und zwar schon seit Langem. »Mann« muss es ihnen nicht auch noch eigens vor Augen führen.

Sollten Sie als Stenz bei der Stanz aber dennoch einmal erwischt worden sein, bringen Sie die Rede einfach auf die guten Seiten des Mannes! Was? Es fällt Ihnen grad nichts ein? Naja, okay, man muss auch mal schweigen können. Vor allem in so prekären Situationen. Entscheidend ist dabei allerdings, dass man nicht blinzelt. Das merken die Frauen sofort! Australische

Forscher haben kürzlich herausgefunden, dass Frauen die Untreue besonders gut im Gesicht eines Mannes erkennen können. Im Antlitz fremder Menschen, die sie nur drei Sekunden lang betrachten konnten, mussten die Testpersonen beurteilen, ob es sich um eine treue Person handelt oder nicht. Frauen schätzten ihr Gegenüber in nur 38 Prozent der Fälle falsch ein, während Männer in 77 Prozent der Fälle danebenlagen.

Ein ertappter Stenz ist also gut beraten, dem Blick der prüfenden Weiblichkeit gegebenenfalls auszuweichen. Aber bitte auch das nicht allzu offensichtlich! Es würde ebenfalls auffallen. Eine echte Gratwanderung, scheinbar ohne Ausweg! Und doch gibt es den Hauch einer Hoffnung: Die erwähnten australischen Forscher haben nämlich auch nachweisen können, dass attraktive Menschen grundsätzlich für vertrauenswürdiger gehalten werden als die weniger feschen Burschen. Für Letztere gibt es zum Trost aber andere Mittel und Wege, die Damenwelt für sich einzunehmen, wie das folgende Kapitel zeigt.

Tipp 17: Lernen Sie kochen! Oder tun Sie wenigstens so!

Dass Frauen nicht allzu sehr auf Äußerlichkeiten fixiert sind, darauf spekulierte vermutlich der nicht mehr ganz junge, aber durchaus selbstbewusste Herr, der an einem sonnigen Samstagmorgen im Herbst bei einer bayerischen Volkshochschule einen eintägigen Kochkurs mit dem Titel »Wiener Mehlspeisen« antrat – und zwar mit wohlüberlegter und wohldosierter Verspätung. Die Vorstellungsrunde war gerade bei der letzten Teilnehmerin angelangt, als der Neuling mit breiter Brust den Kursraum eroberte und kurz darauf die Gelegenheit zum Selbstdarstellungssolo aufs Trefflichste und mit Bravour zu nutzen verstand, indem er mit kräftiger Stimme coram publico von sich sagte: »Servus beinand, ich bin der Mani, ich kann zwar gar nicht kochen, aber ich mach' jetzt hier die Wiener Mehlspeisen, weil mich meine Schwester angemeldet hat. Sie hat nämlich gemeint, da sind viele Frauen dabei. Da findst Dir dann schon eine.« Nach einer wiederum recht wohldosierten Pause fügte Herr Mani dann fast wie beiläufig hinzu: »Wissen S', ich bin nämlich frisch geschieden!« So etwas nennt man wohl Anmache mit Ansage.

Für einen gar nicht so kurzen Augenblick herrschte eine Stille im Raum, dass man eine warmweiche Dukatenbuchtel am Boden der Lehrküche hätte landen hören können – wäre sie denn schon gebacken gewesen und anschließend auch noch vom Tisch gekugelt. Beides war nicht der Fall. Und dass die Herzen der angehenden Mehlspeisengöttinnen bereits vernehmbar im Dreivierteltakt schlugen, war äußerlich ebenfalls nicht feststellbar. Rückblickend lässt sich auch leider nicht mehr rekonstruieren, in welcher der fünf Kochgruppen – Wiener Wäschermäderln, Schlosserbuben, Polsterzipferln, Powidl-Datschkerln oder Dukatenbuchteln mit Kanarisoße – unser Herr Mani letztlich Unterschlupf gefunden hat. Auch entzieht sich unserer Kenntnis, ob der staubgezuckerten Verführung (bitte in Wien übrigens nie vom »Puderzucker« sprechen, weil »pudern« dort etwas ganz anderes bedeutet!) – ob also dieser süßen Verführung zu ungeahnten Gaumenfreuden noch weitere, andersgeartete, eventuell noch viel süßere, also quasi puderzuckrige, folgen sollten. Tatsache ist nur: Herr Mani war an jenem Samstag der absolute Sieger, auch wenn seine Datschkerln eher für Squashturniere taugen und nicht zum menschlichen Verzehr geeignet sein mochten! Als Stenz hatte er jedenfalls einen Preis verdient, der Herr Mani, denn er hat sich – wie man im Bairischen sagen würde –

nix gschissen. Er hat keine unnötigen Selbstzweifel aufkommen lassen, sondern die Sache unverdrossen angepackt. Genau deshalb sei allen angehenden Stenzen geraten: Macht's es wie der Mani! Lernt's kochen! Denn wer kocht, kocht bald auch ein! Und das Einkochen ist ja bekanntlich die Königsdisziplin in der uralten Stenz-Kunst!

Freilich kann nicht jeder kreative Küchen-Stenz beim Einkochen gleich mit veritablen Polsterzipferln rangehen oder die Dukatenbuchteln seiner Liebsten mit Kanarisoße beträufeln – manchmal muss es halt auch schnell und einfach gehen. Die Krautwickerl auf neapolitanische Art, wie sie der Monaco Franze gern gemacht hat, haben sich bekanntlich nicht bewährt – selbst wenn sie keinen Zimmerbrand verursachen, riechen tun's immer so. Und das mag nicht jede Frau. Eine gute Alternative dazu ist das gemeinsame Abendessen im Restaurant. So was kann heftige Gefühle auslösen. Allerdings nicht nur positive und nicht nur bei den Essenden! So haben Forscher herausgefunden, dass bei Testpersonen die stärkste Eifersucht durch eine gemeinsame Mahlzeit des Partners mit seiner Ex verursacht wurde.

Über den Einsatz von Nahrungsmitteln aller Art wurde im Zusammenhang mit der Stanz in diesem Buch ja schon Einiges berichtet. Eine Idee ganz besonderer Art hält die Welt der Biologie für den Stenz parat, denn: »Vom Zwergdrachenflosser lernen heißt jagen lernen!« Die Männchen dieser tropischen Fischart locken nämlich die Weibchen, indem sie diesen ein Anhängsel am Kopf präsentieren, das wie Nahrung ausschaut – und während die Dame also gerade ansetzt zur Brotzeit, da fängt er prompt an, sie zu begatten. Naja, muss man natürlich auch mögen, so mitten unterm Essen. Aber mei, liebe Stenze, Sie müssen ja diese Fischgeschichte nicht gleich eins zu eins als Handlungsanweisung deuten. Nehmen Sie's halt mehr symbolisch. Also bitte keine Schweinshaxe oder ähnliches um den Kopf binden! Und keine Nahrungsimitate verwenden! Wir wollen an dieser Stelle zwar nicht vorgreifen, aber vermutlich würden Sie mit einem Gummihendl am Schädel nicht ans Ziel ihrer erotischen Träume kommen. Dann doch lieber via Essens-Einladung! Ach ja, und noch was: Lassen Sie die Dame bittschön erst fertigessen, bevor Sie noch am Tisch … naja, Sie wissen schon – der Mensch ist halt kein Zwergdrachenflosser!

Tipp 18: Der Effizienz-Stenz oder Fensterln 2.0

Von der schönen Kunst des Kammerfensterlns ist in diesem Buch bereits an mehreren Stellen die Rede gewesen. Und auch davon, dass es in Zeiten der Hochhäuser und der Fenstersicherungen nicht unbedingt einfacher geworden ist, wieder unbeschadet festen Boden unter die Füße zu bekommen. Vor allem dann nicht, wenn gleich mehrere Bewerber mit mehreren Leitern an einer einzigen Fassade eines 19. Stocks irgendwo in München-Neuperlach herumkratzen und -kraxeln. Da liegt dann schnell mal einer in der Grünanlage neben dem Müllcontainer-Areal und blutet leise vor sich hin; und nur der liebe Gott weiß, wann der Hausmeister mit seinem Laubbläser wieder einmal vorbeikommt.

Nur gut, dass die Möglichkeiten, Frauen kennenzulernen, für den Stenz von heute etwas zahlreicher geworden sind. Und ungefährlicher. Eine super Gelegenheit zum Anbandeln bietet ja das Speed-Dating – sieben Männer, sieben Frauen, sieben Minuten Zeit zum Kennenlernen … und gleich weiter zur nächsten! Unverbindlich, anonym und mit Geld-zurück-Garantie! Mehr Dates in kürzester Zeit sind kaum möglich – eine feine

Erweiterung des Jagdgebietes für den Time-Management-geprooften Effizienz-Stenz, der auch noch ein wenig Sinn für Tradition und Werte hat. Denn im Prinzip ist Speed-Dating ja die zeitgemäße Form der altehrwürdigen Kulturtechnik des Kammerfensterlns.

Dieses Fensterln 2.0 oder Virtual Windowing – wie der Amerikaner sagen würde, wenn es ihm angesichts solch atemberaubender bairischer Traditionen nicht die Sprache verschlüge – ist also ein moderner Reigentanz, bei dem man immer noch ganz wunderbar miterleben kann, wie die Burschen einer nach dem andern gnadenlos abblitzen und quasi von der Leiter fallen – symbolisch, versteht sich. Die Flirt- und Aufriss-Tricks für den gewieften Stenz bleiben jedoch ähnlich: Er kann singen, er kann jodeln, kann erotisch-satirische Reime, sogenannte Gasslreime, zum Besten geben. Er kann speanzeln und Gspassetln machen. Oder schaun wie ein Lamperl, wenn's blitzt (also ein Jungschaf bei Gewitter): Alles ist wie seinerzeit! Und mal ganz ehrlich: Recht viel mehr als sieben Minuten pro Kammerfenster hatte man doch früher in der Regel auch nicht! Oder? Na also! Reicht doch auch.

Tipp 19: Stenz sucht Zenz – der Kontakt und seine Anzeige im Wandel der Zeit

Lassen Sie sich doch einfach mal vermitteln! Das geht schnell und ist nicht schwer. Ein paar Zeilen reichen: Je vager der Text, desto mehr Antworten bekommen sie, und desto größer wird die Trefferquote sein. Wahrscheinlich. Mit »Stenz sucht Zenz« wären Sie tendenziell schon auf Erfolgskurs. Also, worauf warten? Solch professionelle Menschenvermittlung hat in Bayern übrigens eine lange Tradition. Vor allem in mündlicher Form, von Stalltür zu Stalltür. Denn der sogenannte Schmuser war es, der in der Regel dann ein Dinggeld bekam, wenn er dem Bauern einen Knecht oder eine Dirn zubrachte. Meist waren solche Dienstbotenvermittler obendrein noch Viehhändler, die bei Bedarf auch Hochzeiter und Hochzeiterinnen liefern konnten. Vom Fleckvieh über die Mitterdirn bis zur Ehegattin – alles wurde frei Haus geliefert! Natürlich nur gegen Bezahlung – versteht sich. So mancher »freute sich an dem schönen Eheglück, das ihm der eifervolle Schmuser ausmalte«, doch oft bedurfte es für solche Malereien einer gehörigen Portion Kunstfertigkeit und Verhandlungsgeschick des Schmusers.

In Ludwig Thomas Roman *Der Wittiber* wird das recht deutlich: »›Wia waar's denn, bal i enk zwoa glei frischweg z'sammspannet?‹ schrie der Viehhändler lustig. Der Schormayer ging lachend darauf ein und meinte, das ließe sich wohl überlegen, und wenn ihn die Kaltnerin für einen Ganzen nehme, könne die Handelschaft am Ende gar noch richtig werden. Die Kaltnerin zog den Kopf tiefer ins Tuch zurück und sagte, da sei doch kein Ernst dabei, und der Tretter sei überhaupt so einer, der die Leute foppe. ›Dös is durchaus gar it g'foppt‹, schrie der Viehhändler, der einen schönen Profit in der Ferne winken sah und darum dringender wurde. ›Warumsoll nacha dös bloß a G'spaß sei? Der Schormoar werd koa' ganz Junge net mög'n, de hint und vorn nix vasteht, und du waarst ganz passet für eahm.‹«

Und so werden bei Thoma die Vorzüge des jeweils anderen ausführlich erörtert – innere Werte, äußere Werte, Vorzüge bei der Arbeit … »Und im Bett bist du aa no it schlecht«, schrie der Tretter und schlug fröhlich auf den Tisch.(…) »Wos nacha? Kaffst du vielleicht d' Katz in Sack?«

Selbstverständlich kauft keiner gern die Katze im Sack. Damals nicht und heute schon gleich gar nicht. Um diesbezüglich sehr früh schon eine gewisse Vorauswahl treffen zu können, wurde unter anderem die Kontaktanzeige erfunden. Allerdings nicht in Bayern, sondern in England. Die allererste erschien wohl am 19. Juli 1695 in einer Zeitung, die einen recht pragmatischen Titel trug: »Sammlung für den Fortschritt in Landwirtschaft und Handel«. Die Annonce lautete passenderweise dann so: »Ein Herr von etwa 30 Jahren mit ansehnlichem Besitz sucht eine junge Dame mit einem Vermögen von ca. 3000 Pfund.« Zugegeben, ein relativ nüchterner Satz, aber immerhin mit einer klaren Ansage! Männer durften das. Frauen eher nicht. Als eine Generation später, im Jahr 1727, die alleinstehende und einsame Helen Morrison im *Manchester Weekly Journal* mehr als heiratsfähige 3000 Pfund suchte, nämlich einen netten Partner fürs Leben, da wurde die Arme kurzerhand in eine Nervenklinik eingewiesen; offenbar sah man in dem Begriffspaar »nett und Mann« einen unauflöslichen Gegensatz, den in Frage zu stellen nur eine scheinbar Verrückte wagen konnte.

Heute jedenfalls sind Kontaktanzeigen aller Art eine gern geschriebene und noch lieber gelesene Selbstverständlichkeit, nicht nur in Zeitungen und Zeitschriften, sondern auch in einschlägigen Internetportalen, wo auf Singlebörsen Partner oder auf Partnerbörsen Flirts und Seitensprünge gesucht werden. Was auch immer es am Ende werden soll: Anything goes! Und kein Mensch käme heutzutage auf die Idee, eine junge Frau in die Anstalt zu schicken, nur weil sie im Netz schreibt: »Suche Österreicher männlich 20–27 Jahre … bin für alles offen … Meldet euch bei mir!!!« Wer würde sich da schon pedantisch erkundigen wollen, was der Plural »Euch« bedeutet. Wer würde nachfragen: »Wie viele Österreicher hätten S' denn gern, gnä' Frau? Darf's a bisserl mehr sein? Arbeitslose Skilehrer wären grad im Angebot, wegen der Gletscherschmelze.« Nein, keiner würde so etwas fragen. Wirklich ned.

Der Stenz von heute kann also getrost die Zeitung aufschlagen und genüsslich Anzeigen studieren und gegebenenfalls auch darauf reagieren. Oder gar selber initiativ werden und eine Stellenausschreibung betreff Traumpartnerin formulieren. Das kann durchaus gelingen; muss aber nicht. In einer liberalen Tageszeitung suchte unlängst ein prinzipientreuer Leser eine »Frau (18–23): Nichtraucherin; gesund; sittlich-moralisch integer; keine Atheistin; Ehe als Lebenszeitbund mit unbedingter und absoluter Treuepflicht begreifend; vertrauenswürdig (= klug, diskret und verschwiegen); willens u. in d. Lage, einen Haushalt zu führen (insbes.: Kochen – Hygienebewusstsein!); d. Zeitgeist krit.-dist. gegenüberst.; (polit.) Extremismus scharf ablehnend, sog. ›soziale Netzwerke‹ ablehnend.« Es ist nicht bekannt, wie viele Antworten bei Herrn Müller-Taliban (Name vom Autor geändert) eingegangen sind; allenfalls die sittsamen Kopftuch-Fotos von Frau Uschi Burka (ebenfalls geändert) könnten den Moralapostel unter Umständen interessiert haben. Wie unrealistisch freilich Müller-Talibans Erwartungen insgesamt sein dürften, kann man schon an der Formulierung »diskret und verschwiegen« ablesen. Auf solche Fantastereien kann man nur mit dem Wiener Kabarettisten Georg Kreisler antworten: »Wenn einer keine Frau hat, wie soll man wissen, was er denkt?«

Doch zurück zu den Kontaktanzeigen. Probieren Sie's doch einfach mal aus: Laut einer Umfrage aus dem Jahr 2003 werden sie von der Hälfte der Bevölkerung Deutschlands regelmäßig gelesen. Drei von vier Menschen, die selbst inserieren oder auf Inserate antworten, sind auch bereit, sich mit Anzeigenbekanntschaften zu treffen. Aus 42 Prozent solcher Treffen sollen angeblich dauerhafte Beziehungen entstanden sein. Ja, was wollen Sie denn mehr, lieber Stenz? Was? Ach so: Keine dauerhafte Beziehung! Ja, das geht natürlich auch. Müssen S' halt bloß ankreuzeln, im Computer! Denn im Prinzip geht heute alles. Also fast alles! Akademikerin gefällig? Zum Beispiel: »Existentialistische Philosophin, 30/177, ledig, ohne Kinder, schlank, naturverliebt«? Eher nicht? Okay! Dann vielleicht: »Gemeinsamkeiten teilen. Trachtlerin sucht Trachtler«? Was meinen Sie: Eine niederträchtige Erbschleicherin? Aha, dann also auch nicht. Gut, aber vielleicht die: »Zweifache Katzenmama sucht Mann zum Pferdestehlen«? Wie? Sie wollen keinen Tierpark! Okay. Naja, irgendwas wird dann sicher auch noch für Sie dabei sein! Ich bitt' Sie! Bei mindestens 200 qualifizierten Partnervorschlägen! Und wissenschaftlichem Matching! Obendrein sind's alles »handgeprüfte Mitgliederprofile«. Wie meinen? Wer da geprüft hat? Wessen Hände? Keine Ahnung! Aber seien S' doch froh, dass nur handgeprüft wurde. Und die Hauptsach' ist doch, das Ergebnis stimmt. Oder?

Tipp 20: Dem Nomad', dem wird's nie fad!

Die vergangenen Seiten dürften den endgültigen Beweis geliefert haben: Der Stenz ist ein »Striahbesen«, der nie zur Ruhe kommt; ein Wanderstab, der kein Ziel kennt. Er sucht stets die Bewegung, ist ein ewiger Nomade. Daher ist es nicht übertrieben zu sagen, dass in jedem Stenz ein kleiner Mongole steckt. Und wissen S', was in der Mongolei passiert, wenn sich so ein kleiner Mongole einmal aufregt? Dann, so erzählt man sich wenigstens, entblößen die Frauen der Gemeinschaft ihre Brüste und schaukeln das Baby hin und her. Ja, und da hört er sofort das Greinen auf, der kleine Mongole, und schaut eifrig im Kreis umher, und er freut sich, ist ja auch klar – der freut sich ein Aug aus! –, er hat ja auch allen Grund dazu, denn seien wir doch einmal ganz ehrlich: Was gibt es Schöneres als so eine weibliche Brust? Na also! In diesem Sinne, liebe Stenze: Keep on walking! Zumindest gilt das für all jene, die noch das Alter haben, in dem der »Anblick zweier Milchdrüsen« einen »zum Trottel zu machen« vermag, wie es bei Arno Schmidt heißt.

Und jetzt nachad? Schlusswort, die zweite

Der Genuss, das ist das, was zu nichts dient. Sagt der französische Psychoanalytiker Jacques Lacan. So gesehen ist der Stenz ein Genussmensch: Er sucht nach dem (oder besser: der) Schönen – aber stets ohne Ziel. Er wirbt um sie, absichtslos. Nicht der Zweck ist es, der seine Mittel heiligt. Sondern umgekehrt. Der Stenz flirtet. Nicht wegen des Aufrisses, sondern um des Flirtes willen. Angenehme Nebeneffekte nimmt er freilich billigend in Kauf. Warum auch nicht. Aber weniger ist da oft mehr. Ganz im Sinne des großen Philosophen Epikur, der zu Unrecht als Lüstling beschimpft wird, obwohl er stets riet, Schönes nur zu genießen, wenn daraus nicht ein Mehr an Unannehmlichkeiten entsteht – auf gut Bairisch also: wenn die Gaudi kein Gschiss verursacht. Ein Gschiss aber hat man bekanntlich schnell einmal! Ein Stenz mit Gschiss aber wird unlässig. Und unlässige Stenze gibt es per Definition nicht.

Der Stenz von Welt sucht deshalb zwar das Spiel der Liebe. Aber er sucht es mit Verstand, denn es geht dabei um Kunst, wie schon Ovid erklärte, und die ist zweckfrei. Freilich steht es auch der Stenz-Kunst gut an, wenn »Mann« die Welt ein bisserl besser machen kann. Ganz im Sinne Georg Kreislers, der einmal sagte: »Die Welt ist besser, als Sie glauben, vor allem nach einem Orgasmus.« Ein bisserl Weltverbesserung möcht also schon sein. Aber, immer schön langsam, liebe Stenze. Bleibt's freundlich, heiter und charmant. Und vor allem stets gelassen. Der Rest kommt dann ganz von allein.

Danksagung

Besonders danken möchte ich Margit Rosen für das Gespräch, in dem die Idee zu diesem Buch geboren wurde; und Ludwig Leiser für die ungezählten anregenden Gespräche, die wir seit ungefähr 1967 führen.

Vielen Dank auch an Robert Bierschneider und André Geister vom Staatsarchiv München für die immer hilfreiche und freundliche Unterstützung bei der Aktensuche, sowie an die Belegschaft der Monacensia-Bibliothek.

Gedankt sei Karl Borromäus Murr dafür, dass er mir den Aufsatz über Jakob Gruber überlassen hat und Dietmar Reichl für seinen Text über die Dienstboten.

All den Singles sei gedankt, die in persönlichen Gesprächen oder in Zeitungsinterviews bereitwillig über die Stanz in heutigen Zeiten zu berichten bereit waren.

Ein ganz besonders herzlicher Dank gebührt freilich meiner Frau Susanne – sie weiß wofür!

Weiter(ver-)führende Literatur

Adler, Hans: »Sonett«. Online verfügbar: http://silyrik.de/cgi/si_getitem.pl?idx=094342203

»Vorstadtballade«. Online verfügbar: http:// silyrik.de/cgi/si_getitem.pl?idx=253242511

Altmann, Andreas: *Das Scheißleben meines Vaters, das Scheißleben meiner Mutter und meine eigene Scheißjugend*, München 2011.

Aman, Reinhold: *Bayrisch-Österreichisches Schimpfwörterbuch*, München 2005.

Amery, Carl: *Leb wohl geliebtes Volk der Bayern*, München 1980.

Bauer, Gerhard: *Oskar Maria Graf. Ein rücksichtslos gelebtes Leben*, München 1994.

Becher, Johannes R.: *Abschied*, München 1987.

Beyerl, Beppo; Hirtner, Klaus; Jatzek, Gerald: *Wienerisch. Das andere Deutsch*, Bielefeld 2009 (Neuauflage).

Beyerle, Konrad (Hrsg.): *Lex Baiuvariorum*, Lichtdruckwiedergabe der Ingolstädter Handschrift, München 1926.

Brecht, Bertolt: *Gedichte über die Liebe*, Frankfurt a. M. 1984.

Breit, Stefan: *»Leichtfertigkeit« und ländliche Gesellschaft: voreheliche Sexualität in der frühen Neuzeit*, München 1991.

Broszat, Martin; Fröhlich, Elke (Hrsg.): *Bayern in der NS-Zeit II. Herrschaft und Gesellschaft im Konflikt. Teil A*, München 1979.

Christ, Lena: *Sämtliche Werke*, München 1990.

de Waal, Edmund: *Der Hase mit den Bernsteinaugen*, Wien 2011.

Dietl, Helmut; Süskind, Patrick: *Der ewige Stenz. Monaco Franze*, München 1983.

Erhard, Corinna: »Wer waren die Halbstarken?«. In: *Münchner Merkur*, 5.2.2013.

Freud, Sigmund: *Das Unbehagen in der Kultur*, Frankfurt a. M. 1994.

Drei Abhandlungen zur Sexualtheorie, 1905.

Friedenthal, Albert: *Das Weib im Leben der Völker*, Band zwei, Berlin ^{2}1911.

Ganghofer, Ludwig: *Waldrausch*, München 1984.

»Egidius Trumpf, der Urmensch«. In: *Der Herrgottschnitzer von Oberammergau*, München 2004.

Gehringer, Horst: »Der Physikatsbericht für das Landgericht Mühldorf (1862)«. In: *Oberbayerisches Archiv*. Herausgegeben vom Historischen Verein von Oberbayern 125. Band, 2.Heft, München 2001, S. 315–366.
Geiger, Carl Ignaz: »Streifzüge durch Bayern und Schwaben 1789–1793«. In: Popp, Helmut (Hrsg.): *Kreuz und quer durch Bayern. Die Darstellung Bayerns sowie Bayerisch-Schwabens in der Reiseliteratur um 1800*, Cadolzburg 1993.
Geiger, Ernst; Yvon, Paul: *Es gibt durchaus noch schöne Morde: Die spannendsten und skurrilsten Kriminalfälle der letzten 25 Jahre*, Wien 2005.
Georg Kreisler für Boshafte, Berlin 2010.
George, Rudolf: »Der Physikatsbericht für das Landgericht Moosburg (1861)«. In: *Oberbayerisches Archiv*. Herausgegeben vom Historischen Verein von Oberbayern 125. Band, 2. Heft, München 2001, S. 159–224.
Gockerell, Nina: *Die Bayern. Land und Leute in Reisebeschreibungen aus vier Jahrhunderten*, Zürich 1980.
Göttler, Norbert: »Der ›Striahbesen‹«. In: *Münchner Merkur*, 8.4.2013.
Graf, Oskar Maria: *Bayrisches Bauernspiegel*, München 1999.
Das bayrische Dekameron, München 2003.
Grasberger, Thomas: *Gebrauchsanweisung für München*, völlig überarbeitete Neuauflage, München 2012.
Grant. Der Blues des Südens, München 2012.
Grimm, Jacob; Grimm, Wilhelm: *Deutsches Wörterbuch*. Online verfügbar: http://woerterbuchnetz.de/DWB/
Hägler, Max: »Ein Mann, ein solcher Mann«, Serie zum 20. Todestag von FJS. In: *Süddeutsche Zeitung* vom 17.5.2010
Heimers, Manfred Peter: »Der Physikatsbericht für das Landgericht Aibling aus dem Jahr 1860«. In: *Oberbayerisches Archiv*. Herausgegeben vom Historischen Verein von Oberbayern 125. Band, 2.Heft, München 2001, S. 289–314.
Herb, Al: *Sündiges München. Nachtszenen der Nachkriegszeit*, München 2009.
Holz, Arno: *Aus Urgroßmutters Garten ein Frühlingsstrauß aus dem Rokoko*, München 2007.
Heydenreuther, Reinhard: *Kriminalgeschichte Bayerns*, Regensburg 2003.
Horvath für Boshafte, Berlin 2010.
Jacobs, Steffen (Hrsg.): *Liederlich! Die lüsterne Lyrik der Deutschen*, Berlin 2008.
Kägler, Britta: *Frauen am Münchner Hof (1651–1756)*, Kallmünz 2011.

Karl Kraus für Boshafte, Berlin 2006.

Kerler, Richard: *München für Schürzenjäger. Wo Sie die hübschesten Mädchen fangen*, München 1969.

Kipphoff, Petra: »Die Puppe«. In: *Die Zeit*, 14.8.1992 http://www.zeit.de/1992/34/die-doppelt-verlorene-geliebte

Kleber, Irene; von Loeper, Daniel: »Markus ist schwul. Er hat 22 Kinder«. In: *Abendzeitung München* 6.5. 2013.

Koidl, Roman Maria: *Scheißkerle. Warum es immer die Falschen sind*, Hamburg 2010.

Krafft, Sybille: *Zucht und Unzucht. Prostitution und Sittenpolizei im München der Jahrhundertwende*, München 1996.

Krünitz, J. G.: *Oekonomische Encyklopädie oder allgemeines System der Staats- Stadt- Haus- und Landwirthschaft* ist der Titel einer der umfangreichsten Enzyklopädien des deutschen Sprachraums. Online verfügbar: http://www.kruenitz1.uni-trier.de/

Küpper, Heinz: *Wörterbuch der deutschen Umgangssprache*, Hamburg 1955.

Lautensack, Heinrich: *Die Pfarrhauskomödie*, Stuttgart 1970.

Lawrence, D.H.: *Mr. Noon. Autobiographischer Roman*, Zürich 1985.

Lentner, Joseph Friedrich: *Bavaria. Land und Leute im 19. Jahrhundert, Oberbayern: Die Landgerichte im Voralpenland*, herausgegeben von Paul Ernst Rattelmüller, München 1988.

Bavaria. Land und Leute im 19. Jahrhundert, Oberbayern: Von Almen Schützen, Wirtshäusern, Märkten etc. etc., herausgegeben von Paul Ernst Rattelmüller, München 1987.

Lex Baiuwariorum: Wiedergabe der Ingolstädter Handschrift des Bayerischen Volksrechts, [Repr. der Ausg.] München 1926.

Lindau, Paul: »Streifzug durch die Verbrecherkneipen Berlins«. In: Bergmann, Klaus (Hrsg.): *Schwarze Reportagen*, Reinbeck bei Hamburg 1984.

Linke, Amina: »Single!«. In: *Abendzeitung*, 12.7. 2012.

Löffelmeier, Anton: »Die Physikatsberichte für das Stadt- und Landgericht Ingolstadt für die Jahre 1857–1861«. In: *Oberbayerisches Archiv*. Herausgegeben vom Historischen Verein von Oberbayern 125. Band, 2. Heft, München 2001, S. 225–288.

Maderthaner, Wolfgang; Musner, Lutz: *Die Anarchie der Vorstadt. Das andere Wien um 1900*, Frankfurt am Main, New York 1999.

Mann, Viktor: *Wir waren fünf. Bildnis der Familie Mann*, Frankfurt am Main 1994.

Martin, Thomas: »Aspekte der politischen Biografie eines lokalen NS-Funktionärs«. In: *Zeitschrift für bayerische Landesgeschichte*, 1994, Band 57, Heft 2, Seite 435ff.

Mauthner-Weber, Susanne: *Venuswege. Ein erotischer Führer durch das alte Wien*, Wien ²1996.

Meinhold, Elfrid: *Tagebuch einer Dame*, Band 1 und Band 2. München/Leipzig 1908 und 1909.

Mörz, Stefan: *Die letzte Kurfürstin. Elisabeth Augusta von der Pfalz, die Gemahlin Karl Theodors*, Stuttgart 1997.

Molitor, Johannes: »Zwei Physikatsberichte des Landgerichts Deggendorf aus den Jahren 1830 und 1860«. In: *Deggendorfer Geschichtsblätter 6 (1986)*, S. 99–143.

Mühlberger, Hans: *Der Stenz von der Au. Geschichte einer Münchner Familie*, München 2011.

Mühsam, Erich: *Ausgewählte Werke*, Bd. 2: *Publizistik. Unpolitische Erinnerungen*, Berlin 1978, S. 638–646.
Tagebücher Band 1, 1910–1911, Berlin 2011.
Tagebücher Band 2, 1911–1912, Berlin 2012.

Murr, Karl Borromäus; Widholm, Benjamin: *Die Lebenswelt des kleinen Mannes. Mikrohistorische Annäherungen an die Biographie des Fabrikarbeiters, Kapuziners und Laternenanzünders Jakob Gruber (1874–1954)*, Aufsatz.

Musil, Robert: *Mann ohne Eigenschaften*, München 2013.

Nazarewska, Barbara: »Des Pfarrers heimliche Liebe«. In: *Münchner Merkur*, 6.12.2012.

Nestroy, Johann: *Sämtliche Werke. Historisch-kritische Ausgabe*, Wien 1977–2004.

Neubauer, Brigitte: »Die Physikatsberichte des Bezirks der Stadt München und der Landgerichte München links der Isar und München rechts der Isar (1861/62)«. In: *Oberbayerisches Archiv*. Herausgegeben vom Historischen Verein von Oberbayern 125. Band, 2.Heft, München 2001, S. 7–158.

Nicolai, Friedrich: »Reise von München nach Augsburg 1781«. In: Popp, Helmut (Hrsg.): *Kreuz und quer durch Bayern. Die Darstellung Bayerns sowie Bayerisch-Schwabens in der Reiseliteratur um 1800*, Cadolzburg 1993.

o.A. »Das Dilemma mit dem Rotlicht-Monopol«. In: *Oberbayerisches Volksblatt*, 17.5.2011.

Pezzl, Johann: »Reise durch den bairischen Kreis 1784«. In: Popp, Helmut (Hrsg.): *Kreuz und quer durch Bayern. Die Darstellung Bayerns sowie Bayerisch-Schwabens in der Reiseliteratur um 1800*, Cadolzburg 1993.

Physikatsberichte. In: Oberbayerisches Archiv. Herausgegeben vom Historischen Verein von Oberbayern 125. Band, 2. Heft, München 2001.

Queri, Georg: *Bauernerotik und Bauernfehme in Oberbayern*, München 2004.

Die Schnurren des Rochus Mang, Baders, Messners und Leichenbeschauers zu Fröttmannsau, München 1977.

Kraftbayrisch: Ein Wörterbuch der erotischen und skatologischen Redensarten der Altbayern, München 2010.

Ramge, Thomas: *Die großen Polit-Skandale. Eine andere Geschichte der Bundesrepublik*, Frankfurt 2003.

Regnier, Anatol: *Frank Wedekind. Eine Männertragödie*, München 2008.

Rehm-Deutinger, Sabine: »Die Physikatsberichte für das Landgericht Neumarkt in Oberbayern (1859,1861)«. In: *Oberbayerisches Archiv*. Herausgegeben vom Historischen Verein von Oberbayern 125. Band, 2.Heft, München 2001, S. 367–395.

Reichhardt, Johann Friedrich: »Reiseerinnerungen an Bayern 1807–1809«. In: Popp, Helmut (Hrsg.): *Kreuz und quer durch Bayern. Die Darstellung Bayerns sowie Bayerisch-Schwabens in der Reiseliteratur um 1800*, Cadolzburg 1993.

Reichl, Dietmar: »Die Dienstboten«. In: *Der Bauernstand. Das Leben auf dem Land einst und heute*, Ausstellung 2012, Kulturhistorischer Verein Feldmoching auf dem Gfild e.V.

Reiser, Rudolf: *Die Schönheitengalerie König Ludwig I. im Schloß Nymphenburg*, München 2008.

König und Dame. Ludwig I. und seine 30 Mätressen, München 1999.

Riesbeck, Kaspar: »Von Augsburg bis ins Berchtesgadener Land (Reisebriefe) 1783«. In: Popp, Helmut (Hrsg.): *Kreuz und quer durch Bayern. Die Darstellung Bayerns sowie Bayerisch-Schwabens in der Reiseliteratur um 1800*, Cadolzburg 1993.

Roda Roda, Alexander: »Münchener Frühling«. In: Roda Roda, Elisabeth (Hrsg.): *Das große Roda Roda Buch*, Wien/Hamburg 1962.

Rosendorfer, Herbert: *Die Nacht der Amazonen*, München 1992.

Ryan, Christopher; Jethá, Cacilda: *Sex at Dawn – The Prehistoric Origins of Modern Sexuality*, New York 2010.

Salten, Felix: *Bambi*, Zürich 2011.
Der Wurstelprater: Ein Schlüsseltext zur Wiener Moderne, Wien 2004.
Josefine Mutzenbacher, Flensburg 2009. (Die Urheberschaft wird Felix Salten zugeschrieben, der diese nie dementierte oder bestätigte, wohingegen Arthur Schnitzler sie wiederholt von sich wies.)
Sander, Heinrich: »Reisenotizen aus Schwaben und München 1779«. In: Popp, Helmut (Hrsg.): *Kreuz und quer durch Bayern. Die Darstellung Bayerns sowie Bayerisch-Schwabens in der Reiseliteratur um 1800*, Cadolzburg 1993.
Scheiber, Heinrich: *Das Oktoberfest und die landwirtschaftliche Ausstellung München*, München 1991.
Schmale, Wolfgang: *Geschichte der Männlichkeit in Europa (1450–2000)*, Wien/Köln/Weimar 2003.
Schmeller, Johann Andreas: *Bayerisches Wörterbuch*, München 1985.
Schmidt, Arno: *Trommler beim Zaren*, Karlsruhe 1966.
Schnitzler, Arthur: *Reigen*, München 2004.
Schrank, Josef: *Die Prostitution in Wien in historischer, administrativer und hygienischer Beziehung*, Wien 1886.
Selbmann, Rolf: »Johannes R. Becher als Schüler des Wilhelms-Gymnasiums und sein autobiographischer Roman«. In: *Wilhelmsgymnasium München, Jahresbericht 1984/85*. Online verfügbar: http://epub.ub.uni-muenchen.de/4929/1/4929.pdf
Simeth, Ludwig: »Zäher Kampf gegen Rotlichter«. In: *Oberbayerisches Volksblatt*, 17. 9.2011.
Singer, Eric (Hrsg.): *Bänkelbuch. Deutsche Chansons*, Köln/Berlin 1959.
Sommer, Siegfried: *Meine 99 Bräute*, München/Wien/Basel 1958.
Und keiner weint mir nach, München/Wien/Basel 1956.
Stankiewitz, Karl: *Münchner Sittenbuch. Liebe, Laster und Affären*, München 2007.
Stein, Roger: *Das deutsche Dirnenlied: literarisches Kabarett von Bruant bis Brecht*, Wien/Köln 2006.
Straub, Marlis: *Wer nie in fremden Betten lag*, München 1965.
Thies, Hans Arthur: *König Ludwig I. und die Schönheiten seiner Galerie*, München 1977.
Thoma, Ludwig: *Altaich*, München 1992.
Andreas Vöst, München 1988.

»Bauernmoral«. In: *März. Halbmonatsschrift für deutsche Kultur*. Zweiter Jahrgang, München 1908.
Der Wittiber, München 1992.
»Frühlingsahnung«. In: van Eyken, Fritz und Katinka (Hrsg.): *Die Gedichte. Alle Gedichte aus dem »Simplicissimus« bis zur ersten posthumen Werkausgabe*, Leipzig 2012.
Nachbarsleute, München 1987.
Tworek-Müller, Elisabeth: *Kleinbürgertum und Literatur*, München 1985.
Ücker, Wolf: *Das Püree in der Kniekehle der Geliebten. Kulinarische Vorlieben berühmter Leute*, München 1989.
van der Post, Laurens: *Die verlorene Welt der Kalahari*, Zürich 1994.
von Horváth, Ödön: Exposé zu seinem Volksstück *Kasimir und Karoline* (1932). In: Kastberger, Klaus; Reimann, Kerstin (Hrsg.): *Wiener Ausgabe sämtlicher Werke*. Band 4. Berlin u. a. 2009.
Geschichten aus dem Wiener Wald. Volksstück in drei Teilen, Frankfurt a. M. 2001.
Kasimir und Karoline, Frankfurt a. M. 1972.
von Westenrieder, Lorenz: *Beschreibung der Haupt- und Residenzstadt München im gegenwärtigen Zustande*, München 1783. Online verfügbar: http://books.google.de/books?id=1qtBAAAAcAAJ&printsec=frontcover&hl=de&source=gbs_ge_summary_r&cad=0#v=onepage&q&f=false
Wedekind, Frank: *Frühlings Erwachen*, Stuttgart 2007.
Lulu, Frankfurt a. M. 2008.
Weininger, Otto: *Geschlecht und Charakter – Eine prinzipielle Untersuchung*, Wien 1926.
Wendt, Gunna: *Lena Christ. Die Glückssucherin. Biografie*, München 2012.
Westermayer, Anton: *Kuriose Predigten eines Bauernpfarrers*, Rosenheim 2001.
Wondratschek, Wolf: *Liebesgedichte*, Zürich 1997.
Zehetner, Ludwig: *Das bairische Dialektbuch*, München 1985.
Bairisches Deutsch – Lexikon der Deutschen Sprache in Altbayern, Regensburg 2005.
Zizek, Slavoj: *Die bösen Geister des himmlischen Bereichs. Der linke Kampf um das 21. Jahrhundert*, Frankfurt am Main 2013.

Radiofeatures

Grasberger, Thomas: *Tagebuch einer Dame. Literarische Zensur in der Prinzregentenzeit*, München 2006.

Macht, Moral und Medien. Ein Verlegerkrieg im Bayern der frühen 1960er-Jahre, München 2008.

Bayerische Traumpaare: Der doppelte Wiggerl – Ludwig Ganghofer und Ludwig Thoma, München 2010.

»A Haus und a Kuah und a Millisupperl in der Fruah«. Lena Christ und die soziale Lage der einfachen Leute in der sogenannten guten alten Zeit, München 2012.

Internet

Focus Online, 13.7.2013: »Erstes schwules Paar heiratet in Tuntenhausen«. http://www.focus.de/panorama/welt/wer-ist-die-braut-erstes-schwules-paar-heiratet-in-tuntenhausen_aid_1042712.html

Spiegel Online, 3.12.2012: »Sexarbeit in Österreich. Vom Straßenstrich zum Laufhaus«. http://www.spiegel.de/panorama/gesellschaft/prostitution-in-oesterreich-das-gesetz-foerdert-die-illegalitaet-a-868726.html

Spiegel Online, 31.7.2007: »Seehofers Ex-Geliebte: ›Die Trennung hat mich wie ein Fallbeil erwischt‹«. http://www.spiegel.de/panorama/leute/seehofers-ex-geliebte-die-trennung-hat-mich-wie-ein-fallbeil-erwischt-a-497424.html

Süddeutsche Zeitung Online, 20.8.2008: »Ein Mann, ein solcher Mann«
http://www.sueddeutsche.de/bayern/serie-zum-todestag-von-fjs-ein-mann-ein-solcher-mann-1.698917

YouTube: Konstantin Wecker und seine Mutter im Interview, 1987.
http://www.youtube.com/watch?v= rfVSvg4ofAM&feature= youtu.be+

Verwendetes Archivmaterial

Staatsarchiv München: Akten des Amtsgerichts München – Abt. Strafgericht AG 37006, 37153, 43416

Staatsarchiv München: Akten der Staatsanwaltschaft München II 14684, 15487, 15656

Allgemeine Link-Tipps

Heiligenlexikon: http:// www.heiligenlexikon.de/
Literaturportal Bayern: http:// www.literaturportal-bayern.de/
»Simplicissimus«: http://www.simplicissimus.info/
Volksliederarchiv: http:// www.volksliederarchiv.de/